云数据背景下的高校智慧校园建设

金玉苹　张索勋　著

北京
冶金工业出版社
2019

内 容 提 要

本书共分9章，结合对国内外知名高校智慧校园建设的研究和探索，提出智慧校园总体建设方案，详细介绍了智慧校园及云计算的概念，数据挖掘在智慧校园中的应用，以及智慧校园云数据中心、一卡通技术、云数据基础通知服务、教育资源平台、智能管理系统、数字化实验系统等内容。

本书可为教育信息化研究者提供参考，为教育信息化企业及相关行业开展产品研发和系统开发提供理论指导。

图书在版编目(CIP)数据

云数据背景下的高校智慧校园建设/金玉苹，张索勋著．—北京：冶金工业出版社，2019.8
ISBN 978-7-5024-7893-3

Ⅰ.①云…　Ⅱ.①金…　②张…　Ⅲ.①高等学校—信息化建设—研究—中国　Ⅳ.①G649.2-39

中国版本图书馆 CIP 数据核字(2018)第 205327 号

出 版 人　谭学余
地　　址　北京市东城区嵩祝院北巷 39 号　邮编　100009　电话　(010)64027926
网　　址　www.cnmip.com.cn　电子信箱　yjcbs@cnmip.com.cn
责任编辑　曾　媛　美术编辑　彭子赫　版式设计　孙跃红
责任校对　郑　娟　责任印制　李玉山
ISBN 978-7-5024-7893-3
冶金工业出版社出版发行；各地新华书店经销；三河市双峰印刷装订有限公司印刷
2019 年 8 月第 1 版，2019 年 8 月第 1 次印刷
169mm×239mm；15.75 印张；309 千字；246 页
78.00 元
冶金工业出版社　投稿电话　(010)64027932　投稿信箱　tougao@cnmip.com.cn
冶金工业出版社营销中心　电话　(010)64044283　传真　(010)64027893
冶金工业出版社天猫旗舰店　yjgycbs.tmall.com
（本书如有印装质量问题，本社营销中心负责退换）

前　言

现代教育已逐步从传统的重视专业知识传授转变为创新能力、批判思维能力、问题解决能力等高阶思维能力的培养。伴随着信息化进程成长起来的新一代“数字土著”具有更为多元化、个性化的学习需求。培养目标和学习需求的转变必然要求对教与学的方式进行变革，对教与学的环境进行重构。互联网在不断发展，新技术层出不穷，最典型的就是大数据技术和云计算的概念，这两种技术是针对当前世界每时每刻产生的海量数据进行处理和利用的，大大提高了当前信息社会的运行效率。随着“智慧校园”概念的提出，再加上高等学校教育信息化建设的不断深入，在智慧校园的建设中出现了越来越多的挑战。针对目前高校智慧校园的建设，随着智慧校园中的硬件资源越来越多，如何更有效地收集资源、处理资源以及利用资源，成为目前智慧校园建设中亟待解决的问题之一。

纵观我国高校信息化发展，可分为三个阶段。第一阶段是从无到有，独立业务系统的建立阶段，这一阶段将各类传统的业务通过信息化手段来实现，建设各类子系统如教务系统、办公自动化系统等辅助业务，此阶段尚没有数据中心概念，仅在物理上有一个放置设备的机房。第二阶段是将已建立的各业务系统实现了统一身份认证，完成了简单的数据交换（如用户信息），提供了一个集中展示的平台作为个人门户，称为数字化校园。这一阶段的数据也大多采用垂直管理，即业务和业务之间所使用的设备、管理权限相对独立，增加业务只需要增加硬件即可。第三阶段则在数字化校园基础上，实现了业务系统之间的深层数据交换，跨业务系统的数据分析，全面的行为预测等功能，本书称之为智慧校园。如果说一、二阶段实现的是各类系统的建立和表面集成，信息化还是一种辅助手段，那么在智慧校园阶段信息化则融入到整个校园的业务流程中，真正成为整个校园的主角。物联网、云计算和移动互联网是智慧教育系统建设的基础，物联网能够提升教育环境与教学活动的感知性，云计算能够拓展教育资源与教育服务的共享性，移动互联网能够增强教育网络与多种终端的连通性。大数据与学习分析技术是智慧教育系统建设的核心，大数据与学习分析技术能够提高教育管理、决策与评价的智慧性。智慧校园、智慧教育有利于构建“网络化、数字化、个性化、终身化”的教育体系和“人人皆学、处处能学、时时可学”的学习型社会，将教育信息化推向一个新高度。

本书针对目前学校缺乏整体规划、缺少信息标准和规范、缺乏统一系统设计、缺乏全局性的决策、缺少信息服务集中展现、信息孤岛严重、多套账号信息等信息化建设过程中存在的问题，结合对国内外知名高校智慧校园建设的研究和探索，提出智慧校园总体建设方案。智慧校园的构建是一个系统工程，需要政、产、学、研等多部门协同。智慧校园既是目标也是过程，需要学校管理者、教师、学生、家长的支持与参与，不断调整自己的习惯与理念。智慧校园系统的完善与推进是一个长期过程，需要在应用中不断完善，在探索中不断改进，在阵痛中不断优化与前行。

全书共9章，金玉苹编写第3～6、9章，张索勋编写第1、2、7、8章，全书由金玉苹主编并主审。

感谢黑龙江省教育厅备案项目（1353ZD008）、牡丹江师范学院2018年校级教改项目（18-XJ20014）、黑龙江省大学生创新创业训练计划项目（201810233046）、牡丹江师范学院横向课题（2017H34）、国家教育科学“十三五”规划课题（BCA160055）对相关研究工作的支持。

特别感谢牡丹江师范学院李树平教授在本书编写过程中给予的指导和帮助。在此谨表感激之情。

由于作者水平所限，书中不足之处在所难免，恳请广大读者、同行批评指正！

金玉苹

2019年1月

目　　录

1 绪　　论

信息技术的快速发展促进了教育观念和教学方式的变革。随着物联网、云计算、移动互联网、大数据分析等新一代信息技术的发展，随时随地的师生互动、无处不在的个性化学习、智能化的教学管理和学习过程跟踪评价、一体化的教育资源与技术服务、家校互通的学习社区、师生共同成长的校园文化等新型“智慧校园”教学管理模式已展现在人们面前。关于“智慧校园”的研究已成为当前教育信息化领域关注的热点。

1.1 智慧校园概述

1.1.1 技术背景

智慧校园是新一代信息技术与教育的深度融合。云计算、物联网、移动互联网、大数据分析等技术的产生和发展为智慧校园建设提供了有效的技术支持，并最终使智慧教育得以实现。

1.1.1.1 云计算技术

云计算（Cloud Computing）是网格计算、分布式计算、并行计算、网络存储、负载均衡等传统计算机技术和网络技术发展融合的产物。它旨在通过网络把多个成本相对较低的计算实体整合成一个具有强大计算能力的超级系统，并把这强大的计算能力分布到终端用户手中。云计算技术与其说是一种新技术，倒不如说是一种新的服务模式。云计算作为下一代网络的发展方向，为智慧教育的资源平台和服务平台构建提供技术基础，通过云计算技术可将软件、硬件、服务虚拟化，轻松实现资源、软件及硬件设备的动态调配和充分共享，以达到更优化的资源利用效率；由于各类信息和教育资源统一存储于云端，进行集中管理，故统一了数据标准和技术规范，打破了信息孤岛现象；提供了安全、可靠的数据存储。各类教育资源统一存储于云端，由云服务提供商统一提供专业的数据安全和防护，极大地降低了用户将数据存储在个人计算机上所带来的风险；借助云端的强大的计算能力，可实现海量数据的快速检索、智能汇聚，大幅度提高资源使用效率。同时基于海量数据挖掘，可进行更为深入的教育应用。

1.1.1.2 物联网技术

物联网的概念由国际电信联盟 ITU 于 2005 年正式提出，被称为继计算机、互联网之后，世界信息产业的第三次浪潮。物联网（Internet of Things）是指物品通过各种信息传感设备，如射频识别 RFID、红外感应器、全球定位系统、激光扫描器等装置，与互联网连接而形成的一个巨大网络。物联网把新一代 IT 技术充分运用在各行各业之中，具体地说，就是把感应器嵌入和装备到各种物体中，然后将物联网与现有的互联网整合起来，实现人类社会与物理系统的整合。同时，基于强大的应用软件系统，能够对整合网络内的人员、机器、设备和基础设施实施实时的管理和控制。在此基础上，人类可以以更加精细和动态的方式管理生产和生活，达到“智慧”状态。物联网技术为部署校园传感网提供技术支持，实现了学习情境的智能感知、捕获、分析，并进行动态调节，有效支持了师生智能化的教与学；可对设备的位置、状态信息进行感知、捕捉，并通过无线网络实现远程控制，同时可将设备位置信息实时发至校园安防系统，实现对重要设备的安全监控，为构建平安校园提供了技术支持。

1.1.1.3 移动互联网技术

互联网自诞生以来，便对人类生活的方方面面产生了至关重要的影响，已经从某种意义上重塑了人们的生活与行为习惯。互联网技术及其应用领域也伴随着人类的需求演进而高速发展。互联网诞生之初，人们希望以“能够承受”的资费和“能够接受”的传输速度获取信息与服务。时至今日，人们希望在任何时间、任何地点，甚至在移动过程中均可以便捷地获取各类资讯与服务，处理各类日常生活与工作事务。移动互联网（Mobile Internet ，MI）是一种将移动通信和互联网技术结合，通过智能移动终端，采用移动无线通信方式获取业务和服务的新兴技术，包含终端、软件和应用三个层面。终端层包括智能手机、平板电脑、MID 等；软件包括操作系统、中间件、数据库和安全软件等。应用层包括教育、商务、资讯、娱乐等各类具体应用与服务。移动互联网技术为移动学习的实现提供了有效的技术支持。移动互联网提供了一种新型服务模式，它使得计算机或其他移动终端设备在没有与固定的物理设备相连的情况下能够传输数据。用户可以摆脱物理传输媒体的限制，利用无线网络查阅和下载学习资料，发送多媒体信息。移动计算和移动通信技术的发展和应用，有效地突破了传统教育的时空局限，实现了随时随地的泛在学习，老师和学生可在任何时间、任何地点登录网络，查阅信息、进行学习、开展互动与交流。

1.1.1.4 大数据分析技术

大数据又称巨量资料，指的是所涉及的资料规模巨大到无法通过目前的主流软件工具，在合理时间内达到获取、管理、处理并整理成为帮助组织经营决策的更积极目的的资讯。大数据分析是指采用新的数据处理模式、技术和工具对规模巨大的数据进行分析，使组织具有更强有力的决策力、洞察发现力和流程优化能力。大数据分析一般需要依托云计算的分布式处理、分布式数据库、云存储和虚拟化技术。大数据可以概括为 4 个 V：数据量大（Volume）、速度快（Velocity）、类型多（Variety）、价值高（Value）。有学者认为，对于智慧校园建设而言大数据的 4V 特点可以从四个层面来描绘：

第一，数据体量大。数据量从 TB 级别跃升到 PB 级别，从抽样分析转变为全量分析。

第二，数据类型多。除了包括大量的作业、成绩、课程、业绩成果等结构化数据外，还包括网络讨论、日志、浏览记录等规模庞大的非结构化数据。

第三，整体价值高。个体的偶然行为并不能反应诊断出个体的行为习惯，同样少量学生的学习行为数据也无法反映学生整体的学习情况。

但通过对个体学习行为的连续跟踪、挖掘、分析却能有效诊断个体学习情况进而进行有效干预。同样通过对全体学生的大量学习过程信息进行全面分析，则有可能发现共性问题。

第四，处理效率高。这是大数据区分于传统数据挖掘的最显著特征，大数据在处理过程中尽量简化复杂度，而尽量高效快捷。

大数据提供了海量数据的分析能力，将传统的对大量数据的计量统计、关联分析、趋势预测等由抽样分析转变为全量分析。大数据分析技术通过对大量教育信息的记录、统计、分析，为改进教育教学、优化各项业务流程、提高决策效率、优化教育教学服务提供更为精准的依据。利用大数据的分析方法，可以通过跟踪记录教师与学生参与智慧校园系统的行为所产生的大量学习结果数据和过程数据，进行挖掘和分析，从而为学生提供更为个性化的学习支持服务，为教师提供更具针对性的教学决策支持服务，为学校管理者提供更为科学有效的管理决策支持服务。

1.1.2 社会背景

近年来，从国家到地方均出台了一系列政策、规划，大力推进智慧教育。在国家层面，《国家中长期教育改革和发展规划纲要（2010～2020 年）》明确指出："信息技术对教育发展具有革命性影响，必须予以高度重视"；教育部下发的《教育部关于开展教育信息化试点工作的通知》（教技函［2012］4 号）要求，用 4 年左右的时间，完成约 100 个区域试点和 1600 所学校试点；国家新闻出版广电总局发布的《新闻出版业"十二五"时期发展规划》明确提出大力发展电子书包项目，今后将加大扶持力度；同时，由工信部、新闻出版总署、教育部等几大部委联合成立课题组，开始电子书包、电子教材等智慧教育产品的标准化工作。在地方层面，北京、上海、江苏、浙江等教育信息化基础较好的地区也逐步展开了“智慧教育”的探索与实践。《北京市中长期教育改革与发展规划纲要(2010~2020年)》指出：“将教育信息化作为数字北京的优先领域，构建支持终身教育和个性化的数字化教育服务体系，全面提升首都教育信息化水平”。北京市海淀区于2014年3月出台了《海淀区智慧教育中长期发展规划（2014~2020年)》，其总体目标是聚焦云计算技术、智能科技与教育的双向融合，推进教育平台在海淀区的研发应用、成果转化，通过云技术与智能终端技术的深度应用，创建具有情境感知、无缝连接、全向交互、智能管控、按需推送、可视化等特征的学习时空环境，对教育与学习系统实施重大结构性的变革，实现智慧学习环境主动适应，教育信息无缝流通，教育业务智能协同，优质教育资源按需供给，学习机会人人平等，师生智慧健康成长，支持“有教无类，因材施教，终身学习，人人成才的教育梦实现”。上海市教委将电子课本、电子书包纳入“十二五”教育信息化发展规划。《上海中长期教育改革和发展规划纲要（2010~2020年)》提出“推动电子书包和云计算辅助教学的发展，促进学生运用信息技术丰富课内外学习和研究”。《浙江省教育信息化“十二五”发展规划》明确指出：“积极探索与推进基于移动终端、4G技术、物联网、云计算和下一代互联网的网络教学、虚拟实验、电子书包和移动学习等现代信息化教学学习方式”。《江苏省教育信息化“十二五”发展规划》提出实施物联网技术教育应用示范工程，将在全省建立5个物联网技术教育应用示范基地，利用传感技术和物联网技术发布和共享，使学习行为、学习过程、学习数据、学习结果自主化和公开化。江苏计划在2020年建成以移动终端、智慧教室、智慧校园、智慧教育云等为主要标志的智慧教育环境，能够实施以自主学习、个性化学习、协作学习、泛在学习为主要特征的智慧教学和基于互联网、大数据、云计算的智慧管理，培养一大批适应“互联网+”和智能化信息生态环境、具有较高思维品质和较强实践创造能力的智慧教育人才。作为全国教育信息化领跑者的广东，在《广东省教育信息化发展“十二五”规划》中明确指出，要实现信息技术与教育深度融合；要建成10个教育信息化示范区、100所智慧校园示范校、1000所教育信息化示范校；建设“粤教云”服务平台。采用云计算技术，加强各级教育部门的统筹和公共服务的共享，建成广东省教育信息化公共服务大平台，形成资源配置与服务的集约化、效益化、优质化发展格局。到2015年，已初步建成“粤教云”基础平台，支持教育云资源平台和应用管理平台的有效部署与应用，开展移动教育网的应用试点。

1.1.3 产业背景

智慧教育涉及数字出版、数字内容、教育电子产品、计算机软件及新兴信息技术等多个行业。全球知名机构“新媒体联盟”发布的“2014Horizon”和“2015Horizon”的两个报告均指出，对未来五年的数字化发展影响巨大的技术之一——电子书技术将在近两到三年内发展成熟，世界正进入“无纸书籍”学习新时代，电子课本与电子书包逐渐进入出版行业和教育领域。据克里夫兰市场咨询公司的调查报告，迄今至少有50个国家（地区）计划推广电子课本、电子书包，市场潜力巨大，其潜在市场规模达500亿美元。谷歌、苹果、索尼等全球信息产业巨头纷纷抢滩，依赖于各自在媒体技术及显示技术的优势，抢占学习终端市场先机；微软也早在2003年就提出“电子书包”项目；作为智慧教育的倡导者IBM更是对智慧教育寄予厚望，基于自身技术优势，致力于智慧教育理念推广，整体解决方案、服务平台及终端产品的研发，并积极与政府部门展开合作，取得了较好效果；在国内，惠普、联想等也纷纷投入智慧教育领域，研发学习终端产品。BAT三巨头也相继投身进来，百度推出“百度教育”“作业帮”等产品，阿里推出“淘宝同学”，腾讯则推出“腾讯课堂”等。另外，各大教育机构（如新东方）也纷纷加入到智慧教育。方正和汉王基于各自在数字出版和电纸书领域的技术优势，高调进军智慧教育市场，方正研制了CEBX标准，汉王主持了电纸书规范（草案）。智慧教育已逐步成为教育产业发展的新思路，“互联网+教育”的新模式发展迅猛。有来自教育部的资料显示，我国拥有全球最大规模的教育群体，其中包括2.6亿学生、1600万教师，此外有52万所学校，每学年传统学习模式消耗的课本和作业本数量达到360亿册。有统计显示，2013年中国家庭的教育支出规模已近万亿元，而以此为基数的中国教育市场规模初步估计为4万亿元。可见，智慧教育产业在中国大有可为也应有所为。

1.2 智慧校园的研究现状

1.2.1 国外智慧校园发展概览

1.2.1.1 美国

美国是最先开展教育信息化建设的国家，在全球教育信息化发展中具有重要地位。国家教育技术计划（NETP）是美国发展教育技术的纲领性文件，1996年，美国颁布了第一个国家教育技术计划，关注教育信息化基础设施建设和技术素养的培养。2000年、2004年、2010年，美国先后发布了三个国家教育技术计划，为不同时期美国教育技术的发展指明了重点、方向和策略。2010年11月，美国教育部教育技术办公室正式颁布了《国家教育技术规划2010》(NETP2010)。NETP2010题为《变革美国教育：以技术赋能学习》，重点关注技术对美国教育系统的整体变革，指出“技术要成为教学课程和教学领域的组成部分而非作为教育应用中的孤立技能而存在”。其核心内容包括一个模型（技术赋能学习模型，

Learning Model Empowered by Technology)、五大目标（学习：投入与赋能，Engage and Empower；评价：测量过程要素，Measure What Matters；教学：准备与联通，Prepare and Connect；基础设施：访问与使能，Access and Enable；教育生产力：重设与变革，Redesign and Transform）和四大挑战。提出利用技术变革学习、教育生产力、教学、基础设施、教育生产力等五个领域，构建起技术赋能学习模型。该学习模型凸现以学习者为中心、以技术为支撑的时代特征，吸纳一切有利于提供学习支持、促进知识生产、增进情感交流、发展协作能力的参与者。该计划要求利用技术为上述五大领域发挥充分的支撑作用，借助技术构筑丰富而开放的学习资源，构筑强大的、开放的和自适应的“连通小世界”，最大限度地促进知识信息的交流与共享；为所有的学生和教育者提供随时随地在有需要的时候都能获取学习的基本设施；建立基于技术的评价体系，借助技术以更新、更好的方式来测量学习过程要素，诊断学习过程中的优势与不足，开展形成性评价和总结性评价，改变教学与测评方式。从 NETP2010 可见，美国的教育信息化已经步入利用信息技术全面变革教育系统结构、关系和过程的深层阶段，重点关注学生、关注学习、关注对 21 世纪技能的培养。

1.2.1.2 英国

在欧洲各国，英国的教育信息化最引人注目。英国政府将信息通信技术看作是教育改革的核心，十分重视信息通信技术的发展与应用。2005 年，英国教育技能部出台了教育信息化发展的五年政策——E 战略：利用信息转变儿童学习与服务的形式。2008 年，英国教育传播与技术署（BECTA）发动“下一代学习运动”，颁布了《利用技术：下一代学习（2008～2014）》系统战略和两个阶段计划（2009～2012，2010～2013），成为英国政府以技术促进学习国家信息化教育战略的一个重要组成。“下一代学习运动”旨在建设世界一流的、协作式的基础设施，为学习者提供高品质的订制资源，提高学习效率，促进可持续发展，以实现技术促进学习的愿景；强调个性化教育，提出开发一个可定制的学习权利框架，以满足不同环境中的不同年龄学习者的需要；注重领导者的战略地位，提出构建技术自信框架，建立国家技术网对学校或企业的领导进行信息技术培训；重视继续教育和技能培训，让学习者无论在何时何地都能更加有效地利用学习资源进行学习；强调多方参与，鼓励家长参与、技术供应商技术能力的提高。2010 年，英国小学生机比为 6.91，中学生机比为 3.41，特殊教育学校生机比为 3∶1；93% 的中学和 67% 的小学拥有学生学习平台以及信息管理系统；大部分的中小学教师都可以在家里访问学校学习平台（中学 69%，小学 64%）。英国非常重视教师信息通信技术能力的发展。BECTA 专门设立“下一代学习奖”鼓励广大教师有效应用 ICT，99% 的中小学教师能够在课堂教学中运用 ICT，超过一半的教师每周都会围绕课程和作业通过ICT上传和存储数字化学习资源，同时也会要求学生使用计算机或互联网来完成作业。

英国教育信息化的另外一个显著特点是重视资源建设，特别是网络资源的建设。1998年开通了全国学习网，并将学校、研究机构和图书馆等连为一体，目前已经连接英国所有家庭、街道、社区、医院、工作单位、社会服务以及大众媒体传播体系，是欧洲最大的教育门户网站。同时，英国还建有教师网，为广大教师提供与国家课程相配套的各类网络资源和网络交流平台。在高等教育阶段，英国以开放大学为代表的远程教育著称于世界。

1.2.1.3　韩国

韩国政府把信息化作为国家的核心发展战略。1997年，韩国教育部实施教育信息化全面规划，推进“教育信息化基础建设工程”，投入大量资金，加大基础设施建设。2000年，韩国完成信息化基础工程建设，全国中小学达到100%的入网率，生机比达6：1（2005年，韩国中小学生机比达到5.7：1）。2003年，韩国教育部联合16个地方教育厅，投入52.1亿元建成国家教育信息系统，形成全国统一的、开放的教育行政管理信息化平台。韩国教育部在推进教育信息化过程中，非常注重构建基于信息化平台的良好学习教学资料资源环境和教师信息素养、信息技能的培养。2001年，韩国建立数字资料室支援中心，并于2003年在全国所有中小学和所有市道教育厅普及，为中小学校随时随地检索资料创设了良好环境。同年，韩国启动实施“适应ICT的教育推动计划”，为教师提供信息技术培训，提高课堂教学水平。同时，韩国在国家课程计划层面规定教师必须应用ICT教学，2003年，规定从小学一年级到高中一年级的所有科目教学必须实行20%ICT应用教学。2011年6月，教育科学技术部向总统府递交了《通往人才大国之路：推进智能教育战略》提案，并于同年10月发布了《推进智能教育战略施行计划》，提出五大战略举措：数字化教材的开发与应用；在线学习常态化与在线评价体系的构建；营造教育资源用于公共目的的环境与加强信息通讯伦理教育；加强教师的智能教育实践能力；构筑基于云计算技术的教育服务基石。近年来，韩国在利用网络开展E-Learning的基础上，积极探索实践U-Learning（无缝学习），创造让学生随时随地、利用任何终端进行学习的教育环境，并通过配套课程改革、制定网络课程标准、制定专门的法规和政策等努力构建“网络学习体系”。

1.2.1.4　日本

早在20世纪60年代，日本学者从社会产业结构演进的角度，提出的一种反映社会发展阶段的新学说中就包含了信息化的概念。日本在推进本国教育信息化的进程中，采取了政策推进、基础设施建设推进、学校信息教育推进等多种有效措施，取得了很好的效果。在政策推进方面，从1992年到2002年，日本文部省5次制订出台教育信息化实施计划，使得日本大中小学校的信息技术与教育整合进程大大提速。日本早在1994年就开始制定国家教育信息化政策，目标是形成先进的信息社会。在基础设施建设方面，日本从1994年开始，为实现已经确立的教育信息化目标，政府加大经费投入，有力地推动了学校计算机基础设施和互联网的建设进程，甚至创建了所有年级的全部教师和学生都能够运用互联网交流的环境。2001年，由首相和内阁成员组建而成的教育信息化领导小组出台了建设信息化日本（e-Japan）的政策文件；并先后出台了“百校工程”及“新百校工程”等教育信息化行动计划。日本计划到2010年底，100%的家庭建成高速、高效的信息互联网络。在学校信息化教育方面，日本重视开展信息教育工作，在中学阶段开设《信息基础》《信息处理》选修课，在高中阶段开设《信息技术》必修课；日本还非常重视电子数字化教材的开发，积极开展信息技术与课程的整合，重视教师信息教育技能的培训，所有这些举措，都极大地推进了日本的教育信息化建设的进程。2014年，日本通信部和教育部将在校园中开展数字校园试点，将一个全新的数字化校园系统植入到校园。在这个系统中，学生可以通过平板电脑或者其他电子设备来接触教学材料，不管是在家里还是在学校都可轻松获取，这个项目将在2014年正式开始。在项目的最初阶段，这个基于云计算的教学系统将锁定小学、初中和高中以及其他一些需要特殊照顾的儿童学校。在2016年，两部希望能够将数字校园系统的辐射范围扩展到全国，甚至是海外。

1.2.1.5 马来西亚

马来西亚政府为促进教育系统的整体性变革，于2006年提出了一项宏伟工程——“智能学校”（Smart School）计划，计划到2010年，马来西亚所有的中小学都将转型为智能学校。所谓智能学校是一个学习机构，它能系统开发各项教学与学习的方法及管理方案，让学习者能适应信息时代的学习变革。智能学校实施计划有四项显著特色，即提供个人全方位的发展，注重智能、情绪与身体的发展；培育科技的素养能力及建立教育民主化制度。智能学校计划对马来西亚的教育产生了巨大影响，它试图打破传统的以知识识记为主的被动学习方式，取而代之以激发学生创造性思维方式为主要目的主动学习，培育具有科技素养及批判思维能力的人才，并让家长、社区及相关社会教育资源都能纳入学校教育的行列。在智能学校计划中，课程、教学法、教学评价和教学资源等方面均产生了重大变革。在课程方面，强调以学生个人的兴趣、能力和需求为中心，为学生的全面发展提供支撑。在教学法方面，以能有效激发学生学习兴趣、动机，提高学习自主性的主动性学习为主要学习方式。在评价方面，则强调更为全面、精准的学习过程描述。在教学资源方面，则是以崭新教学模式下的实际需求为导向，并将学生的个性化需求与偏好作为资源设计与推送的重要依据，同时，十分注重校外网络资源的利用。

1.2.1.6 新加坡

新加坡早在1997年就出台了旨在促进教育信息化的Master Plan 1（MP1）。2002年，又在完成了MP1的基础上推出了新的教育信息化举措，即Master Plan 2（MP2）。作为面向新千年的教育信息化举措，主要从以下方面提出了更高要求：更有效地利用信息技术促进学生发展；更有效地将信息技术与课程、教法和评价相整合；利用信息技术促进教师发展；利用信息技术促进学校发展；建立专门部门推进教育信息化的有效扩散。在名为“教育优势项目（EdVantage）”的子计划中，到2015年，为所有学生提供接入课本、课程和学习项目的个性化资讯通信设备，并促成网络化学习应用工具和内容的开发，以实现“没有墙壁的课堂”的梦想。家庭宽带渗透率达到90%，电脑在拥有学龄儿童的家庭中的渗透率达到100%。

作为智慧城市的一部分，新加坡政府近期推出“智慧校园”计划，并在首批10多所试点中小学推广物联网，安装感应器，以收集环境、雨水、电力等数据，用来教授科学和地理，打造智慧校园。参与试点的学校将在各处安装不同功能的感应器。例如，装置在花园、池塘和草场的感应器，将用来监察校园自然生态；栽种植物的泥土里也会安装感应器，记录植物的生长过程。这些数据将通过无线网络和以太网传输到学校的电脑系统，学生在上课时将利用这些数据进行讨论和思考。

1.2.2 国外智慧校园建设与应用实践

国外已经开展了大量智慧校园建设与应用的实践研究。如印度印多尔的科学与技术研究所（nsT2）建立了庞大的智能校园，使用促进教育资源规划（ERP）软件，以最大限度地发挥其校园的潜力，优化资源配置。它提供了完整的自动化校园功能和信息管理。

在南加利福尼亚大学中，也正在逐步实现智慧校园。通过使用一台计算机，校园能源系统的控制人员即可获得一个图形化的校园监控结果。企业建筑整合系统（Enterprise Buildings Integrator，EBI）在南加利福尼亚大学校园来跟踪和控制供暖、排风和空气调节系统（Heating，Ventilation and Air Conditioning，HVAC），取得了良好的效果。其控制中心的图形化显示已经覆盖了校园的大部分关键区域。同时EBI系统也能和AC一起工作，来控制EBI的同时还可以与提供的其他HVAC进行控制的协作。另外有几个新南加州大学建筑在能源管理控制使用

Johnson Controls 和 Siemens 所提供的系统。

美国普渡大学的“信号”项目，是学习分析技术应用的典型案例。该项目始于2007年，方法是根据策略信息系统（Strategic Information System，SIS）、课程管理系统和课程成绩的信息生成一个学生学习困难水平的“信号”，并利用此信号设计相应的解决方案。美国里约萨拉多学院采用的学生学习进展及参与度系统（PACE），能自动生成学生的学习进展报告，教师便可以很快发现哪些学生在课程中落后了，因而有充足的时间去帮助这些学生解决其所面临的问题。美同密歇根大学在STEM入门课程体系中推广“电子导师”（E2Coach）这款软件。它可以收集学生的背景信息、学习动机以及近期的学业表现，鼓励每个学生参与学习，提供针对性的学习建议。

三星也提出了较为完整的智慧校园解决方案。三星校园平台的主要元素包括：互动管理解决方案让老师更好地向学生讲述内容，与全班学生分享自己或是个别学生的屏幕，实时监督学生学习进度。导师可以组织小组活动、问答、测试或是即时投票。在必要的时候，教师可以通过语音命令，快速对学生屏幕上锁，让学生集中注意力。学习管理系统能让老师向学生提供学习资料和信息供学生随时使用。教师可以贴出上课材料，比如电子书，学习应用和时间表。还可以发布学校通知和新闻，并且建立课外活动论坛。学生信息系统能让老师跟踪学生出勤情况、基本信息、分数信息以及奖惩信息。

澳大利亚智慧校园通过以“云服务平台+互动电子教室+移动互联终端”模式，建立面向基础教育领域的云计算系统，目前系统已在上海市静安区得到试点与推广。该系统包括多媒体教学系统、教育资源服务平台、教学综合管理平台及智能校园信息发布系统等模块，能实现微课堂录制、教学资源云同步、精确的教学质量分析等智能化功能。

IBM作为“智慧”理念的最早的提出者，也提供了完整且精细化的智慧校园解决方案。IBM智慧校园基础平台整体架构采用SOA架构来实现。整个架构由以下几个部分构成：

（1）数据中心：通过数据中心、统一数据库，解决数据统一存储、统一规范、统一发布和共享规范等问题，更进一步地通过业务数据的集中，实现数据信息的综合查询利用、数据挖掘、数据分析等；

（2）数据整合平台：有了数据中心，现有和将来建设的业务系统数据如何复制到数据中心来，各个业务系统如何实现数据共事，要完成这个目标，需要构建一个信息整合平台，通过信息整合平台，实现异构数据源的接入，数据复制、数据联邦功能；

（3）ESB服务总线和BPM业务流程服务平台：对于学校业务重整、流程再造和未来学校业务发展变化需要，设计构建一个业务流程总线和BMP业务流程服务平台，规范学校的业务流程、实现基于SOA的业务系统架构，面向服务提供整合的业务流程服务，通过总线式的业务流程接入，解决业务系统功能重复、功能难以适应业务需求快速变化的难题，构建随需应变的系统体系架构，更好地为学校的教学发展提供信息化的支持；

（4）各个业务应用服务系统：此部分具体根据学校数字校园申报的应用体系进行建设，满足当前应用需求，包括部门内、部门间和全校性的需求；

（5）校园统一门户和统一身份认证平台：构建校园门户平台和统一身份认证平台，整合全校的用户信息和身份认证规范，实现门户的单点登录、统一身份认证，并为师生和教职员工提供个性化的门户界面。

1.2.3　国内智慧校园研究与应用现状

在理论研究层面，通过以“智慧校园”为关键词对中国期刊网进行文献检索，共有文献257篇。分析发现，国内关于智慧校园的研究起始于2010年，在2013年形成热潮，并引起学界高度关注。对文献进行基金项目分析发现，近年来，共有3项与智慧校园相关的全国教育科学规划项目（其中有3篇文献来源于同一基金项目）、2项国家自然科学基金项目和1项国家“973”计划资助项目获得立项，也反映出国家对智慧校园研究的高度重视。进一步分析发现，上述项目的研究重点主要集中于两个方面：一是智慧校园关键技术攻关，二是智慧校园系统模型和解决方案研究。但对智慧校园的应用模式、推广模式、应用评估等方面鲜有涉及。

智慧校园是数字化校园发展的新阶段与新形态，云计算、物联网、RFID等新一代新信息技术为智慧校园建设提供了技术支撑，从而最终将教育信息化推向智能化阶段。但同时也不难发现，现有研究基本集中在智慧校园的概念辨析、理论模型构建、关键技术应用、建设规划与方案探讨等理论研究层面，关于智慧校园的运作模式、教学模式、应用评估等深层次问题还鲜有系统研究。此外，对257篇文献进行来源分析发现，来源于《电化教育研究讯中国电化教育》《中国远程教育问开放教育教育研究》等教育技术领域的权威期刊与核心期刊的文章仅有6篇，也反映出我国智慧校园研究“热而不深”的现状。与国外研究相比，我国关于智慧校园的研究与应用还处于较低层次。此外，通过对近期文献进行梳理发现，已经有研究者开始将大数据分析技术、学习诊断与分析技术引入智慧校园，也将开创智慧校园研究的新趋势。

在应用实践方面，全国多个高校都实施了“智慧校园”建设方案。南邮智慧校园依托数据平台、身份平台、门户平台、GIS平台，建立公共的信息标准，进行数据融合、服务融合、网络融合，实现了分散、异构的应用和信息资源整合。目前南邮智慧校园已经上线，为师生提供管理、教学、科研、生活、感知等五大类服务；浙江大学与中国电信于2011年7月签署了“智慧校园”战略合作协议，计划在未来5年里协助浙大建设“智慧校园”项目。该项目将基于物联网及移动互联网新技术，建设浙江大学统一的移动办公平台、信息发布平台、校园一卡通平台等智慧校园应用，并凭借感知、智能、挖掘、控制等各种信息化技术，建成安全监控、平安校园网络管理系统建设、自助图书网络管理系统等；此外西南大学、成都大学、同济大学等几十所高校正在筹划、实施智慧校园建设。

目前关于智慧教育与智慧校园的研究与应用还处于探索阶段，在理论方面，尚未建立成熟、科学的智慧校园理论模型和智慧校园建设和应用的评估模型；在技术方面，没有建立统一的“智慧校园”的系统架构和技术规范；在应用方面，物联网和云计算等先进技术应用处于初级阶段，技术、业务、资源、信息、数据与用户服务的融合度不够，没有从如何利用信息技术支持学生的自主学习、协作学习，如何支持师生互动与快速准确反馈，如何支持教师教学决策等方面提出有效的解决方案。

从智慧校园研究趋势来看，大数据分析技术、云技术、普适服务技术、信息抽取技术与智慧校园的深度融合将成为研究热点；基于大数据分析技术的智能化资源配置、聚合与推送服务及个性化的学习诊断、分析、评价服务等深度应用将成为智慧校园新的研究亮点；智慧空间、智能社区及智慧校园的运作模式、推广模式、应用模式及应用评估等将成为重点研究方向。

1.3 云计算概述

1.3.1 云计算概述

1.3.1.1 云计算概念由来

虽然目前大部分公众认为云计算这个概念是由我们熟知的Google（谷歌）公司提出的，但是，早在20世纪60年代，云计算最初的模型已经出现了。这个最初的模型是由美国著名的咨询公司John McCarthy（麦肯锡）提出的，即把计算能力作为一种像水和电一样的公用事业提供给用户。

1999年IBM提出的通过一个网站向企业提供企业级应用的概念，这在云计算的发展史上具有里程碑的意义。

而“云计算”这个名称最早是来源于Dell（戴尔）的数据中心解决方案，戴尔在2007年6月初发布的第一季度财报里面提到“组建新的戴尔数据中心解决方案部门（Dell DataCenter Solution Division），提供戴尔的云计算（Cloud Computing）服务和设计模型，使客户能够根据他们的实际需求优化IT系统架构”。

而真正将“云计算”名称叫响的是亚马逊EC2产品和Google-IBM分布式计算项目。2006年美国Amazon（亚马逊）公司开发了EC2产品，是目前公认的最早的云计算产品，当时将其命名为“Elastic Computing Cloud”，即弹性计算云，流传到后来就称为“Cloud Computing”。

2007年10月初，IBM和Google联合与美国的6所大学签署协议，提供在大型分布式计算系统上开发软件的课程和支持服务，希望通过该项研究使得研究人员和学生获得开发网络级应用软件的经验。这也就是所说的新的并行计算（也叫云计算)。从此“云计算”作为IT业的一个新的概念被提出。

1.3.1.2 云计算概念区分

云计算是在并行计算、分布式计算和网格计算的基础上发展而来的。云计算和网格计算并没有过于明显的区别，两者均可以看成是并行计算和分布式计算技术衍生出来的概念。两者的差异主要表现在对资源的组织、分配和使用上的不同，云计算更强调虚拟化、灵活地使用资源。

A 并行计算

并行计算（Parallel Computing）是指同时使用多种计算机资源解决计算问题的过程，为了更快速地解决问题，更充分地利用计算机资源而出现的一种计算方法。其缺点是：将被解决的问题划分出来的模块是相互关联的，如果其中一块出错，必定影响其他模块，再重新计算就降低了运算效率。

B 分布式计算

分布式计算（Distributed Computing）是利用互联网上众多的闲置计算机能力，将其联合起来解决某些大型计算问题的一门学科。与并行计算同理，也是把一个巨大的计算机能力才能解决的问题分成很多部分，再分配给多个计算机处理，最终将结果汇总。与并行计算不同的是，分布式计算所划分的任务相互之间是独立的，某一个小任务的出错不会影响其他任务。

C 网格计算

网格计算（Grid Computing）是专门针对复杂科学计算的新型计算模式，它把互联网上的众多计算资源整合成一台虚拟的超级计算机再将以CPU为主的各种资源联系在一起，从而达到资源共享的目的。

可以说，网格计算是将互联网内所有人的计算机组成的一个供你个人使用的超级处理器，而分布式计算就是你和其他人一起组成的一个超级处理器。通常来看，云计算与网格计算的目标非常相似。但是云计算和网格计算等传统的分布式计算也有着较明显的区别：首先云计算是弹性的，即云计算能根据工作负载大小动态分配资源，而部署于云计算平台上的应用需要适应资源的变化，并能根据变化做出响应；其次，相对于强调异构资源共享的网格计算，云计算更强调大规模资源池的分享，通过分享提高资源复用率，并利用规模经济降低运行成本；最后，云计算需要考虑经济成本，因此硬件设备、软件平台的设计不再一味追求高性能，而要综合考虑成本、可用性、可靠性等因素。

1.3.1.3 云计算标准制定

云计算是这两年IT业最热的话题，也成为IT业一个新的发展趋势。然而目前，不管是国际还是国内，云计算其实并没有一个公认的标准。

全球范围内的云计算标准化工作已经启动。目前，全世界已经有30多个标准组织宣布加入云计算标准的制订行列，并且这个数字还在不断增加。这些标准组织大致可分为3种类型：

（1）以DMTF、OGF、SNIA等为代表的传统IT标准组织或产业联盟，这些标准组织中有一部分原来是专注于网格标准化的，现在转而进行云计算的标准化工作。

（2）以CSA、OCC、CCTF等为代表的专门致力于进行云计算标准化的新兴标准组织。

（3）以ITU、ISO、IEEE、IETF为代表的传统电信或互联网领域的标准组织。

应该说，在这些组织之中，大部分还处在“热点炒作”的状态之中，并没有多少实质性的进展，而且有个别标准组织已经由于一些诸如知识产权之类的内部因素而逐步失去了活力。而且，大部分标准组织的成果仍只是一些白皮书或者技术报告，能够形成标准文档的少之又少，即使是已经发布的一些标准，由于其领域比较局限（如只关注于存储等）而没有产生很大的影响。

虽然成果寥寥，但有一些标准组织的确进行了大量有意义的工作，正在努力将云计算的标准化向前推动。这些重要的标准组织如下：

A NIST

NIST（National Institute of Standards and Technology，美国国家标准技术研究院）由美国联邦政府支持，进行了大量的标准化工作。美国联邦政府在新一任联邦的推动下，正在积极推进联邦机构采购云计算服务，而NIST作为联邦政府的标准化机构，就承担起为政府提供技术和标准支持的任务，它集合了众多云计算方面的核心厂商，共同提出了目前为止被广泛接受的云计算定义，并且根据联邦机构的采购需求，还在不断推进云计算的标准化工作。

B DMTF

DMTF（The Distributed Management Task Force，分布式管理任务组）是领导面向企业和互联网环境的管理标准和集成技术的行业组织。DMTF在2009年4月成立了“开放云计算标准孵化器”，主要关注于IaaS的接口标准化，制定开放虚拟接口格式（Open Virtualization Format，OVF）以使用户可以在不同的IaaS平台间自由地迁移。

C CSA

CSA（Cloud Security Alliance，云安全联盟）是专门针对云计算安全方面的标准组织，已经发布了《云计算关键领域的安全指南》白皮书，成为云计算安全领域的重要指导文件。

D IEEE

IEEE（Institute of Electrical and Electronics Engineers，电气和电子工程师协会）云计算（主要是以虚拟化方式提供服务的 IaaS 业务）给传统的 IDC 及以太网交换技术带来了一系列难以解决的问题，如虚拟机间的交换、虚拟机的迁移、数据存储网络的融合等。作为以太网标准的主要制定者，IEEE 目前正在针对以上问题进行研究，并且已经取得了一些阶段性的成果。

E SNIA

SNIA（Storage Networking Industry Association，存储网络协会）是专注于存储网络的标准组织，在云计算领域 SNIA 主要关注于云存储标准，目前已经发布了“云数据管理接口 CDMI v1.0”。ITU、IETF、ISO 等传统的国际标准组织也已经开始重视云计算的标准化工作。ITU 继成立了云计算焦点组（Cloud Computing Focus Group）之后，又在 SG13 成立了云计算研究组（Q23）；IETF 在近两次会议中都召开了云计算的专题论坛，吸引了众多成员的关注。ISO 在 ISO/IECJTCI 进行一些云计算相关的 SOA 标准化工作等。这些标准组织与其他专注于具体某个行业领域的组织不同，希望能够从顶层架构的角度来对云计算标准化进行推进，其中，尤其以 NIST 的工作得到的认可度最高。根据 NIST 的定义：云计算是一种利用互联网实现随时随地、按需、便捷地访问共享资源池（如计算设施、存储设备、应用程序等）的计算模式。计算机资源服务化是云计算重要的表现形式，它为用户屏蔽了数据中心管理、大规模数据处理、应用程序部署等问题。通过云计算，用户可以根据其业务负载快速申请或释放资源，并以按需支付的方式对所使用的资源付费，在提高服务质量的同时降低运营成本。

1.3.1.4 云计算体系架构

云计算可以按需提供弹性资源，它的表现形式是一系列服务的集合。结合当前云计算的应用与研究，其体系架构可分为核心服务、服务管理、用户访问接口 3 层，如图 1-1 所示。

核心服务层将硬件基础设施、软件运行环境、应用程序抽象成服务，这些服务具有可靠性强、可用性高、规模可伸缩等特点，满足多样化的应用需求。

服务管理层为核心服务提供支持，进一步确保核心服务的可靠性、可用性与安全性。

用户访问接口层实现端到云的访问。

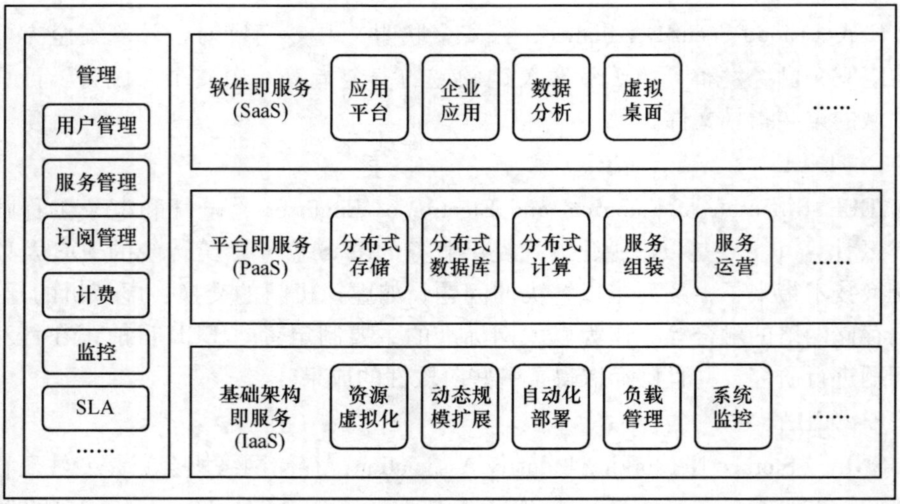

图 1-1 云计算体系架构

A 核心服务层

云计算核心服务通常可以分 3 个子层：基础设施即服务层（IaaS，Infrastructure as a Service）、平台即服务层（PaaS，Platform as a Service）与软件即服务层（SaaS，Software as a Service）。

IaaS 提供硬件基础设施部署服务，为用户按需提供实体或虚拟的计算、存储和网络等资源。在使用 IaaS 层服务的过程中，用户需要向 IaaS 层服务提供商提供基础设施的配置信息，运行于基础设施的程序代码以及相关的用户数据。由于数据中心是 IaaS 层的基础，到此数据中心的管理和优化问题近年来成为研究热点。另外，为了优化硬件资源的分配，IaaS 层引入了虚拟化技术。借助于 KVM、XEN、VMware 等虚拟化工具，可以提供可靠性高、可定制性强、规模可扩展的 IaaS 层服务。

PaaS 是云计算应用程序运行环境，提供应用程序部署与管理服务。通过 PaaS 层的软件工具和开发语言，应用程序开发者只需上传程序代码和数据即可使用服务，而不必关注底层的网络、存储、操作系统的管理问题。由于目前互联网应用平台（如 Facebook、Google、淘宝等）的数据量日趋庞大的 PaaS 层应当充分考虑对海量数据的存储与处理能力，并利用有效的资源管理与调度策略提高处理效率。

SaaS 是基于云计算基础平台所开发的应用程序。企业可以通过租用 SaaS 层服务解决企业信息化问题，如企业通过 GMail 建立属于该企业的电子邮件服务。该服务托管于 Google 的数据中心，企业不必考虑服务器的管理、维护问题。对于普通用户来讲，SaaS 层服务将桌面应用程序迁移到互联网，可实现应用程序的泛在访问。

B 服务管理层

服务管理层为核心服务层的可用性、可靠性和安全性提供保障。服务管理包括服务质量（Quality of Service，QoS）保证和安全管理等。云计算需要提供高可靠、高可用、低成本的个性化服务。然而云计算平台规模庞大且结构复杂，很难完全满足用户的 QoS 需求。为此，云计算服务提供商需要和用户进行协商，并制定服务水平协议（Service Level Agreement，SLA）。使得双方对服务质量的需求达成一致。当服务提供商提供的服务未能达到 SLA 的要求时，用户将得到补偿。此外，数据的安全性一直是用户较为关心的问题。云计算数据中心采用的资源集中式管理方式使得云计算平台存在单点失效问题。保存在数据中心的关键数据会因为突发事件（如地震、断电）、病毒入侵、黑客攻击而丢失或泄露。根据云计算服务特点，研究云计算环境下的安全与隐私保护技术（如数据隔离、隐私保护、访问控制等）是保证云计算得以广泛应用的关键。除了 QoS 保证、安全管理外，服务管理层还包括计费管理、资源监控等管理内容，这些管理措施对云计算的稳定运行同样起到重要作用。

C 用户访问接口层

用户访问接口实现了云计算服务的泛在访问，通常包括命令行、Web 服务、Web 门户等形式。命令行和 Web 服务的访问模式既可为终端设备提供应用程序开发接口，又便于多种服务的组合。Web 门户是访问接口的另一种模式。通过 Web 门户，云计算将用户的桌面应用迁移到互联网，从而使用户随时随地通过浏览器就可以访问数据和程序，提高工作效率。虽然用户通过访问接口使用便利的云计算服务，但是由于不同云计算服务商提供接口标准不同，导致用户数据不能在不同服务商之间迁移。

为此，在 Intel、Sun 和 Cisco 等公司的倡导下，云计算互操作论坛（Cloud Computing Interoperability Forum，CCIF）宣告成立，并致力于开发统一的云计算接口（Unified Cloud Interface，UCI），以实现“全球环境下，不同企业之间可利用云计算服务无缝协同工作”的目标。

1.3.2 基础设施服务层（IaaS）

1.3.2.1 IaaS 软件体系架构

IaaS 软件位于云计算服务的最底层，此类软件向用户提供虚拟机、虚拟存储和虚拟网络等基础设施资源。

以开源软件为例，现有开源软件支持的 IaaS 体系结构大体上以 Open-Nebula、

Nimbus 和 ECP 等软件为代表的两层体系结构为主。

两层体系结构分为控制层和工作节点层，其中控制层由云控制器和存储系统构成，工作节点层由一系列的工作节点构成。

云控制器是客户端与云计算平台通信的接口，对整个平台的工作节点实施调度管理，其组件大致包括云端接口、平台组件管理器、调度器、监控器、用户管理器、存储管理器和网络管理器。存储系统用于存储平台中所用到的映像文件。客户端（用户和云计算平台管理员）可以通过命令行和浏览器接口访问云计算平台。云端接口将来自客户端的命令转换成整个平台统一识别的模式。平台组件管理器管理整个平台的组件。监控器负责监控各个工作节点上资源的使用情况，为调度器调度工作节点和平台实施负载均衡提供参考。用户管理器对用户身份进行认证和管理。存储管理器与具体的存储系统相连，用于管理整个平台的映像、快照和虚拟磁盘映像文件等。网络管理器负责整个云计算平台里的虚拟网络的管理，包括 VLAN 和 VPN 等。

工作节点上运行虚拟机管理器（VMM，如 KVM、VMware、XEN 等），用户可以在这些 VMM 上部署 VM 实例，并在 VM 上建立软件环境和应用。同时平台可以通过 VMM 来管理 VM 实例，如 VM 的挂起和迁移等。通过使用 VM，用户便可以享受到云计算平台所提供的基础设施服务。另一种是以 Eucalytus 和 XEN Cloud 等软件为代表的三层体系结构，单从体系结构图来看，三层体系结构与两层体系结构的主要区别是增加了一个集群控制节点中间层，该层的作用主要有三个方面：

（1）控制相应集群中的网络管理情况一般会在集群节点上建立起该集群的 DHCP 和 DNS 服务器。

（2）监控该集群的 DHCP 和 DNS 服务器，群中节点的资源使用情况并将监控到的结果向上层的云控制器汇报，云控制器对底层的工作节点的调用要以集群控制节点监控到的信息为参考。

（3）充当路由器的功能，当两个集群间的工作节点通信时，它们通过双方的集群控制节点进行通信。

从功能角度来看，相对于两层体系结构而言，三层体系结构具有更好的扩展性。在两层体系结构中，云控制器直接管理工作节点，这种直接管理方式使得云控制器对 VM 的部署速度更快。在气层体系结构中，由集群控制节点与工作节点直接通信，工作节点通过集群控制节点与云控制器进行通信，云控制器通过中间层集群控制节点来负责对工作节点的调度，这样缓解了云控制器的开销，增强了整个平台的扩展性。

1.3.2.2　IaaS 软件关键技术

IaaS 层是云计算的基础。通过建立大规模数据中心，IaaS 层为上层云计算服务提供海量硬件资源。同时，在虚拟化技术的支持下，IaaS 层可以实现硬件资源的按需配置，并提供个性化的基础设施服务。

基于以上两点，IaaS 层主要研究两个问题：如何建设低成本、高效能的数据中心；如何拓展虚拟化技术，实现弹性、可靠的基础设施服务。

A 数据中心相关技术

数据中心是云计算的核心，其资源规模与可靠性对上层的云计算服务有着重要影响。Google、Facebook 等公司十分重视数据中心的建设。在 2009 年，Facebook 的数据中心拥有 30000 个计算节点，截至 2010 年，计算节点数量更是达到 60000 个；Google 公司平均每季度投入约 6 亿美元用于数据中心建设，其中仅 2010 年第 4 季度就投入了 25 亿美元。

与传统的企业数据中心不同，云计算数据中心具有以下特点：

（1）自治性：相较传统的数据中心需要人工维护，云计算数据中心的大规模性要求系统在发生异常时能自动重新配置，并从异常中恢复，而不影响服务的正常使用。

（2）规模经济：通过对大规模集群的统一化标准化管理，使单位设备的管理成本大幅降低。

（3）规模可扩展：考虑到建设成本及设备更新换代，云计算数据中心往往采用大规模高性价比的设备组成硬件资源提供扩展规模的空间。

基于以上特点，云计算数据中心的相关研究工作主要集中在以下两个方面：

（1）研究新型的数据中心网络拓扑，以低成本、高带宽、高可靠的方式连接大规模计算节点。

目前，大型的云计算数据中心由上万个计算节点构成，而且节点数量呈上升趋势。计算节点的大规模性给数据中心网络的容错能力和可扩展性带来挑战。

然而，面对以上挑战，传统的树型结构网络拓扑存在以下缺陷：首先，可靠性低，若汇聚层或核心层的网络设备发生异常，网络性能会大幅下降；其次，可扩展性差，因为核心层网络设备的端口有限，难以支持大规模网络；再次，网络带宽有限，在汇聚层，汇聚交换机连接边缘层的网络带宽大于其连接核心层的网络带宽，所以对于连接在不同汇聚交换机的计算节点来说，它们的网络通信容易受到阻塞。

为了弥补传统拓扑结构的缺陷，研究者提出了 VL2、PortLand、DCell、BCube 等新型的网络拓扑结构这些拓扑在传统的树型结构中加入了类似于 MESH 的构造，使得节点之间连通性与容错能力更高，易于负载均衡。同时，这些新型的拓扑结构利用小型交换机便可构建，使得网络建设成本降低，节点更容易扩展。

（2）研究有效的绿色节能技术，以提高效能比，减少环境污染。

云计算数据中心规模庞大，为了保证设备正常工作，需要消耗大量的电能。据估计，一个拥有50000个计算节点的数据中心每年耗电量过1亿千瓦时，电费达到930万美元。因此需要研究有效的绿色节能技术，以解决开销问题。实施绿色节能技术，不仅可以降低数据中心的运行开销，而且能减少二氧化碳的排放，有助于环境保护。

B　虚拟化技术

数据中心为云计算提供了大规模资源。为了实现基础设施服务的按需分配，需要研究虚拟化技术。虚拟化是IaaS层的重要组成部分，也是云计算的最重要特点。

虚拟化技术有以下特点：

(1) 资源分享。通过虚拟机封装用户各自的运行环境，有效实现多用户分享数据中心资源。

(2) 资源定制。用户利用虚拟化技术，配置私有的服务器，指定所需的CPU数目、内存容量、磁盘空间，实现资源的按需分配。

(3) 细粒度资源管理。将物理服务器拆分成若干虚拟机，可以提高服务器的资源利用率，减少浪费，而且有助于服务器的负载均衡和节能。

基于以上特点，虚拟化技术成为实现云计算资源池化和按需服务的基础。

为了进一步满足云计算弹性服务和数据中心自治性的需求，需要研究虚拟机快速部署和在线迁移技术：

(1) 虚拟机快速部署技术。为了简化虚拟机的部署过程，虚拟机模板技术被应用于大多数云计算平台。虚拟机模板预装了操作系统与应用软件，并对虚拟设备进行了预配置，可以有效减少虚拟机的部署时间。

然而虚拟机模板技术仍不能满足快速部署的需求：一方面，将模板转换成虚拟机需要复制模板文件，当模板文件较大时，复制的时间开销不可忽视；另一方面，因为应用程序没有加载到内存，所以通过虚拟机模板转换的虚拟机需要在启动或加载内存镜像后，方可提供服务。

为此，有学者提出了基于Fork思想的虚拟机部署方式。该方式受操作系统的Fork原语启发，可以利用父虚拟机迅速克隆出大量子虚拟机。与进程级的Fork相似，基于虚拟机级的Fork，子虚拟机可以继承父虚拟机的内存状态信息，并在创建后即时可用。当部署大规模虚拟机时，子虚拟机可以并行创建，并维护其独立的内存空间，而不依赖于父虚拟机。

(2) 虚拟机在线迁移技术。虚拟机在线迁移是指虚拟机在运行状态下从一台物理机移动到另一台物理机。虚拟机在线迁移技术对云计算平台有效管理具有重要意义，主要体现在：

1) 提高系统可靠性：一方面，当物理机需要维护时，可以将运行于该物理机的虚拟机转移到其他物理机；另一方面，可利用在线迁移技术完成虚拟机无缝切换至备份虚拟机。

2）有利于负载均衡：当物理机负载过重时，可以通过虚拟机迁移达到负载均衡，优化数据中心性能。

3）有利于设计节能方案：通过集中零散的虚拟机，可使部分物理机完全空闲，以便关闭这些物理机（或使物理机休眠），达到节能的目的。

1.3.3 平台即服务层（PaaS）

1.3.3.1 PaaS 软件体系结构

PaaS 软件位于平台服务层，此类软件向用户提供开发、运行和测试应用的环境。云控制器包含的组件有云端接口、平台组件管理器、调度器、监控器、应用执行引擎、用户管理器和数据库管理器。客户端可以通过命令行和浏览器接口使用 PaaS 平台提供的开发、部署和测试的应用环境。云端接口是用户访问云计算平台的接口，一般特指编程的 API 接口和用户远程使用平台的接口。平台组件管理器、监控器、调度器和用户管理器发挥着与 IaaS 中相应组件相同的功能。应用执行引擎负责启动各个节点上的任务。在各个节点上，为保护应用进程实施了应用间的隔离，比如使用 JVM 虚拟机进行隔离。

1.3.3.2 PaaS 软件关键技术

PaaS 层作为 3 层核心服务的中间层，既为上层应用提供简单、可靠的分布式编程框架，又需要基于底层的资源、信息调度作业、管理数据、屏蔽底层系统的复杂性。随着数据密集型应用的普及和数据规模的日益庞大，PaaS 层需要具备存储与处理海量数据的能力。本节先介绍 PaaS 层的海量数据存储与处理技术，然后讨论基于这些技术的资源管理与调度策略。

A 海量数据存储与处理技术

（1）海量数据存储技术。云计算环境中的海量数据存储既要考虑存储系统的 I/O 性能，又要保证文件系统的可靠性与可用性。

DeCandia 等人设计了基于归结的 Dynamo 存储系统，并应用于 Amazon 的数据存储平台。借助于 P2P 技术的特点，Dynamo 允许使用者根据工作负载动态调整集群规模。另外，在可用性方面，Dynamo 采用零跳分布式散列表结构降低操作响应时间；在可靠性方面，Oynamo 利用文件副本机制应对节点失效。由于保证副本强一致性会影响系统性能，所以，为了承受每天数千万的并发读写请求，Oynamo 中设计了最终一致性模型，弱化副本一致性，保证提高性能。

（2）数据处理技术与编程模型。PaaS 平台不仅要实现海量数据的存储，而且要提供面向海量数据的分析处理功能。由于 PaaS 平台部署于大规模硬件资源上，所以海量数据的分析处理需要抽象处理过程，并要求其编程模型支持规模扩展，屏蔽底层细节并且简单有效。

B　资源管理与调度技术

海量数据处理平台的大规模性给资源管理与调度带来挑战。研究有效的资源管理与调度技术可以提高 MapReduce、Dryad 等 PaaS 层海量数据处理平台的性能。

（1）副本管理技术。副本机制是 PaaS 层保证数据可靠性的基础，有效的副本策略不但可以降低数据丢失的风险，而且能优化作业完成时间。

（2）任务调度算法。PaaS 层的海量数据处理以数据密集型作业为主，其执行性能受到 I/O 带宽的影响。为了减少任务执行过程中的网络传输开销，可以将任务调度到输入数据所在的计算节点，因此，需要研究面向数据本地性（Data-Locality）的任务调度算法。除了保证数据本地性，PaaS 层的作业调度器还需要考虑作业之间的公平调度。PaaS 层的工作负载中既包括子任务少、执行时间短、对响应时间敏感的即时作业（如数据查询作业），也包括子任务多、执行时间长的长期作业（如数据分析作业）。研究公平调度算法可以及时为即时作业分配资源，使其快速响应。

（3）任务容错机制。为了使 PaaS 平台可以在任务发生异常时自动从异常状态恢复，需要研究任务容错机制。

1.3.4　软件即服务层（SaaS）

1.3.4.1　SaaS 软件体系结构

SaaS 软件把应用作为服务提供给用户，它可以部署在 IaaS 和 PaaS 之上。

云控制器中的组件主要有云端接口、平台组件管理器、元数据管理器、应用管理器、用户管理器、监控器和数据库管理器。用户通过浏览器对整个平台进行访问。元数据管理器对整个平台应用的元数据进行管理。应用管理器管理应用软件的运行状况，如访问平台的进程调度和平台负载均衡。数据库管理器直接控制存储系统，实现对平台中应用数据的管理。SaaS 平台中的平台组件管理器、监控器和用户管理器与 IaaS 和 PaaS 中相关组件的功能类似。应用节点上运行着云控制器所分配的具体应用。

通常情况下，一个 SaaS 平台不止给用户提供一种应用（如 Zimbra 不仅向用户提供邮件管理，还提供聊天服务）。这些应用可能运行在一个物理机上，也可能运行在多个物理机上。用户使用平台提供的应用，而不用关心应用程序的具体运行情况。

1.3.4.2　SaaS 软件关键技术

SaaS 层面向的是云计算终端用户，提供基于互联网的软件应用服务。随着

Web 服务、HTML5、Ajax、Mashup 等技术的成熟与标准化，SaaS 应用近年来发展迅速。典型的 SaaS 应用包括 Google Apps、Salesforce CRM 等。

Google Apps 包括 Google Docs、Gmail 等一系列 SaaS 应用。Google 将传统的桌面应用程序（如文字处理软件、电子邮件服务等）迁移到互联网，并托管这些应用程序。用户通过浏览器便可随时随地访问 Google Apps，而不需要下载、安装或维护任何硬件或软件。Google Apps 为每个应用提供了编程接口，使各应用之间可以随意组合。Google Apps 的用户既可以是个人用户也可以是服务提供商。比如，企业可向 Google 申请域名为@ example. com 的邮件服务，满足企业内部收发电子邮件的需求。在此期间，企业只需对资源使用量付费，而不必考虑购置、维护邮件服务器、邮件管理系统的开销。

Salesforce CRM 部署于 Force. com 云计算平台，为企业提供客户关系管理服务，包括销售云、服务云、数据云等部分。通过租用 CRM 的服务，企业可以拥有完整的企业管理系统，用以管理内部员工、生产销售、客户业务等。利用 CRM 预定义的服务组件，企业可以根据自身业务的特点定制工作流程。基于数据隔离模型，CRM 可以隔离不同企业的数据，为每个企业分别提供一份应用程序的副本。CRM 可根据企业的业务量为企业弹性分配资源。除此之外，CRM 为移动智能终端开发了应用程序，支持各种类型的客户端设备访问该服务实现泛在接入。

2 智慧校园理论模型

2.1 智慧教育与智慧校园

2.1.1 智慧教育的源起

智慧教育的源起可追溯至我国著名学者钱学森（1994 年）所提出的“大成智慧学”。“大成智慧”的实质与核心是“必集大成，才能得智慧!”。进而，在回答当前在以信息革命为先导的第五次产业革命的浪潮中，我们的教育应办成什么样的才好的问题时，钱学森说：应办成大成智慧教育。2008 年，时任 IBM 首席执行官的彭明盛（Samuel）在所做的报告《智慧地球：下一代领导议程》中首次提出了智慧地球（Smarter Planet）的概念，成为推进“智慧教育”最为直接，最具影响力的国际事件。“智慧地球”表达了 IBM 对于如何运用先进的信息技术构建这个新的世界运行模型的一个美好愿景。借助新一代信息技术（如传感技术、物联网技术、移动技术等）的强力支持，地球上几乎所有东西任何物理对象、过程或者系统都可以被感知化、互联化和智慧化。此后“智慧”的理念已逐步融入各个领域。“智慧城市”“智慧医疗”“智慧交通”“智慧教育”等迅速被人们所熟知。在“智慧”无处不在的大背景下，智慧教育破茧而出。

2.1.2 智能教育与智慧教育

2.1.2.1 智慧的哲学内涵

在中文语境中，智慧是“能迅速、灵活、正确地理解事物和解决问题的能力”。“智慧”是一个相对概念，并不局限于人类，任何物体组成的体系都有智慧，只是高低不同。著名学者祝智庭教授（2013 年）在《智慧教育——教育信息化的新境界》一文中旁征博引，从哲学的高度对智慧的概念和内涵进行了深入探讨。他认为智慧包括三个层次的内涵：

首先，智慧是一种高阶思维能力和复杂问题解决能力。智慧离不开基础知识技能的必要支持，但更强调辨析判断、发明创造的能力。

其次，智慧的精神内核是伦理道德和价值认同。智慧是利用你的成功智能、创造力和知识以达到“共善”（Common Good）。即智慧就是在一定时空框架下，追求利人利己的“善益”（Goodness）。

第三，智慧强调文化、认知、体验、行为的圆融统整。智慧具有多个构面

(Facet)，它具有完整的“可预知（能够更加准确地预见和预知)、可达成（期望自己能够达成既定的目标)、可定义（能够自行定义价值和意义)”等三项能力。

哲学层面的智慧内涵有助于我们对智慧进行溯源式的追踪和探讨。但若能从知识与智慧的比较分析中明确二者的不同，将具有更为直接的教学指导价值。一般认为，知识表现在信息和信息之间的关系，通常是被公认为经实践检验是正确的，能指导决策和行动的结构化信息，包括事实、经验、技巧。知识虽然是不断丰富和发展的，但其具有静态属性，可以通过识记和传授得以传承。而智慧是富有洞察力的知识，表现为对事物发展的预判并提前进行决策和行动。智慧是基于对知识的有效整合，其核心要件是思维。智慧无法通过识记习得，形成智慧的有效途径是经历和体验。

2.1.2.2 智能教育与智慧教育

从相关文献来看，“智能教育”与“智慧教育”均源自英文“Smart Education”。由于关注的重点不同，国内学者在翻译、引用时略微产生了差异，在大部分文献中二者意思相同或相近，但也有一些文献将“智能教育”译为“Intelligent Education”。对于智能教育，主流的观点主要有三类：

一是认为智能教育主要是使用先进的信息技术实现教育手段的智能化。该类观点重点关注技术手段，如蒋家付认为的智能教育，就是为了全面提高教育质量与效率，运用先进的信息技术，对教育过程的各种信息进行感知、识别、处理、分析，为教育参与者提供快速决策和反馈评价的教育方式。从技术层面看，智能教育是指教育过程中运用的智能教育技术，它是信息化教育的高级形态。

二是认为 SMART 是由自主式（Self-directed)、兴趣（Motivated)、能力与水平（Adaptive)、丰富的资料（Resoure enriched)、信息技术（Technology embedded）等词汇构成的合成词，认为智能教育是一种基于学习者自身的能力与水平，兼顾兴趣，通过娴熟的运用信息技术，获取丰富的学习资料，开展自助式学习的教育。该类观点重点关注学习过程与方法。

三是认为智能教育是指在传授知识的同时，着重培养人们智能（学习能力、思维能力、记忆能力、想象能力、决断能力、领导能力、创新能力、组织能力、研究能力、表达能力等）的教育。该观点直指教育目的，与智慧教育异曲同工。关于智慧教育目前也尚无统一的认识，国际学界鲜有系统深入的研究。

以祝智庭为代表的国内教育信息化权威学者提出了较为完整的智慧教育概念。认为从教育信息化角度来看，智慧教育是指运用物联网、云计算、移动网络等新一代信息技术，通过构建智慧学习环境（Smart Learning Environments)，运用智慧教学法（Smart Pedagogy)，促进学习者进行智慧学习（Smart Learning)，从而提升成才期望，即培养具有高智能（High-Intelligence）和创造力（Productivity）的人。利用适当的技术智慧地参与各种实践活动并不断地创造制品和价值，实现对学习环境、生活环境和工作环境灵巧机敏的适应、塑造和选择。综合以上观点，笔者认为，智慧教育的手段是新一代信息技术的全面、深入、综合应用，智慧教育的重点与前提在于智慧学习环境的构建、智能化系统及产品的研发与应用，智慧教育的直接目的在于大幅度提高教学、科研、管理的智能化水平，有效提高教育质量和效益，其本质目的在于培养学习者创新能力、批判思维能力、问题解决能力等高阶思维能力，即发展学习者的智慧。从智能教育与智慧教育的比较来看，前者更为强调技术手段的智能化，后者更为关注技术手段的适宜性，也即智慧地使用技术从而促进学习者形成并发展智慧。

2.1.2.3　智慧校园

关于“智慧校园”的概念与特征，国内一些学者提出了不同的解读。如黄荣怀等认为，智慧校园（Smart Campus）应具有以下五个特征：

（1）环境全面感知；

（2）网络无缝互通；

（3）海量数据支撑

（4）开放学习环境；

（5）师生个性服务。

宗平等人认为“智慧校园”的核心特征主要在三个方面：一是为广大师生提供一个全面的智能感知环境和综合信息服务平台，提供基于角色的个性化定制服务；二是将基于计算机网络的信息服务融入学校的各个应用与服务领域，实现互联和协作；三是通过智能感知环境和综合信息服务平台，为学校与外部世界提供一个相互交流和相互感知的接口。IBM 提出的智慧系统特征是：能够更透彻地感知和度量（Instrumented），更全面地互联互通（Interconnected），更深入的智能化（Intelligent）。笔者结合多年的智慧校园建设实践，认为“智慧校园”是信息技术高度融合、信息化应用深度整合、信息终端广泛感知的信息化校园。

“智慧校园”系统兼有技术、教育和文化等多重属性，具有如下九大特征：

（1）融合的网络与技术环境。实现校园有线网、无线网、传感网、视频监控网等多种网络的融合和多种信息化应用系统的融合，形成一体化的网络环境和应用环境。

（2）广泛感知的信息终端。为广大师生提供一个全面的智能感知环境。

（3）快速、综合的业务处理服务。能够对教学、科研、管理的各种业务、信息、数据按照基于流程的方式进行快速、综合处理，为广大师生提供一个全面的综合业务处理与服务平台。

（4）智能化管理与决策支持。具有架构科学合理、低耗高效运转的学校智能化管理与决策支持系统，能够对学校的人、财、物、活动、事件和业务流程进行感知、识别、跟踪、判断、处理、评价与提示指引。

（5）个性化的信息服务。能提供基于角色的个性化信息定制服务。

（6）泛在的自主学习环境。通过实施有线和无线网络的全面覆盖，借助移动学习终端和教育云服务平台，任何时间可以在学校任何地点在线学习、互动交流和辅导答疑，实现教育无处不在，学习随时随地。

（7）智慧的课堂。具有满足师生个性化教与学需求，实现自主探究、互动教学、协同学习等多种教学模式，并能对学习过程进行动态跟踪与评价的智慧课堂。

（8）充分共享、灵活配置的教学资源平台。建教育云服务平台，能实现教育资源的按需动态分配和技术服务的充分共享。具有统一的教育资源建设标准和存储规范，能实现教育资源的高效检索和智能汇聚。能提供海量的优质教育资源，并与教学系统无缝对接，满足教学需求。

（9）蕴含教育智慧的学习社区。具有家校互通的沟通平台和学习社区，教师、学生、家长能够及时互动，分享教育经验与智慧。能整合各种社会力量，共同促进学生快速健康成长。

2.1.3 高校信息化进入智慧校园阶段

我国高校信息化发展于20世纪80年代中，三十多年的发展过程中，经历了早期的电算化、校园网络建设，到中期的网络信息系统建设和数字校园整合集成，近期普遍重视开展业务流程优化和服务整合，信息技术越来越深度融入高校的教育教学业务之中，高校信息化开始进入智慧校园建设阶段[1]。

不同的发展阶段，高校信息化呈现出不同的特点，表2-1从IT与业务的关

表2-1 我国高校信息化阶段特点

阶段观察点	校园网	数字校园		智慧校园
主体时间段	1994～2000年	2001～2007年	2008～2015年	2016至今
IT与业务关系	组合	整合	初步融合	融合创新
信息化程度	电算化	自动化	流程优化	流程与业务模式再造
IT绩效重点	基础设施建设	信息系统与数据	业务流程支撑	学校事业发展师生个人成就
IT集成度	系统集成	应用集成	信息集成	业务集成
IT关注点	网络服务	业务应用系统	信息门户	服务框架
基础设施	网络	服务器	数据中心	云服务
建设模式	自建或外包	建设外包为主	建设外包为主	外包与众筹
运维模式	自主运维	自主运维	自主运维为主	混合运维
IT支撑机构	网络中心	网络信息中心	信息化办公室	CIO体系

系、信息化程度、IT 绩效重点、相关信息化技术关注点、建设与运维模式以及 IT 支撑机构等方面，归纳对比了各个发展阶段我国高校信息化的不同特点[2]。

随着云计算、物联网、移动互联、大数据、人工智能、社交网络、知识管理、虚拟现实等新兴信息技术在高校中的广泛应用，信息技术与教育教学业务的融合越来越深入，高校信息化由管理信息化发展为教育教学全面信息化，信息技术与教育教学的关系从组合、整合演进到融合创新。在这种情况下，数字校园建设阶段采用的统筹建设、分步实施的建设模式已经难以为继。随着师生积极参与学校信息化建设，在已有应用系统基础上开展的轻量级/碎片化应用越来越多，数字校园的运行维护模式开始捉襟见肘。并且，随着数字校园建设与应用的不断深入，高校信息化的技术形态、业务形态、管理形态都开始发生巨大变化，原有数字校园建设的解决方案和方法都已经不能满足当前阶段高校信息化的实际需要。高校信息化发展需要有新的思路、方案和方法，而智慧校园成为当前阶段高校信息化发展的必然诉求。

智慧校园实际上是高校信息化发展到融合创新阶段的产物，是对数字校园建设的进一步深化与提升，是高校应对“互联网 + 教育”挑战的必然选择，是高校实施的“工业 4.0”。高校建设智慧校园，是在数字校园的基础上，通过一系列新兴信息技术的引入，为师生提供各种智慧型的业务应用，改进师生在工作、学习和生活中的活动方式，推动教学、科研、管理和服务在 IT 支持下的模式创新，实现高校的智慧运行，支撑高校智慧教育的开展。

因此，高校智慧校园的建设目标，是支持高校智慧教育的开展，具体包括：

（1）大力推动线上线下融合教学和基于大数据的教学评价，开展智慧型人才培养，实现广泛的因材施教和个性化的人才培养；

（2）开展智慧型科学研究，减少科研过程的低水平重复劳动，加强科研协作，提高科研水平与效率；

（3）开展智慧型社会服务，利用信息化手段加快科技成果转化，利用大数据技术为科学决策提供支持；

（4）开展智慧型文化传承创新，创新、繁荣健康向上的大学网络文化，发展先进文化，创新高校网络思想政治教育阵地建设；

（5）促进管理服务流程的不断优化或再造、创新管理服务模式，实现校系间、部门间的业务协同和一门式服务；通过大数据技术挖掘学校运行规律，实现智慧型管理决策；

（6）充分利用物联网技术和智能感知技术，建立智慧型校园后勤管理与服务信息化支撑平台，整合校内外各种生活服务资源，开展智慧型生活服务[2]。

通过智慧校园建设与应用，支持高校开展智慧教育，可以促进高等教育质量全面提高，为我国高等教育现代化和建成高等教育强国作贡献。

2.2 智慧教育的特征

对智慧教育的特征进行分析，将进一步深化对智慧教育的认识，对智慧校园的理论模型构建、系统开发、实践应用具有重要意义。下面就从教育信息化的重要构件——技术、资源、教学三个维度分析智慧教育的特征。

2.2.1 智慧教育的技术特征

智慧教育在技术层面是通过新一代信息技术，如物联网、云计算、移动互联网等技术，对教育信息进行感知、识别、捕获、汇聚、分析，进而辅助智能化的教育管理与决策。智慧教育环境的技术特征在宏观层面主要表现为采用面向服务的SOA软件架构体系，实现了各类应用系统的无缝整合，各类资源、数据、信息及业务流程的有效整合，大大提高了系统的适应性、扩充性、可维护性和易用性。在微观层面主要表现为对学习环境的物理因素进行感知和智能调节，对校园环境进行智能化管理，对教与学的过程进行跟踪与记录，对家校互通提供立体化的网络支持。智慧学习环境中部署了传感网，利用各类传感器能捕获并识别各类学习环境中当前的温度、湿度、照度等物理信息，并根据预设，将其调整为最适宜的状态，为师生提供最佳的学习环境；通过传感网技术还可实现对重要设备的位置信息、工作状态进行捕获与跟踪，实现智能安防，同时通过物联网还可实现师生的自动考勤、校园门禁系统、车位的自动管理等，将大幅度提高学校管理效率；通过部署在教室和其他学习环境中的自动录播系统，可在不打断正常的教学秩序的情况下，将师生的教学实况自动录制，并实时存储于一体化的资源平台，学生可借此进行巩固复习，老师可借此进行教学反思和教学观摩；智慧环境实现了传感网、有线网、无线网的无缝融合，形成了一体化的网络环境和应用环境，为构建家校互通的绿色学习社区提供了有效的技术支持。

2.2.2 智慧教育的资源特征

云计算的在教育领域的应用推动了教育资源建设、存储、共享与应用模式的变革。智慧教育视域下的资源建设体现出全新特征。从资源平台的建设理念与技术模式来看：

第一，资源平台的建设理念正在从产品层次上升至服务层次，资源平台建设的中心任务正在从技术平台的搭建转向服务体系的构建。

第二，平台功能正在从单纯的资源存储与管理转变为融知识获取、存储、共享、应用与创新于一体的知识管理平台。

第三，在运作机制上，Web2.0时代的以用户为中心的理念正在逐步体现，各种有效的社会化驱动和信息聚合机制正在逐步引入，资源平台的建设和应用绩效逐步提升。

第四，在技术模式上，正在从传统的数字化向智能化方向转变。从资源的表现形式来看，智慧教育作为崭新的教育形态，对学习资源提出了新的需求。

随着学习技术和学习方式的变革，当前的数字化学习资源已从传统的静态、封闭文体、图像等素材资源转向动态、开放、共享的移动学习资源、微课资源、幕课（MOOCS 大规模开放在线课程）、基于社会化网站（SNN）与知识类网站的学习资源建设及电子教材的设计与开发等。

2.2.3　智慧教育的教学特征

信息技术的广泛应用将改变学生认知事物的过程，将改变某些教学原则，将改变教学内容和教材形式，将改变教师、学生、教材三者之间的关系。新一代信息技术的应用为开展多种教与学的方式提供了可能，智慧教育视域下的教与学也体现出了崭新的特征。笔者认为，智慧的教学应该是与学习者自身的能力与水平相适应的教学，以培养学习者高阶思维能力、促进学习者生成以智慧为目的的教学。

智慧教学的核心是以新一代信息技术为手段，捕获、记录、分析学习者风格（包括学习者的能力、兴趣、水平、认知特点），并以学习风格[3]为依据，推送差异化的学习内容，使每位学习者均能在各自的起点水平上获得知识、能力、情感的完善与发展。在学习方式上是以人（教师、学生）为主体，通过人与环境（设备环境、技术环境、资源环境）高效互动，促进知识建构，获得能力发展。智慧教育的教学特征具体表现在以下五个方面：

第一，实时、便利的教学资源获取及课堂生成性资源的捕获和存储。智慧的教学可根据实际需求，在不打断原有思路的情况下便捷地获取海量的优质教育资源，实时拓展教学内容，调整教学进度，实现动态、灵活、开放的课堂教学。此外，可将学生的笔记、作业、练习的作答，老师的反思，教学灵感，对教学课件进行的标注、修改等生成性信息实时存入资源平台，为学生巩固复习、交流经验，教师专业成长提供资源支持。

第二，对课堂教学状态信息进行跟踪、分析，辅助教学决策。智慧的教学可对学生的学习状态信息进行及时收集、统计与分析，辅助教师进行教学决策[4]。同时，可基于教学反馈信息的分析，进行分层教学、个性化教学。

第三，实现及时高效的课堂互动。新一代信息技术为课堂互动提供了有效的技术支持，实现了人与技术、设备、资源、环境的多维度互动[5]，营造了情境化的教学环境，增强了师生互动的体验感。

第四，自主学习真正成为主要的学习方式。智慧环境下，学生的主体地位进一步凸显。技术的发展提供了高效便捷的互动交流、协作分享的工具，为学生开展自主学习提供了有效支持，研究性学习、协作学习、混合学习、竞争性学习将会易于开展。

第五，教学将没有明显的时空界限。随着移动互联网技术的成熟、移动终端的普及、移动学习资源及工具的进一步丰富，学生可以通过无线网络，利用电子书包、智能手机等移动学习终端，随时随地进入资源系统点播教学视频、下载学习资源、开展自主学习。同时可随时随地和老师进行互动交流，获取帮助，学生的学习不再局限于教室空间和课堂时间。

2.2.4 高校智慧校园的特征

智慧校园是高校信息化发展的新阶段，是在数字校园的基础上为了支持高校智慧教育发展而提出的解决方案，因此，无论是信息化业务运行、技术方案还是建设运维模式[6]，智慧校园都具有与数字校园不同的显著特征。

从信息化业务运行方面来看，与数字校园主要注重管理信息化相比，智慧校园更加重视信息技术与人才培养、科学研究和社会服务的深度融合，重视提供跨部门业务融合的一站式服务，重视利用大数据支持科学决策，即支持智慧教育业务的开展。在智慧校园建设阶段，高校信息化由管理信息化发展为业务全面信息化，信息技术与业务的关系从组合、整合进入融合创新阶段，基于信息技术解构、优化、重组教育教学的新型教育模式——智慧教育形态已经开始显现。

从技术视角来看，随着云计算、物联网、移动互联、大数据、人工智能、社交网络、知识管理、虚拟现实等新兴信息技术在高校的广泛应用，改变了数字校园的技术形态[7]，基于智能感知大数据和复杂对象建模构建校园虚拟映像[8]，基于大数据分析的业务规律认知等成为智慧校园建设的关键技术。特别地，由于业务和技术的不断深化，由一家企业提供完整的校园信息化解决方案的模式已不太现实，构建开放共享的技术生态对于智慧校园建设来说就至为重要。因此，在智慧校园解决方案中，必须建立支持开放技术生态的服务框架，提供柔性的技术基础设施。

从建设模式来看，高校数字校园传统的统筹建设、分步实施的建设模式已经难以为继，在学校总体规划下多方参与、开放共享的建设模式和轻量级/碎片化、快速迭代、协同演进的发展模式将会成为智慧校园阶段的主流模式。从运维模式来看，由于智慧校园信息化设施复杂度的不断提高和社会信息系统的不断引入，当前高校的信息化队伍和自我运维模式已经难以支撑，与社会信息系统提供商、智慧校园专业服务商协同的混合运维模式将成为必然选择。

2.3 智慧校园模型研究

基于上述分析，本书提出高校智慧校园的描述性定义：智慧校园是高校信息化的高级形态，是对数字校园的进一步深化与提升，它综合运用云计算、物联网、移动互联、大数据、人工智能、社交网络、知识管理、虚拟现实等新兴信息技术，全面感知校园物理环境，智能识别师生群体的学习、工作情景和个体的特征，在网络空间建立校园虚拟映像，将学校物理空间和数字空间有机衔接起来，通过在网络空间的计算掌握校园运行规律并反馈、控制物理空间，为师生建立智能开放的教育教学环境和便利舒适的生活环境，改变师生与学校资源、环境的交互方式，开展以人为本的个性化创新服务，实现学校智慧运行，支撑学校开展智慧教育。

根据这个定义，可以抽象出高校智慧校园的概念模型如图 2-1 所示。具体说明如下：

（1）人机物交互。应用智能感知技术采集校园环境和设备的状态信息，应用可穿戴技术采集人与人群的活动信息，通过智能终端和自助设备获取用户输入

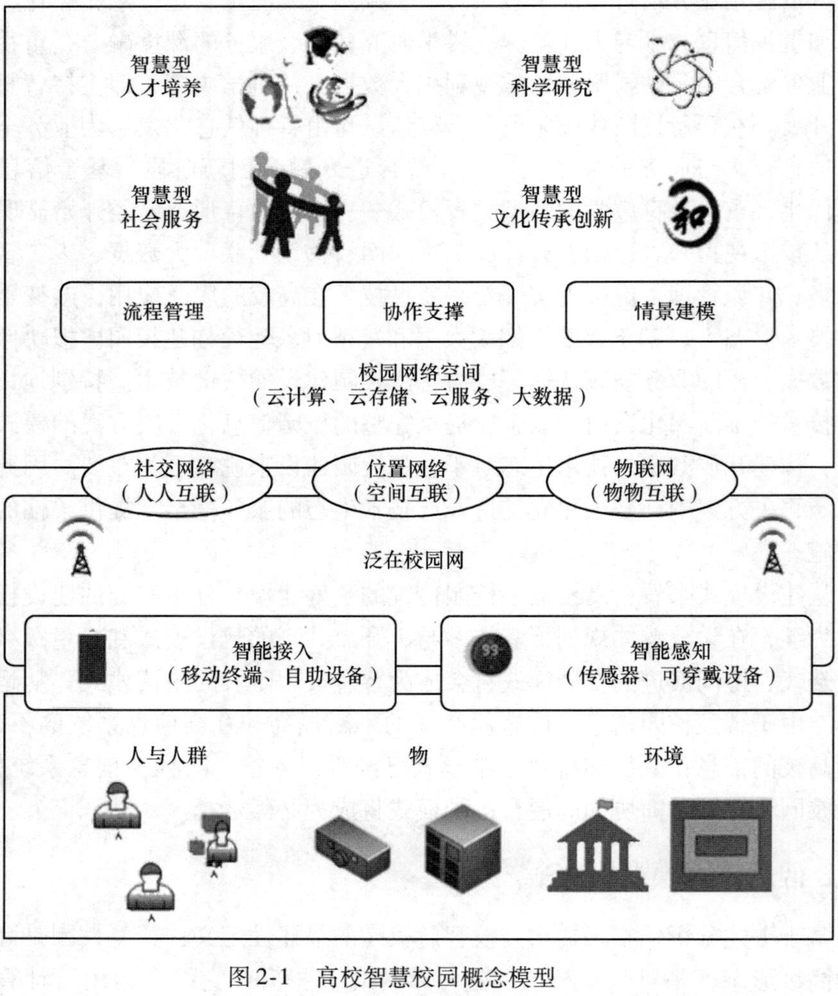

图 2-1　高校智慧校园概念模型

信息，并提供及时的反馈与控制，实现校园的物理信息采集、环境控制和人群协同。

（2）泛在互联。通过各种有线和无线网络实现人与人、人与物、物与物之间的随需连接与信息交换，将校园中人的信息、物的信息、位置信息和环境信息及时映射到网络空间中，构建全天候、全覆盖的网络应用环境。

（3）虚实链接。通过社交网络、物联网、位置网络实现人的互联、物的互联和空间互联，构建校园信息物理系统（Cyber Physical Systems，CPS）[9]，实现虚拟校园与物理校园的无缝链接，融为一体。

（4）虚拟映像。基于云计算、云存储、云服务等技术构建校园网络空间，将校园中产生的各种结构化、半结构化和非结构化数据组装起来，在网络空间中建立校园虚拟映像，全面、准确、及时地反映物理校园的运行状况。

（5）全面认知。应用大数据技术对校园虚拟映像进行全方位分析，全面掌握物理校园的运行规律，并通过校园信息物理系统作用于物理校园，实现师生与学校资源、环境的智能交互。

（6）智慧运行。在智慧校园的支撑下，基于运行规律对学校的运营管理、资源调度、业务活动等做出科学决策，通过流程管理、协作支撑和情景建模等技术系统支持学校各项业务的智慧运行，实现智慧型人才培养、科学研究、社会服务和文化传承创新，达到通过智慧校园建设支撑智慧教育的目的。

高校智慧校园与数字校园的本质区别，在于随着信息技术与学校业务的不断融合，高校的物理校园与虚拟校园将融为一体。为了实现高校校园物理空间与数字空间的融合，需要建立智慧校园信息化支撑平台。该平台以大数据为核心，以智能感知为神经末梢，以移动互联为神经网络，依托智慧型应用，为用户提供自适应、个性化的交互，实现对高校各项业务智慧运行的支持。因此，与数字校园建设侧重信息门户和业务系统建设不同，智慧校园建设更加强调架构与框架，智慧校园的各类平台、系统和应用只有遵循技术架构的总体规划和技术框架的整体设计，才能够有机地融合在一起，整体支撑智慧校园的建设目标。

2.3.1 高校智慧校园架构模型

智慧校园的架构是对智慧校园技术体系的总体规划，从技术视角全面规划智慧校园的技术元素构成、技术元素之间层级结构以及技术元素间的逻辑关系。按照领域信息化的普遍规律，高校智慧校园的架构采用层次化的体系结构，由智能感知层、网络通信层、云计算层、大数据层、智能应用层和智能终端层组成，加上信息化支撑平台本身所需要的支撑保障体系，如信息安全保障体系和信息化运维服务体系，以及智慧校园的用户群体，形成如图 2-2 所示的高校智慧校园架构模型。具体说明如下：

（1）智能感知层：综合采用 RFID、ZigBee、IP CAM 等智能感应、近场通信相关物联网技术，采集校园学习生活相关的各类环境、资源与活动的实时数据，实现对校园各类设施设备的运行状态、师生学习生活的活动轨迹、师生与校园环境的互动情况等进行全面感知，为智慧校园的全面数据采集与实时反馈控制提供基础的感知支撑。

（2）网络通信层：综合采用校园有线网络、WIFI 无线网络、4G 移动网络等通信技术，为智能感知层采集的各类环境和活动数据提供高覆盖的传输服务，为师生随时随地使用互联网提供高速率的访问服务、为校园各类智慧应用提供高可靠的接入服务，从而为智慧校园提供随需、泛在的通信支撑。

（3）云计算层：综合采用虚拟化、分布式计算、高性能计算等计算技术，

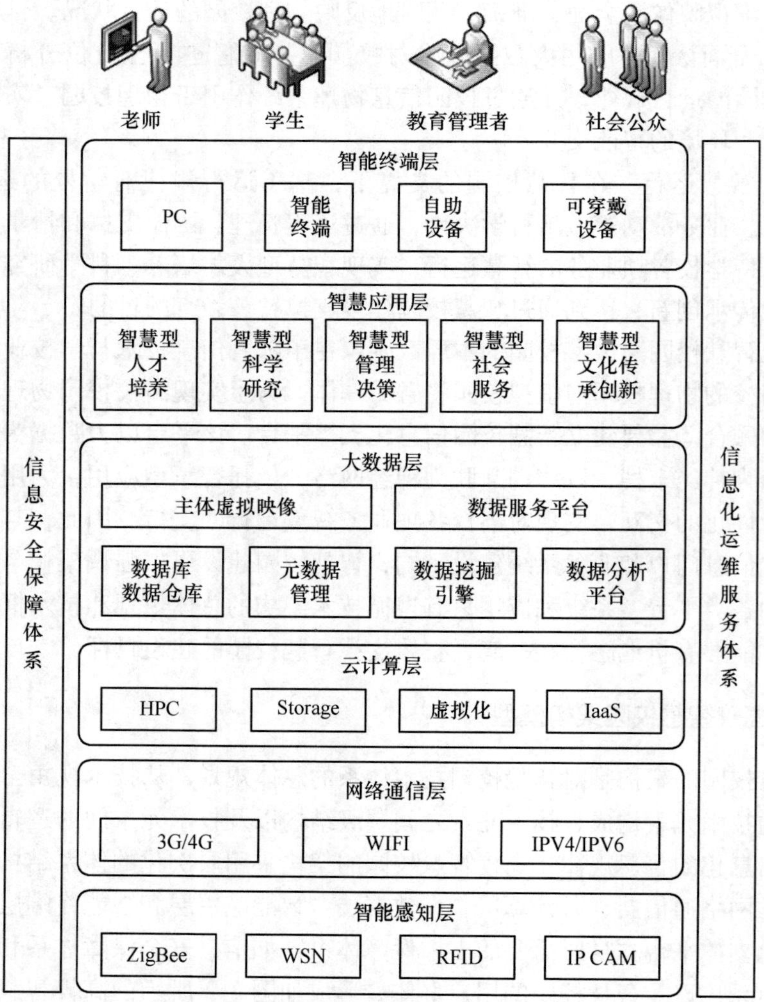

图 2-2　高校智慧校园架构模型

集中存储、分布式存储等存储技术，实现高效、透明、可靠的基础设施云服务，为智慧校园的大数据处理和智慧应用提供普适、随需的计算和存储支撑。

（4）大数据层：综合采用数据存储、数据组织与管理、数据挖掘、数据分析等技术，汇聚校园内的环境、活动、业务、交互等各类信息，构建起连接网络空间和实体校园的智慧校园虚拟映像，并基于虚拟映像开展全方位的分析，掌握实体校园的运行规律，为智慧校园的各类应用提供科学、综合的数据支撑。

（5）智慧应用层：是智慧校园发挥作用的关键，基于大数据层对校园的运营管理、资源调度、业务活动等做出决策，通过教学、科研、服务、管理决策、文化传承等各类智慧型的校园信息化业务应用，为师生的学习生活和校园的管理提供全面、贴切的功能服务，从而为校园的智慧管理提供全面、个性化的应用支撑。

（6）智能终端层：综合应用传统 PC、智能终端、自助设备和可穿戴设备等在内的多种终端接入技术，基于用户所处的不同环境，围绕特定应用场景为用户提供的无缝、自适应、个性化的人机交互模式，全面提升用户获取校园信息化服务的体验，为校园的信息化应用提供融合、无缝的接入支撑。

（7）支撑保障体系：支撑保障体系是智慧校园持续提供高质量服务的基础，包括保障校园各类信息安全可靠的信息安全保障体系，保障校园基础设施和应用系统稳定运行的信息化运维服务体系等，为智慧校园安全、稳定、高效地运行提供切实的保障。

2.3.2 校智慧校园框架模型

高校智慧校园的建设是一个复杂的系统工程，智慧校园建设应在智慧校园架构的基础上，对各部分的组成进行整体设计，更细粒度地描述技术元素所包含的技术细节和实现思路，从而为后续的具体建设提供设计参考。智慧校园的框架模型就是对技术架构中各个技术元素的详细设计，具体包括通信框架、环境框架、数据框架和服务框架，其中通信框架是对智慧校园架构中智能感知层和网络通信层的设计，环境框架是对云计算层的设计，数据框架是对大数据层的设计，服务框架是对智慧应用层和智能终端层的设计。

高校智慧校园框架模型如图 2-3 所示，具体说明如下：

（1）通信框架：是智慧校园框架体系的传输核心，为智慧校园各类信息的高速传输和广泛覆盖提供基础的支撑。包括为人参与的各项业务和活动提供高数据量、高并发的数据传输服务的无线网框架，为各类传感器提供高频率、高覆盖的数据传输服务物联网框架，为人、传感器等提供校园物理位置确定的服务的位置网框架。

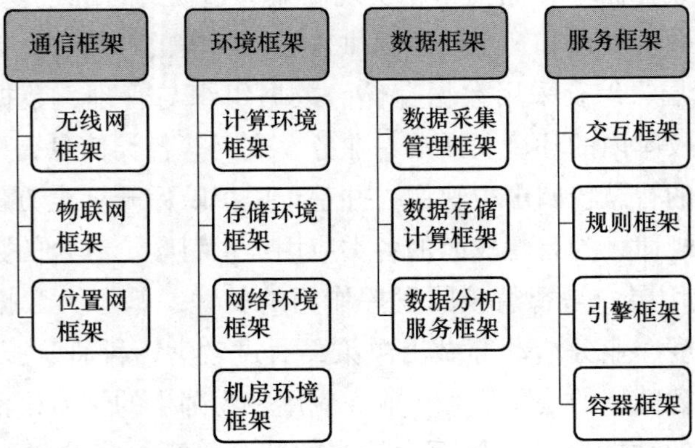

图 2-3　高校智慧校园框架模型

(2) 环境框架：是智慧校园框架体系的计算核心，为智慧校园各类信息的即时、高效处理提供基础的计算、存储和内部传输的支撑。包括对管理应用提供高可用虚拟化计算支撑和对教学科研应用提供云计算支撑的计算环境框架，应对应用规模的迅速增长提供分布存储支撑的存储框架，为应用间数据高速传输和共享提供支撑的网络环境框架，和保障基础设施稳定运行的机房环境框架。

(3) 数据框架：是智慧校园框架体系的逻辑核心，以数据应用和大数据模式承载智慧校园的主体虚拟映像。包括构建整合、一致、可变的多维数据空间的数据采集管理框架和数据存储计算框架，形成在线实时的数据处理机制，开展全局的个体及群体数据的多维特征分析的数据分析框架等。

(4) 服务框架：是智慧校园框架体系的应用核心，通过服务框架，智慧校园内的各类服务才能够有机地集成起来，形成柔性、可演化的智慧校园应用环境，支持将现有的系统通过服务改造后集成到服务框架中，并实现新建服务功能的不断融入，同时提供开放的应用系统开发框架，帮助开发者快速地构建应用系统。包括面向用户提供统一交互服务的交互框架，承载业务规则和管理流程的规则框架，为应用、流程和数据提供柔性定制支撑的引擎框架，以及为集成和封装现有应用功能提供支撑的容器框架。

2.3.3　高校智慧校园的成熟度模型

智慧校园建设是一个长期不断演进的过程，需要建立智慧校园演进模型，即智慧校园成熟度模型，以描述智慧校园建设发展的演进过程。成熟度模型可用于对高校智慧校园建设情况的评估工作，正确认识智慧校园所处的发展阶段和发展水平；也可以引导智慧校园建设向更高水平发展，推动高校智慧化进程的有序发展。

2.3.3.1 影响因素分析

对高校来说，教育信息化是信息技术不断引入学校教育教学业务来促进教育改革和发展的过程，因此，信息技术的应用情况、信息技术支撑业务开展情况、基于信息技术的业务融合创新发展状况以及师生信息化能力就成为衡量高校信息化发展程度的关键要素。

智慧校园是高校信息化发展的高级阶段，是在数字校园的基础上的进一步提升。

因此，评价一个学校的智慧校园成熟度，我们着重于智慧化的提升方面，亦即重点考虑如下三个影响因素：

（1）智慧类技术应用情况：考察智慧校园普遍采用的新兴信息技术在学校中的引进使用情况，如云计算、物联网、移动互联、大数据、社交网络、知识管理、人工智能、虚拟现实等，并且随着技术的进步这个技术列表会不断发生变化。

（2）智慧型应用开展情况：考察主流的智慧型应用在学校的开展情况，在当前情况下，可以考察的智慧型应用有：基于用户兴趣的推荐式学习交流系统、基于知识管理的科研协作系统、基于大数据的学生平安监测系统、基于物联网的建筑节能监管系统、基于商业智能和大数据技术的决策支持系统等，具体的观察点随着智慧校园建设的深入将越来越多，将来可以适当进行分组来考察。

（3）智慧型业务融合情况：考察学校主要业务在信息技术支持下的融合创新情况，可以按照高校的主要业务来分类考察，如智慧型人才培养、智慧型科学研究、智慧型社会服务、智慧型文化传承创新、智慧型管理决策、智慧型生活服务。

2.3.3.2 成熟度模型设计

参考能力成熟度模型和智慧城市成熟度模型，高校智慧校园成熟度模型将智慧校园建设与发展状态划分为四个阶段：萌芽阶段、集成阶段、融合阶段和创新阶段，如图 2-4 所示。一般来说，一个学校的智慧校园建设会逐级演进，其成熟度也逐级提高。

针对每一个成熟度等级，给出其关键特征和发展状况描述如下：

（1）萌芽阶段：萌芽阶段是智慧校园建设等级的最低程度。此阶段的智慧校园发展程度处于自发的初级阶段，没有成型的整体建设方案，只是部分智慧类技术在少数业务领域得到应用，应用之间没有有机地联系起来，处于各自孤立状态。

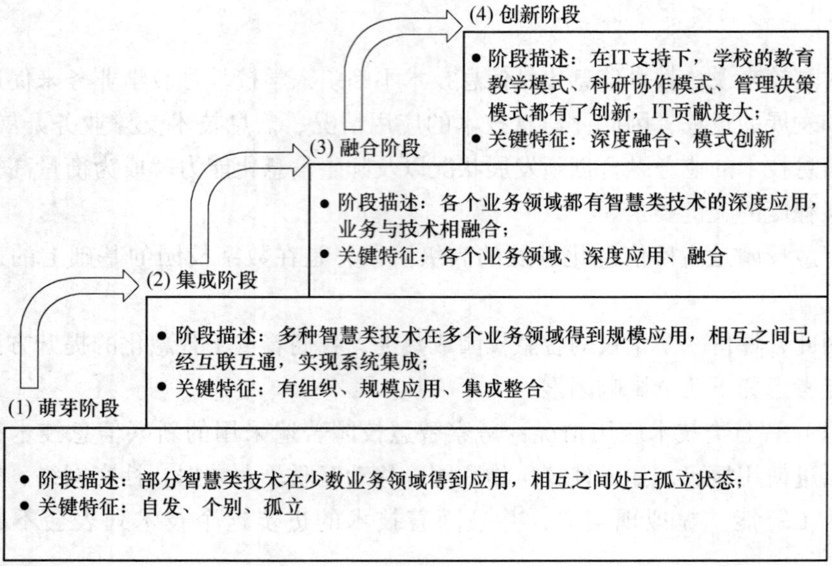

图 2-4　高校智慧校园成熟度模型

（2）集成阶段：智慧校园建设进入自主阶段，学校开始有组织地推进智慧校园相关建设工作。在此阶段，多种智慧类技术在多个业务领域得到规模化应用，并且智慧型应用之间进行了集成整合，实现互联互通。

（3）融合阶段：智慧校园建设进入成熟阶段，学校通过统筹规划全面地推进智慧校园建设。学校的各个业务领域都有智慧类技术的深度应用，信息技术与教育教学业务不断融合，智慧型应用已经成为学校信息化的主流应用。

（4）创新阶段：智慧校园建设进入提升阶段，高校教育教学业务得到创新发展。信息技术与业务深度融合，学校的教育教学模式、科研协作模式、管理决策模式都发生了重大变革与创新，学校各方面业务实现智慧运行，智慧教育的功效得到充分显现。

2.3.3.3　评价指标体系

为了能够客观地评价一个学校的智慧校园成熟度，我们建立了包括三个成熟度评价维度的评价指标体系。三个评价维度分别是智慧类技术应用程度、智慧型应用开展程度和智慧型业务融合程度，也即评价指标体系的三个一级指标。对于每一个一级指标，设置若干个二级指标，如智慧型应用开展程度可以设置教学类应用、科研类应用、管理类应用和服务类应用等四个二级指标。对于每一个二级指标，再设置一个或多个观察点，二级指标的观察点可以随着智慧校园建设的进展情况而发展变化。

对于每一个观察点，都采用五级梯度评价：

（1）智慧类技术应用程度的五级分别为未使用、局部使用、大面积使用、全面使用、全面深度使用；

（2）智慧型应用开展程度的五级分别为未开展、零星开展、有组织开展、全面开展、全面深度开展；

（3）智慧型业务融合程度的五级分别为无影响、组合、整合、融合、创新。

表 2-2 给出了当前阶段可参考的高校智慧校园评价指标体系。

表 2-2 高校智慧校园评价指标体系

一级指标	二级指标	观察点示例
智慧类技术应用程度	计算技术	IaaS、PaaS、SaaS
	通信技术	Wifi、4G、物联网
	智能感知技术	智能手机、可穿戴设备、传感器
	数据技术	大数据技术、主体虚拟映像、数据挖掘
	智能技术	人工智能、商务智能
	虚拟仿真技术	VR、AR、MR
	其他技术	知识管理、社交网络
智慧型应用开展程度	教学类应用	基于用户兴趣的推荐式学习交流系统 支持 O2O 模式的在线学习系统
	科研类应用	基于知识管理的科研协作系统
	管理类应用	基于大数据的学生平安监测系统 基于 BI 和大数据技术的决策支持系统
	服务类应用	基于物联网的建筑节能监管系统 面向新媒体环境的宣传平台 O2O 模式的一门式公共服务系统
智慧型业务融合程度	智慧型人才培养	基于 IT 的教师协同备课 基于学习大数据的个性化学习指导 基于学习过程的智能教学评价 基于学习历程的就业引导 基于大数据的学生行为分析
	智慧型科学研究	基于 IT 的科研协同与协作 基于大数据的科研辅助 智能仪器设备与自动实验 科研共享数据库与利用
	智慧型社会服务	基于 IT 的服务社会新模式 基于在线教育的科普教育与人文教育 基于大数据的智库建设 基于 IT 的科技成果转化

续表 2-2

一级指标	二级指标	观察点示例
智慧型业务融合程度	智慧型文化传承创新	多语言全媒体宣传 校园网络虚拟社区
	智慧型管理决策	基于大数据的学校声誉评估管理 跨部门的管理协同 数据支持的科学决策
	智慧型生活服务	基于物联网的校园安全与环境监控 校园智能交通管理 智慧型校园餐饮服务 一站式的校园生活服务

3 数据挖掘在智慧校园中的应用

3.1 数据挖掘技术

3.1.1 数据挖掘技术概述

3.1.1.1 数据挖掘技术的发展状况

数据挖掘出现于20世纪80年代末，被称为数据库中的知识发现，它是一种采用传统的数据分析方法和处理数据的复杂算法相结合的技术。它的历史虽然比较短，但是社会对它的需求是迫切的，人们已经对数据挖掘进行了理论研究、挖掘技术研究、算法研究和应用研究，这些研究已经从最初表面的、孤立的问题向系统的、全面数据挖掘技术的方向发展。

数据挖掘技术的应用领域十分广泛，几乎涉及各个行业，包括天文学、生物学、经济管理学、金融业、保险业、电力行业、石油化工、地理地质等领域，譬如：

（1）商场通过分析人们购买的产品发现其中有意义的联系，从而通过提供打折等手段增加商品销售额；

（2）通过分析数据建立风险预测模型，保险公司能分辨出潜在的诈骗行为，防止风险，减少投入成本从而增加利润；

（3）在电子商务中，利用聚类技术对网站数据分析，以确定用户的行为模式，以对网站进行优化设计从而提供更加人性化服务。

除此之外，数据挖掘技术还用在了空间数据挖掘、多媒体数据挖掘、时序数据和序列数据的挖掘上，并取得了一些成果。

虽然数据挖掘技术有了一定的发展，但随着科技的发展和社会的进步，现实生活中产生的数据越来越多，而且数据的类型（空间、文本、图像、视频等）也各式各样，如果我们利用现有的数据挖掘技术来分析各种各样的数据，这就要求我们要对数据做合理的数据预处理，选择合适的数据挖掘算法，以保证数据挖掘的准确性和效率，因此正确运用数据挖掘技术是存在一定的挑战的。

3.1.1.2 挖掘流程概述

一般来讲，数据挖掘就是在大型数据库中寻找有意义、有价值信息的过程。数据挖掘实现过程有：数据预处理、数据挖掘、分析与评估和知识的表达四个步骤，如图 3-1 所示。

图 3-1 数据挖掘流程

数据预处理是指，在进行数据挖掘分析前将未加工的输入数据转换成适合挖掘分析的数据形式，以便于挖掘分析。数据预处理在整个数据挖掘流程中发挥着重要的作用，如果数据预处理做得不好，将影响数据挖掘结果的质量。

数据挖掘是整个数据挖掘流程中最重要的部分，在这个部分将使用合适的数据挖掘方法进行挖掘分析。主要的数据挖掘技术有：统计分析技术、分类分析技术、聚类分析技术和关联分析技术。

分析与评估流程是指对挖掘的结果进行分析，寻找有意义的规律及联系。知识的表达是指通过文字、图形、图表等方式进行数据挖掘结果的说明及展现。

3.1.2 数据预处理

数据预处理是指在数据挖掘之间对数据进行的处理，需要预处理的数据一般包含三种：有噪声的数据、不完整的数据和不一致的数据。当设备发生故障，数据在传输过程中发生错误或者人为的原因造成得到的数据存在不正确的属性时，这些数据被称为有噪声的数据；而有的原始数据缺少某些属性值，这样的数据被称为不完整的数据；由于原始数据来源不同造成了数据的不一致性，这样的数据被称为不一致的数据。当直接在这些原始的数据上进行数据挖掘时，得到的挖掘结果也必然会存在质量不高的问题。因此为了提高数据挖掘结果的质量，在进行数据挖掘前，必须进行数据的预处理。数据预处理一般包括四个任务：数据清洗、数据集成、数据转换和数据归约。

3.1.2.1 数据清洗

在实际的数据挖掘工作中，用来进行数据挖掘的原始数据通常都是不完整的、有噪声的和不一致的，数据清洗过程就是试图补充缺失值，光滑噪声并辨别离群点，纠正数据中的不一致性的过程。

对于缺失值，通常采用的方法是忽略法和填补法，不同属性下的缺失值采用不同的方法。当一个元组的多个属性值都缺失时采用忽略法，而当一个元组仅有少数属性值缺失时采用填补法，通过对其他数值的分析来得到最可能的填充值。

对于噪声值，通常采用的方法有分箱法、聚类法、回归法和人机结合法。分箱法将数据平均分入几个箱中，对每个箱子里的数值进行转换，可以转换为箱中所有数值的平均值、中值或者边界值；聚类法通过聚类得出最后的类别从而消除噪声，发现离群点；回归法通过线性回归和多线性回归分析的方法从而达到消除噪声的目的；人机结合方法通常通过人工设置阈值的方法来帮助计算机识别离群点。而对于数据的不一致，处理方法相对简单，只需建立一个标准，通过变换的方式以达到数据的一致。

3.1.2.2 数据集成

数据库的应用十分广泛，由于各个企业各个部门对自己的数据都有独特的管理方式，数据的长期分离和独立的管理维护，在数据挖掘的过程中，我们无法直接将两个异构的数据源直接放在一起，因此我们需要对数据进行集成。数据集成是指为了解决数据语义模糊的问题将两个或两个以上的数据源中的数据整理合并并保存到一个一致的数据存储结构（如数据仓库）中。数据集成有两种方式：一种是物理集成，就是将数据从不同的数据源中抽取出来，并合并到一个统一的数据源中，例如将不同数据库中的数据整合放入一个相同的数据库中；另一种是逻辑集成，这种方法仅在需要的时候进行数据抽取，提供虚拟的视图，不改变数据的物理位置。

3.1.2.3 数据转换

数据转换是指为了适合数据挖掘将数据转换成或统一成相应的。常见的数据变换的方法有：数据的泛化、数据的规范化、数据的聚集以及属性的构造等。数据的泛化，是一种普遍的数据处理方法，即用更高层的概念将原始数据进行某种程度的概念分层以达到泛化的目的。数据规范化，是通过比例缩放的方式将数据宽度较大的数据值映射到一个宽度较小的区间中。数据表示的粒度应该与实际的需求相符合，例如有时需要的是月支出，但实际数据库里给出的是每天的支出情况，这时就需要对数据进行聚集。而属性的构造则是为了满足挖掘的需要，基于数据源中某个或几个已有的属性生成一个新的属性，在机器学习领域又称为特征构造。

3.1.2.4 数据归约

在数据挖掘的过程中，需要把挖掘相关的数据源集成到一起，因此这个数据量是非常大的，如果不加以处理直接进行数据挖掘是一件非常耗时的事，此时就用到了数据归约方法。数据归约是指在保持原有数据完整性的前提下得到数据集的归约表示形式，数据的归约表示形式比原有数据集小得多，但使用归约后数据集进行挖掘对挖掘结果几乎不产生影响。因此数据归约可能是决定整个挖掘方案质量的重要问题，在数据挖掘中发挥着重要的作用。

数据归约的主要方法有维归约、数量归约和数据压缩。维归约包括主成分分析法、小波变换法和属性子集选择法，其中前两种方法把原始数据投影或变换到较小的空间，后一种方法通过删除不相干的属性或维的方式来减少数据量。数量归约法主要是使用参数的或非参数的方法得到较小的数据表示形式来替换原始数据，其中参数法使用模型来预测数据，而非参数法采用直方图、选样和数据立方体聚集等方法来存放数据归约的表示形式。数据压缩则是使用变换方法来得到原始数据的归约或压缩表示形式。因此，数据归约过程的三个基本操作分别是：删除列、删除行、减少列中值的数量。

3.1.3　数据挖掘技术常用方法

3.1.3.1　统计分析

统计分析法是数据挖掘技术中产生的最早的、最成熟的一类数据挖掘技术，它是指采用统计方法及分析与对象有关的知识，从定量和定性的结合上进行的研究活动，常采用的方法有线性分析、回归分析和时间序列分析等方法。另外，在数据挖掘中进行数据的统计分析，从而更好地寻找规律，统计分析的一般展示方法有列表、可视化图形、文字表达方式，其中可视化图形方式最为直观、易于理解。

3.1.3.2　分类分析

分类技术是数据挖掘中的核心和基础技术。在本书中，分类指的是监督分类，它的任务就是确定对象属于哪个预定义的目标类，即通过算法学习得到就一个目标模型的函数，把数据集中每个属性集映射到一个预先定义的目标类中，因此分类技术可以用于预测和描述二元和标称类的数据集。分类技术的应用非常广泛，例如入侵、欺诈检测，垃圾邮件的检测和风险、信用的评估等。

分类方法是一种依据输入数据集构建分类模型的系统方法，因此，如果需要将某些数据集进行分类，首先需要一个训练集，它由类标号已经确定的记录组成，使用训练集进行训练从而得到分类模型，再利用分类模型去判断标号未知的检验集属于哪一类别，如图 3-2 所示的分类模型的建立需要分类学习算法拟合训练集中类标号和属性集之间的联系。

分类技术分为几大类方法：决策树分类法、基于规则的分类算法、最近邻分类法、贝叶斯分类法和人工神经网络分类法，这几大类方法各有优缺点，在运用分类技术时应根据实际情况选用正确的方法：

（1）决策树分类法。决策树分类法是一种从没有顺序、没有规则的训练集中推理出分类模型的决策树分类规则的方法，它使用从上到下的方法，在决策树的内部节点进行属性值的判断比较并根据不同的属性值确定从这个节点向下的分

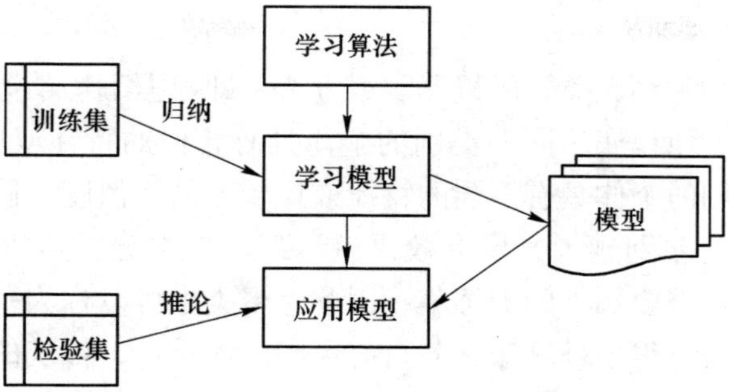

图 3-2　分类的一般方法

支，并在叶子节点处得到结论。决策树方法是一种构建分类模型的非参数方法，也就说，它不要求任何的先验假设，不假设类别与其他属性服从一定的概率分布。另外决策树一旦建立，未知样本的分类是很快的，假设 w 是决策树的最大深度，那么最坏情况下的时间复杂度是 O(w)。决策树算法主要有 ID3 算法、C4.5 算法、SLIQ 算法、CART 算法等。

（2）最近邻分类法。最近邻分类法的原理是找出和测试样例的属性相对接近的 k 个样本，在这 k 个样本中，如果存在两个或两个以上的类标号，则将该测试样例指派到其最近邻的多数类，如果类标号的个数相同，则随机选择一个类标号作为测试样例的类标号。因此，在最近邻分类法中最重要的是 k 值的选择和相似度的计算，如果值太小，则最近邻分类器容易受到由于训练集中噪声的影响而产生的过分拟合的现象，相反，如果 k 值太大，最近邻分类器可能会把测试样例错误分类，因为最近邻列表中可能包含远离其邻近的数据点；而对于邻近度的计算，如果计算方法不恰当，很可能会做出错误的类别预测。此外，最近邻分类法是一种消极的学习方法，这种方法虽然不需要去学习建立一个模型，但这种方法需要逐个计算测试样例和训练样例之间的相似度，因此这种方法的开销是很大的。

（3）贝叶斯分类法。贝叶斯分类法利用的是统计学的原理，假设属性集用 X 表示，类变量用 Y 表示，把 X 和 Y 当作随机变量，用条件概率 $P(y|x)$ 来获得 x 和 y 的关系，所以在训练集中，对 X 和 Y 的每一种组合学习后验概率 $P(y|x)$，并把后验概率最大的类别 Y 作为测试样例的类标号。由于 $P(X)$ 是常数，先验概率 $P(Y)$ 可以通过计算属于每个类的训练记录占全体训练集的比例来估计，因此最主要的是计算 $P(X|Y)$。计算 $P(X|Y)$ 的方法有两种：朴素贝叶斯法和贝叶斯信念网络法，朴素贝叶斯法要求属性之间条件独立，而信念网络法虽然没有朴素贝叶斯法那么严格，不要求所有属性之间条件独立，但是也要求部分的属性之间条件独立。

3.1.3.3　聚类分析

聚类分析法是一种无监督的机器学习方法，即根据事物某方面特性把它们划分成为多个类别，使得属于同一类别的个体具有相似的特性或比较高的相似度，而不属于同一类别的个体具有不同的特征或比较低的相似度。同一类别的相似性越大，不同类别间差别越大，聚类效果就越好。聚类分析可以看成一种分类分析，但聚类分析不需要额外的训练集，因此是聚类也可以称为一种无监督的分类方法。聚类分析法有很多种算法，各自有不同的侧重点，传统的聚类方法大概可以分为层次聚类方法、基于划分的聚类方法和基于模型的聚类方法等几大类，具有不同特点的数据应该根据实际情况选择合适的算法进行聚类分析：

（1）基于层次的聚类方法。层次聚类方法把类别看成是有层次的，随着类别层次的变化，类别中的对象也相应发生变化。产生层次聚类的基本方法有两种，一种是凝聚方法，从点作为个体簇开始，每一步合并两个最接近的簇，直到所有样本点都聚为一类；另一种是分裂方法，从包含所有点的某个簇开始，每一步分裂一个簇，直到仅剩下单点簇。通常使用这种算法是因为基本应用需要层次结构并且终止条件是不确定的。

（2）基于划分的聚类方法。基于划分的方法将数据集分成若干个子集，对数值型的属性有很好的几何和统计意义，对顺序不敏感，可以在任何范围内进行聚类，对于处理大数据集，是比较高效的，典型的算法有看算法，并且算法非常适合处理数值型的属性。

（3）基于模型的聚类方法。在基于模型的聚类方法中，样本点总体上被人为服从一定的分布，属于不同类别的个体是分别服从不同分布或者具有不同参数的总体，而整个样本就是来自多个分布的数据的一个组合，每个分布成为一个子总体。典型的基于模型的聚类方法有 EM（Expectation-maximization）算法，在 EM 算法中，样本点不是具体划分到某一类中，而是以该样本来自每个总体的概率为权数将样本点按照一定的权数归入每一类中。

3.1.4　Hadoop 技术

3.1.4.1　Hadoop2.0 总体构架

Hadoop2.0 主要包含三个部分：HDFS（Hadoop Distributed File System）分布式文件系统、Map Reduce 分布式计算框架和 YARN（Yet Another Resource Negotiator）另一种资源协调者。Hadoop2.0 最底层是 HDFS Federation，采用多个 Name Node 节点构成的联盟以解决的单一 Name Node 节点给 HDFS 带来的单点失效等问题；在其之上抽象出了 YARN 资源管理系统，它将原本 Job Tracker 的两个主要功能资源管理和作业调度拆分开来，并分别由全局资源管理器 RM（Resource Manager）和针对每个应用的 AM（Application Master）负责，而算法框架则运行在 YARN 之上。YARN 支持 Map Reduce、Spark、Storm 等计算框架。Hadoop2.0 框架如图 3-3 所示。

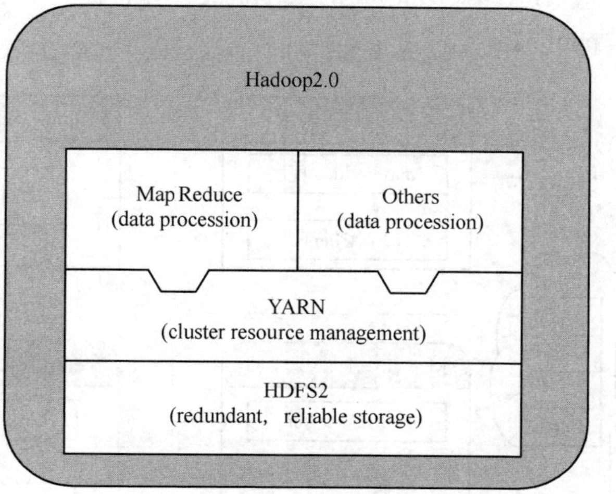

图 3-3　Hadoop2.0 框架图

3.1.4.2　Hadoop 中的 Map Reduce 计算模型

（1）Map Reduce 的逻辑模型。Map Reduce 的计算过程可以分为两个阶段，Map（映射）和 Reduce（规约）。这两个阶段有分别对应了 mapper 和 reducer 两个处理函数，每个函数的输入和输出都是形如 < key，value >形式的键值对，其中 key 对应于数据记录在数据分片中的字节偏移量，value 为具体的值。原始的输入数据在 Map 阶段输入到 mapper 函数中进行过滤和转换，产生的中间值对。经过 shuffle 过程对中间值数据进行梳理、排序后，在 Reduce 阶段作为 reducer 过程的输入值进行聚合运算，得到最终结果。

（2）Map Reduce 运行框架。Map Reduce 运行框架如图 3-4 所示。其中，Client 节点上运行着用户所编写的 Map Reduce 程序和 Job Client，Client 负责作业的提交，并将处理结果返回给用户。Job Tracker 节点在整个 Hadoop 集群中仅有一个，是 Map Reduce 框架中的 Master 节点。Job Tracker 需要根据输入数据的分片数量创建 Map 任务的个数，对任务的执行情况进行监控，并根据“pull”机制给 Reduce 分配任务，每个输入的分片会让一个 Map 任务进行处理，默认情况下以 HDFS 的一个块的大小（默认为 64M）作为一个分片，当任务分配出错时，对其进行重新分配。Task Tracker 节点是 Map Reduce 框架中的 Slaver 节点，Task Tracker 节点又分为 Map Task Tracker 节点和 Reduce Task Tracker 节点，它们分别用来执行 Job Tracker 分配的 Map 任务和 Reduce 任务，系统里可以有多个 Map Task Tracker 节点和 Reduce Task Tracker 节点。Task Tracker 会定时通过远程过程调用协议向 Job Tracker 发送心跳信息并且询问是否有任务需要完成，Job Tracker 节点通过心跳信息知道 Task Tracker 的工作状况，并将任务下达给 Task Tracker，整个过程即为“pull”机制。

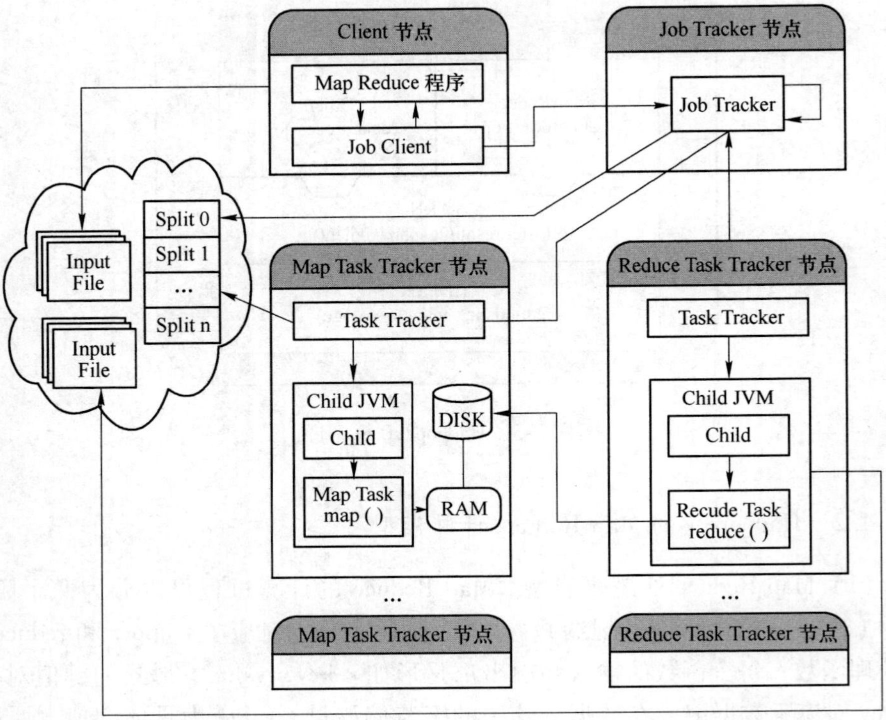

图 3-4 Map Reduce 运行框架图

(3) 基于 Map Reduce 的数据挖掘框架。将数据挖掘算法所需要的全部数据分解成许多不同的部分，每个部分交由一个单独的计算节点处理，最后再将各个部分所得出的结果进行整合汇总后得到最终的结果，这样的数据挖掘算法可以通过 Map Reduce 计算模型来实现。对于可以转化为在不同数据子集上进行独立求和操作完成的数据挖掘算法，成为“求和范式”，它们都可以通过 Map Reduce 计算模型实现并行化。如在关联规则算法中，可以将数据集分块后分配到多个 Map 节点上进行支持度的计算，并在各个计算节点上产生频繁项集，再经由 Reduce 节点进行合并后得到极大频繁项集，产生关联规则。在决策树分类算法中，将数据集进行分块后，交由多个 Map 节点并行属性值的统计计算，再交由 Reduce 节点汇总后求出最大信息增益率的属性值，作为测试属性，以此类推构建决策树。

数据挖掘算法的 Map Reduce 模型如图 3-5 所示。

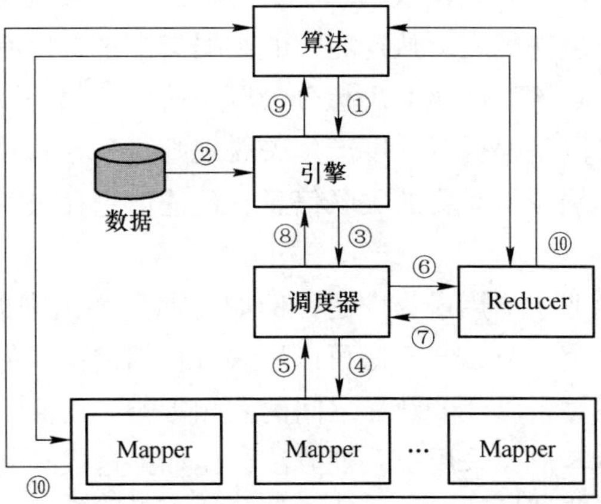

图 3-5 数据挖掘算法的 Map Reduce 框架

每个数据挖掘算法通过启动自身的引擎来执行算法实例（步骤①）。待进行挖掘处理的数据通过引擎读入框架中（步骤②）。引擎会启用一个调度器（步骤③），调度器用来控制 Mapper 和 Reducer 的运行。首先调度器将分块后的数据作为 Map 函数的输入，分配给相应的 Mapper 节点进行运算处理（步骤④），然后将 Mapper 节点通过运算输出的中间数值（步骤⑤）作为 Reduce 函数的输入，交给 Reducer 节点进行运算处理（步骤⑥）。在 Reducer 节点完成计算后通过调度器，经由引擎返回到算法模块（步骤⑦~⑨），从而得到最终的结果。在 Mapper 节点和 Reducer 节点计算的过程中，所需要的相关参数可以通过与算法模块建立通信获得（步骤⑩）。

3.2 数据挖掘算法研究

3.2.1 Apriori 算法分析与改进

作为数据挖掘领域的一个经典算法，Apriori 算法的普适性在当今社会生生活中体现得淋漓尽致，无论是在零售业行业还是互联网行业，总是有一些未知的关联规则等待着去挖掘。随着全球进入大数据时代，从大数据库中挖掘关联规则显得越来越重要，本章节对 Apriori 算法进行了研究，并学习了它的改进方向，验证了改进的正确性，证明 Apriori 算法按照此方向进行改进将越来越适应大数据的发展。

3.2.1.1 Apriori 算法简介

Apriori 算法是关联规则算法，R. Agrawal 等人在 1993 年提出了关联规则挖掘问题，之后在 1994 年进一步提出了著名的 Apriori，目的是寻找出数据库中有意义的关联，这是数据挖掘研究领域的一个重要算法。尤其是近几年来，人们活动所产生的数据累积的越来越大，从这庞大的数据集中挖掘出有价值的关联信息显得越来越必要。Apriori 算法的核心思想分为两个阶段，第一阶段是根据支持度找出频繁项集，第二阶段是根据置信度产生关联规则。Apriori 算法通过对这两个阶段的迭代寻找出各个领域所需要的关联信息，这些信息在决策制定过程中起到重要的指导作用。

Apriori 算法在商业中应用最为广泛，例如先前列举出来的“尿不湿与啤酒”就是它最为经典的应用。Apriori 算法可以用来分析消费市场的价格，能够挖掘出所售产品之间的价格关系以及各商品之间的互相影响。而商人们则可以通过挖掘数据信息来锁定目标客户，采用一系列方法，比如推送最新相关信息、模拟个人股票行情、各种市场营销活动以及一些其他的特殊手段等，从而可以减少广告方面的投入并且增加预期的收入。一些连锁的零售店和百货超市也由于购物篮数据库太大，也在使用数据挖掘，以便猜测几年来顾客的消费习惯。

另外，Apriori 算法也可以用在农业领域中，Apriori 可以分析出各种植物和天气环境之间的关系。比如我国地域不同，农作物种植习惯也不懂，在北方多以小麦为主，南方多以水稻为主，这就是根据地区的天气、湿度、降水量等选择最适合此地区种植的庄稼。与此类似，对于其他植物，按照每种植物生活特性选择合适生长的环境，才能提高产量。

3.2.1.2 Apriori 算法分析

A Apriori 算法原理

Apriori 算法在运行过程中，主要分为几个阶段：

第一步是设定最小支持度和最小置信度。

第二步是找出候选项集，为了后文描述方便，将它看作 1 - 候选项集。然后再次扫描数据库，从候选项集中找出支持度不小于最小支持度的项集，他们就是 1 - 频繁项集。

第三步是对 1 - 频繁项集进行连接，得到的候选项集为 2 - 候选项集，之后再次扫描数据库，从 2 - 候选项集中得到 2 - 频繁项集。

之后就是对之前的步骤进行迭代，知道找到所需要的 K - 频繁项集为止。

B Apriori 算法的运行过程

（1）如图 3-6 所示，总共有 9 行，表示 9 笔购物记录。左边一列表示交易编号，右边一列表示所购商品种类编号。最小支持度设为 22%，那么，意思是每件商品至少要被购买 $9 \times 22\% = 2$ 次才算频繁。第一次扫描数据库，对数据进行预处理，使得在每条交易中商品名称递增排序。

（2）对数据库进行第二次扫描，得到结果如图3-7所示，也就是1－频繁项集。左边为商品种类编号，右边表示对应的商品在数据库中被购买的次数，均大于2，这意味着1－候选项集也就是1－频繁项集。

AllElectronics 数据库

TID	List of item_ID's
T100	I1,I2,I5
T200	I2,I4
T300	I2,I3
T400	I1,I2,I4
T500	I1,I3
T600	I2,I3
T700	I1,I3
T800	I1,I2,I3,I5
T900	I1,I2,I3

图3-6　数据库

C1

项集	支持度计数
{I1}	6
{I2}	7
{I3}	6
{I4}	2
{I5}	2

图3-7　C1

（3）对1－频繁项集的商品进行连接，两两组合，得到结果如图3-8所示，即2－候选项集。扫描数据库，得到它们共同出现的次数。

（4）过滤掉2－候选项集中的｛I1，I4｝、｛I3，I4｝、｛I3，I5｝、｛I4，I5｝，因为它们一起被购买的次数都小于2，得到图3-9，即2－频繁项集。

C2

项集	支持度计数
{I1,I2}	4
{I1,I3}	4
{I1,I4}	1
{I1,I5}	2
{I2,I3}	4
{I2,I4}	2
{I2,I5}	2
{I3,I4}	0
{I3,I5}	1
{I4,I5}	0

图3-8　C2

L2

项集	支持度计数
{I1,I2}	4
{I1,I3}	4
{I1,I5}	2
{I2,I3}	4
{I2,I4}	2
{I2,I5}	2

图3-9　L2

（5）之后继续之前的步骤，进行连接、剪枝，直到找到所要找的K－频繁项集。

C　Apriori 算法实现

上述简单的例子，直观地反映了Apriori算法的运行过程。接下来学习一下Apriori在具体实例中的应用。本次实验使用Matlab来实现算法，版本为MATLAB R2012b。

首先，选取了一组超市购物的记录，将购物篮中的各类物品处理成编号1，

2，3，…。在实验中，我们的实验数据大小是通过 M 和 N 的设定来控制的。

```
R = importdata('retail. dat');
[m,n] = size(R)
M = 30000;
N = 20。
```

本段代码从数据库中读取了数据，并且通过对 M、N 的设定决定了处理的数据大小，M 是设定的购物记录条数的阈值，N 是物品种类的阈值。M 代表实验中选取的购物记录不能超过 M 条，N 代表实验中购买的物品不能超过 N 种，可通过对 M、N 的设定来控制处理的数据大小。如果购物记录条数的大小 m 小于 M，购物种类 n 小于 N，算法处理了 m 条记录，n 种物品，即 m × n 矩阵。如果 m 大于 M，n 大于 N，算法实际处理了前 M 条记录，N 种物品，即其中有编号为 0—N - 1 的物品，将其设定为一个 M × N 的矩阵。

```
function[C] = apriori_gen(A,k)
[mn] = size(A);
C = zeros(0,n);
```

上述代码实现组内连接及剪枝功能，即产生 Ck。其中，A 为 k - 1 频繁项集，k 为 k - 频繁项集。后面又通过函数 Flag = isExit(c，A) 的调用来判断 c 串的子串在 A 中是否存在，如果不存在则进行剪枝，将其减去。

```
function[LC] = get_k_itemset(D,C,min_sup)
m = size(C,1);
M = zeros(m,1);
```

主函数通过对上述函数的调用，来产生 K - 频繁项集，最后得到的 M 是带支持度的，C 是不带支持度的。其中，D 在这里指的是数据集，C 指的是 K 次剪枝后的候选集。最后通过与最小支持度的比较获得第 k 次的频繁项集。

下面我们来看看，对这个 M = 50000，N = 20 的数据进行 Apriori 算法挖掘的结果。

Matlab 记录了本次运算的时间，如图 3-10 所示，第一个是数据读取的时间，第二个为本次算法运行的时间。

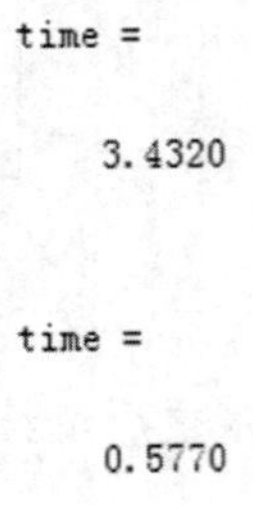

图 3-10　时间结果

代码运行输出了所有等级的频繁项集，图 3-11 为输出结果矩阵的部分截图。其中，前三行分别表示 1 - 频繁项集，编号为 17、18、19 的物品出现的频度分别为 31 次、447 次、533 次；后三行分别表示 2 - 频繁项集，编号为 0 和编号为 5 的物品在同一次交易中一起出现 8 次，编号为 0 和编号为 9 的一起出现 7 次，编号为 1 和编号为 9 的物品一起出现的频度为 7。

0	0	0	0	0	0	0	0	0	0	0	0	0	0	0	0	0	1	0	0	31
0	0	0	0	0	0	0	0	0	0	0	0	0	0	0	0	0	0	1	0	447
0	0	0	0	0	0	0	0	0	0	0	0	0	0	0	0	0	0	0	1	533
1	0	0	0	0	1	0	0	0	0	0	0	0	0	0	0	0	0	0	0	8
1	0	0	0	0	0	0	0	0	1	0	0	0	0	0	0	0	0	0	0	7
0	1	0	0	0	0	0	0	0	1	0	0	0	0	0	0	0	0	0	0	7

图 3-11　运行结果

3.2.1.3　Apriori 算法改进

从 Apriori 算法的理论思想我们可以看出，Apriori 算法存在着很多的缺点，最明显的两个缺点就是，在算法运行过程中会产生大量的候选项集，并且要多次扫描数据库，这样就会造成算法运行过程耗时长，需要占很大内存，效率低下。尤其是如果处理大数据，这个缺点会越来越明显。

Apriori 算法在产生候选项集后，要对候选项集进行计数，本书研究了一种改进方法。就是在计算之前，使用 Matlab 的向量运算功能，删除商品数少于 K 的记录，减少记录条数，减少统计次数，从而一定程度提高算法的效率。具体代码如下，位于调用 get_k_itemset(D,C,min_sup)函数时：

```
k = sum(C,2);
D(find(sum(D,2) < k(1)),:) = [];
```

用改进版的 Apriori 算法运行上述数据，结果如下：

```
time =

    2.9280

time =

    0.2040
```

图 3-12　时间结果

图 3-12 显示，第一个时间为数据读取，不用做比较，第二个时间为运行时间，较之前算法运行时间有所减少。

输出结果矩阵与之前算法相同，如图 3-13 所示。

0	0	0	0	0	0	0	0	0	0	0	0	0	0	0	0	0	1	0	0	31
0	0	0	0	0	0	0	0	0	0	0	0	0	0	0	0	0	0	1	0	447
0	0	0	0	0	0	0	0	0	0	0	0	0	0	0	0	0	0	0	1	533
1	0	0	0	0	1	0	0	0	0	0	0	0	0	0	0	0	0	0	0	8
1	0	0	0	0	0	0	0	0	1	0	0	0	0	0	0	0	0	0	0	7
0	1	0	0	0	0	0	0	0	1	0	0	0	0	0	0	0	0	0	0	7

图 3-13　运行结果

3.2.1.4　对比验证优化前后算法

在运行 Apriori 算法和改进后的 Apriori 算法时，Matlab 会显示算法每次运行的时间，我们对改进前后的算法运行时间进行了整理，以验证我们的算法改进思想是正确的。

在第一次对比中，控制所要处理的数据大小不变，50000 条记录，编号为 0—19 的物品，最小支持度分别为 3、5、7。进行比较，横轴为支持度，纵轴为算法运行时间。结果如图 3-14（a）所示。

从图可以看出，无论最小支持度为多少，相比改进前的算法，改进后的 Apriori 算法运行时间较之前的算法都有所减少。

第二次对比中，设定最小支持度为 5，数据购物记录为 50000 条，物品分别为编号 0—9、0—19、0—29。进行比较，横轴代表物品种类，纵轴表示算法的运行时间，结果如图 3-14（b）所示。

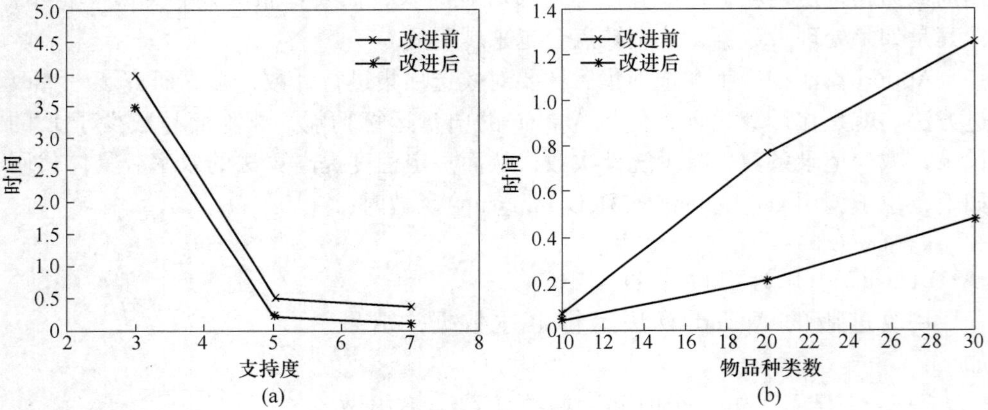

图 3-14　对比结果

（a）不同支持度下算法运行；（b）不同物品种类数下算法运行

从图可以看出，无论数据大小为多大，相比较改进前算法来说，改进后的 Apriori 算法运行时间更短，效率更高。

通过对改进前后算法的两个比较结果的分析，可以得出，改进后的 Apriori 算法相较于之前的算法，运行时间短，效率高，可以认为，此种改进方法有效。如果对其进行进一步研究，相信将它运用在大数据数据处理中，改进的算法所产生的效果会更明显。

3.2.2　PageRank 算法分析与改进

PageRank 算法可以对网页价值进行衡量，根据等级赋予其相应的 PageRank 值，能够帮助冲浪者尽可能准确地寻找信息。

3.2.2.1 PageRank 算法简介

PageRank 算法，也可以把它叫作网页排名算法，可此算法相当于是 Google 的发家算法。它是根据一个网页的向外链接和指向它的链接的数量、质量来衡量网页的价值，Page 代表 Google 公司创办人拉里·佩奇（Larry Page），PageRank 是其在 20 世纪 90 年代后期提出来的算法。PageRank 算法是根据互联网中各网页之间巨大而复杂的互相连接关系来确定各页面的等级。Google 把从一个页面到第二个页面的链接看作是第一个页面给第二个页面的投票。在此算法中，根据指向该页面的页面价值（包括链接到第一个页面的页面）和该网页链接指向的页面的价值来确定此页面新的等级。PageRank 算法中，一个等级高的页面能够拉高一个等级低的页面的等级。

在网络搜索引擎中，PageRank 通过调整结果，让“等级更高”“更有价值”的网页排名更靠前，使得搜索结果更贴近用户的需求。Google 将衡量网页的这个等级分为一级到十级，如果一个网页权威性越高则它的级别越高，但是这个级别的增长不是线性的，类似于里氏地震，它的级别是按照指数增长的，因此，可能一个级别为七的网页比一个级别为五的级别的网页要好得多。

3.2.2.2 PageRank 算法分析

A PageRank 模型

PageRank 算法就是让链接来进行“投票”，然后根据给出的网页的投票结果来显示网页的排名。可以通过此算法来提高网络搜索引擎的相关度和准确度。

下面通过一个最简单的 PageRank 模型，来介绍此算法对网页的计算过程：

（1）如图 3-15（a）所示，假设这是一个有四个页面构成的一个团体。其中，B 页面、C 页面和 D 页面都有链接指向 A 页面，那么 A 页面的 PageRank 值是 B、C、D 页面 PageRank 值的总和，即

$$PR(A)=PR(B)+PR(C)+PR(D) \tag{3-1}$$

（2）继续假设如图 3-15（b）所示，B 页面也有链接指向 C 页面和 D 页面，D 页面也有链接指向 C 页面。

由于一个页面不能投票两次，则 B 页面的一票平均分为三个部分给 A 页面、C 页面和 D 页面，C 页面的一票全给了 A 页面，D 页面则将自己的一票平均分给 A 页面和 C 页面（如果页面之间的指向赋有权值，则不能平均分配，而要按照权值进行计算），则图 3-15（b）中的 A 页面的 PageRank 值为：

$$PR(A)=PR(B)/3+PR(C)+PR(D)/2 \tag{3-2}$$

如果分别用 L(A)、L(B)、L(C)、L(D) 来表示 A、B、C、D 四个页面的

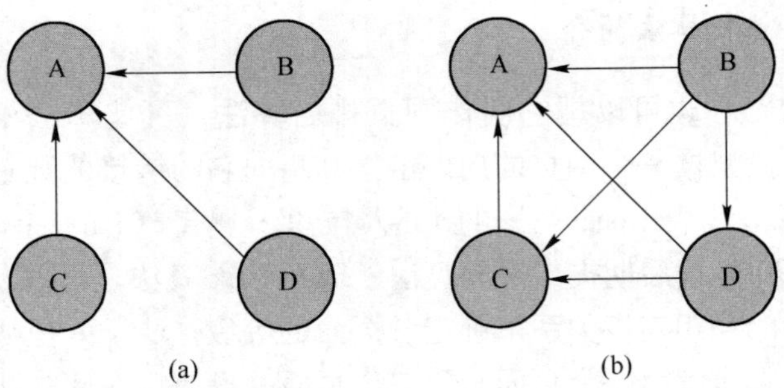

图 3-15　网页链接图

链出总数，则 A 页面的 PageRank 值为：

$$PR(A) = PR(B)/L(B) + PR(C)/L(C) + PR(D)/L(D) \tag{3-3}$$

最后，算出来的结果换算为百分比再乘以一个系数就是最后得到的所求页面的 PageRank 值。

说明：没有外部链接的页面传递出去的 PageRank 值为零，Google 根据一定的数学计算，赋予了每个页面一个最小的 PageRank 值：

$$PR(A) = [PR(B)/L(B) + PR(C)/L(C) + PR(D)/L(D) + \cdots]d + (1-d)/N \tag{3-4}$$

所以，一个页面的 PageRank 值是根据与它相关联的所有页面的 PageRank 值根据上述公式计算得到的。并且对来自于不同页面的链接对待不同，如果一个网页的本身价值很高，则给它的外部链接赋予较大的权重。Google 在编写算法时考虑了这个因素，但是还有一个问题，计算网页排名的时候要用到网页本身的价值，就类似于先有鸡还是先有鸡蛋的问题，怎么解决呢？为了解决这个问题，拉里·佩奇（Larry Page）和谢尔盖·布林（Sergey Brin）引入了一个新的概念——二维矩阵，将此问题转化为这个矩阵相乘的问题，并且采用迭代计算解决了这个问题：第一步，他们假定所有网页均有一个相同的初始 PageRank 值；第二步，根据给定初始值，按照之前的计算方法算出各个网页的 PageRank 值；第三步，继续上面的方法，根据刚才算出来的值再次进行计算，又算出来一个新的 PageRank 值。经过这样 N 次反复计算，每个页面的 PageRank 值会趋于一个收敛的状态，这个收敛的值就是这个页面最终的 PageRank 值。最后，他们两人又从理论上进行推理，证明了无论给定的初始值是多少，经过数次迭代计算，都能保证网页的 PageRank 值趋于同一个数值，并且在算法的整个计算过程中，没有任何人工干预。

但是，就具体情况来看，互联网上有非常多的网页，那么从理论上来讲，上面提到的二维矩阵所包含的元素非常多。如果说上述模型有一千万个网页，那么这个二维矩阵就有一百万亿个元素，更何况互联网的网页数不胜数。那么这个矩阵的计算是非常复杂的。为了解决这个问题，拉里和谢尔盖为了简化计算过程，引入了采用了稀疏矩阵计算的方法，从而使得这个网页排面算法在计算方面可行。PageRank 算法与之前的其他信息检索方法相比，最大的特点就是它将网络看成了一个整体，而之间的方法基本都是把网页当作个体，这样来看，这些方法只注意了当前网页的内容和所搜寻内容的相似度，忽略了网页之间的关系，相比之下，网络排名算法考虑的因素更全面，结果也越权威。

但是，我们必须要清楚，一个网页的网络排名并不是完全基于这些链接的。实际上，真正决定一个网页的排名的因素可能有上百种，因此我们不提倡一味地去追求 PageRank，但是在设计网站和网页的时候也要充分考虑 PageRank。

B　PageRank 算法实现

PageRank 算法在计算网页排名时，一般把网页数据处理成矩阵，1 就代表这个页面到另一个页面有指向链接，0 代表没有指向链接。

现在有 7 个网页，网页之间的互相指向链接如下列矩阵，第一行则表示第 1 个页面到第 2 个、第 3 个、第 5 个、第 6 个页面有指向链接，则没有到其他几个页面的链接，其他几行以此类推。

g =

0	1	1	0	1	1	0
1	0	1	1	0	0	0
1	0	0	1	1	0	0
1	0	0	0	1	0	0
1	0	0	1	0	1	1
0	0	1	0	1	0	1
1	0	0	1	0	0	0

对这个矩阵进行了 5 次迭代计算，得到结果如图 3-16 所示。

A =

0.0714	0.2381	0.2381	0.3214	0.1964	0.0714	0.3214
0.1964	0.0714	0.0714	0.0714	0.0714	0.0714	0.0714
0.1964	0.2381	0.0714	0.0714	0.0714	0.2381	0.0714
0.0714	0.2381	0.2381	0.0714	0.1964	0.0714	0.3214
0.1964	0.0714	0.2381	0.3214	0.0714	0.2381	0.0714
0.1964	0.0714	0.0714	0.0714	0.1964	0.0714	0.0714
0.0714	0.0714	0.0714	0.0714	0.1964	0.2381	0.0714

图 3-16　迭代结果

求得 7 个网页的 PageRank 值分别为：1.4024、0.6752、0.9261、1.1216、1.2488、0.8313、0.7944。

3.2.2.3　PageRank 算法改进

根据网络之间的链接来计算 PageRank 值，这种方法还有许多的缺点：第一是 PageRank 偏向于旧网页，因为旧网页可能链接更多，但其实有的新网页可能更贴合我们的需求；第二是主题偏移，上述 PageRank 算法没有考虑到相关性，在搜索某一关键词时，在搜索结果页面中，可能一些类似于谷歌、搜狗这样的 PageRank 值更高的网页更靠前，但其实它并不跟你所搜索的关键词相关；第三是 PageRank 更偏向于 .com 结尾的网页，因为这些网页一般是综合性网页，PageRank 值更高。

我们研究了一个改进第二个缺点的 PageRank 算法，也就是加入了相关性。在这个算法中新加入了一个矩阵 q，这个矩阵表示了网页相互之间链接的相关性，并进行了简化处理，把 p = （p + q）/2 作为 p 的新值，以此改进了算法。改进版的算法在一定程度上避免了主题漂移。

对之前的 7 个网页加入一个相关矩阵 q，如下：

```
q =
   0  1  3  0  2  4  0
   2  0  1  5  0  0  0
   1  0  0  3  4  0  0
   1  0  0  0  2  0  0
   2  0  0  3  0  1  4
   0  0  2  0  5  0  2
   3  0  0  3  0  0  0
```

相比于之前的算法来说，加入了一段对 q 处理的代码，本段代码对 q 进行了归一化，并对 q 和 p 求了平均值，作为 p 的新值。如下：

```
z = sum(q,2);
w = sum(q,1);
for i = 1:n
q(i,:) = q(i,:)/z(i);
p(i,:) = (p(i,:) + q(i,:))/2;
end
```

改进版的代码也对这 7 个网页进行 5 次迭代计算，得到结果如图 3-17 所示。

A =

0.0714	0.2173	0.1860	0.2798	0.1839	0.0714	0.3214
0.1589	0.0714	0.0714	0.0714	0.0714	0.0714	0.0714
0.2089	0.1860	0.0714	0.0714	0.0714	0.2103	0.0714
0.0714	0.3110	0.2485	0.0714	0.2089	0.0714	0.3214
0.1839	0.0714	0.2798	0.3631	0.0714	0.2937	0.0714
0.2339	0.0714	0.0714	0.0714	0.1589	0.0714	0.0714
0.0714	0.0714	0.0714	0.0714	0.2339	0.2103	0.0714

图 3-17 迭代结果

根据公式求得 7 个网页的 PageRank 值分别为：1.2999、0.6138、0.8642、1.1960、1.3597、0.8303、0.8361。由于考虑了网页之间链接的相关度，此次 PageRank 值结果与原版的算法运行的结果略有不同，得到的结果也更加有说服力。

3.2.3 K-Means 算法研究及改进

3.2.3.1 聚类分析介绍

聚类和分类都是数据挖掘的基本任务。两者的区别主要有以下几点：

(1) 通常，分类用于有监督学习，而聚类用于无监督学习，此外，一些聚类模型既可以用于有监督学习也可以用于无监督学习。

(2) 分类的目标是预测，而聚类的目标是描述。

(3) 理解我们的世界需要将其中实体的相似性和差异进行概念化。

在分类任务中，评估的一个重要部分是外在的，类别必须与给定类集合中的元素相对应。聚类是把一组数据实例分到子集中，其中相似的实例被分到一组，而不同的实例被分到不同的组中。对象的聚类就像人们需要描述男人的特点，识别出把他们归为一类。

由以上分析可知，聚类包含各种学科：数学、统计学、生物学和遗传学等，每种学科会用不同的术语来描述拓扑结构。随着数据挖掘的应用不断发展，聚类分析已经广泛地应用到了很多领域，包括市场研究、数据分析、模式识别、图像处理、人工智能和 Web 文档分类等领域。从生物学“分类法”到医疗“综合症”和基因“基因类型”到制造“组装技术”，问题是相同的：形成实体的分类和把个体分配到合适的组中。

设想给定一个准备分析的数据挖掘对象，与分类不同，每个对象的类别属性都是事先未知的。在含有海量数据的大型数据库中，这种情况更是会经常出现的，因为对大量数据对象指定类别属性可能是比较困难的且很耗时的工作。聚类分析就是将数据集中样本点划分为子集合（簇）的过程，结果是要使得在相同簇中的样本点之间有着相对于不同簇的样本点更相似，而不同簇中的样本点之间有着较高的相异度。相异度度量是根据描述对象的属性值进行评估，通常使用距离度量。

A　聚类的概念

将物理或抽象对象的集合分成相似对象的过程称为聚类。簇是数据对象的集合，同一簇中的对象彼此相似，而与其他簇中的对象相异。一个数据对象簇可以看作一个组，因此也是一种数据压缩形式。分类学习是一种常用的识别数据对象类别信息的方法，但是这种学习一般需要花大量的时间标记数据对象的类别属性以及对这些大量数据集进行训练以获得分类模型。实践表明，分类和聚类相结合是个不错的方案，可以先用聚类的方法根据相似度把相似度高的数据对象先划分出来归为组，然后再把剩下数量较少的数据对象指定类别属性。同时，基于聚类分析的过程具有较好的灵活性，并且能够选取区分不同组的特征项。

B　聚类算法

在本节中我们描述主要知名的聚类算法，之所以有这么多聚类算法，是因为“聚类”没有精确的定义，学者们依据不同的原理对聚类算法进行分类。Farley 和 Raftery 建议将聚类方法分为两类：层次方法和划分方法。Han 和 Kamber 建议把聚类方法分为三类：基于密度的方法、基于模型的方法和基于网格的方法。本节主要介绍基于层次的方法、基于划分的方法、基于密度的方法、基于模型的方法、基于网格的方法和软计算方法等 7 种方法。

a　基于层次的方法

这类方法要么是通过自顶向下要么是自底向上的方法递归地划分实例来构建聚类的，这些方法可以细化如下：

（1）凝聚层次方法：开始每个对象自己代表一个聚类，然后依次合并，直到获得满意的聚类结构。

（2）分裂层次聚类：开始所有对象属于一个类，然后类被划分成子类，接着再划分子类的子类，直到获得满意的聚类结构。

基于层次方法的聚类结果是树状图，其表示对象的嵌套组和相似等级，数据对象的聚类是通过在满意的相似等级切割树状图来得到。

簇的合并或者分裂是根据相似性度量进行的，这样的选择是为了优化某些标准（例如误差平方和）。层次聚类方法可以根据相似度度量进一步划分为：

（1）单链聚类（也称为连通性，最小值方法或者最近邻法），考虑两个簇之间最短距离（一个簇中任意元素到另一个簇的任意元素的距离）。

（2）完整链路聚类（也称为直径，最大值方法或者最远邻法），考虑两个簇之间的最远距离。

（3）平均链路聚类（也称为最小差值法），考虑两个簇之间的平均距离。

一般情况下，层次方法具有以下优势：

（1）多功能性。单链路方法，例如，对数据保持良好的性能。

（2）多次划分。层次方法产生的不是一个划分，而是多个嵌套划分，这允许不同的用户根据所需的相似性水平选择不同的划分，层次划分以树状图来呈现。

层次方法的主要缺点是：

（1）无法很好地扩展——层次算法的时间复杂性至少为 O（m * m）（m 是指数据集中的样本总数），这相对于对象的数量是非线性的，同时对一个大数据集用层次算法来聚类 I/O 成本也是巨大的。

（2）层次方法不能对之前的操作进行回滚，也就是没有反跟踪能力。

b 基于划分的方法

基于划分的方法是从一个初始的划分开始把一个样本从一个簇中移动到另一个簇中，这种方法通常需要用户指定簇的个数 K。为了实现全局最优划分，穷举所有可能的分区是必须的。因为穷举是不可行的，一些贪心启发式搜索以迭代优化的形式被使用。也就是说，一个重定位方法迭代地把样本点在 K 个簇中重定位。下面主要介绍不同类型的划分方法。

这类算法适用于孤立的和紧凑的簇，也是最直观和最常用的方法。基本想法就是寻找一个聚类结构，可以最小化一个确定的误差准则。最著名的准则是误差平方和（Sum of Squared Error，SSE），度量所有样本点到其聚类中心的欧氏距离之和。SSE 可能通过详尽地穷举所有的分类来进行全局优化（该方法非常耗时），或者通过用启发式搜索来给出一个合适的方案（不一定是全局最优）。后一种方法是最常见的替代方案。

最简单和最常用采用平方误差准则的是 K-Means 算法。这个算法是把数据集划分为 K 个簇（C1，C2，…，Ck），以每个簇的聚类中心为代表。每个簇的聚类中心通过计算所有本类的所有样本点的中心得到。

c 基于密度的方法

基于密度的方法假定属于每个簇的点是按照一个特定的概率分布绘制的，数据的整体分布被假设成几个分布的混合体，这类方法的目标是识别出簇以及它们的分布参数。基于密度的方法被设计用来发现任意形状的簇，包括不是凸形的簇，即 x_i，$x_j \in C_k$，这并不一定意味着 $\alpha \cdot x_i + (1-\alpha) x_j \in C_k$。基于密度方法的思想：对于一个给定的簇，这个簇持续增长，直到周围的密度（对象的数目或者数据点的数目）大于一个阈值时为止，即一个给定半径的区域必须包含一个对象的最小数目。当每个簇都达到密度函数的最大值时，该过程被称为模式搜索。在这方面有很多工作是基于这样的假设，簇密度是多元高斯（Multivariate Gaussian）（在数值数据情况下）或者是多含义的（在多义数据情况下）。常用基于密度的聚类算法有 DBSCAN 算法和 AUTOCLASS 算法。

DBSCAN 算法（基于密度带噪声的空间聚类应用）可以聚类任意形状的簇以及对于大型空间数据库也是有效的。该算法通过搜索每个对象的周围环境和检查其是否包含大于对象的最小数目来搜索簇。

AUTOCLASS 算法是一个应用广泛的算法，涵盖了各种分布，包括高斯分布、伯努利分布、泊松分布和对数正态分布。

其他知名的基于密度的方法包括 SNOB 和 MCLUST，基于密度的聚类也可以采用非参数的方法。

d　基于模型的方法

基于模型的方法试图寻找与假定模型之间最佳拟合的数据。与传统的聚类方法不同，该方法识别对象的组别。基于模型的聚类方法也可以发现每个组的特征描述，其中每个组代表一个概念或一个类。最常用的方法有决策树和神经网络：

（1）决策树。在决策树中，数据以分层树结构来呈现，其中每个叶子是指一个概念和概念的概率描述。最为著名的算法是 COBWEB，是一个增量式概念聚类方法，这个算法假设所有的属性是独立的。

（2）神经网络。这类型的算法中每个簇用一个神经元或者“原型”表示，输入的数据也用神经元表示，每个神经元和原型神经元相连。每个这样的连接有个权重，这个权重是在学习的过程中自适应变化的。一个非常著名的用于聚类的神经元算法是 SOM（self-organizing map），这个算法构造一个单层网络。SOM 算法被成功应用于矢量量化和语音识别，也可以用于在二维或三维空间内对高维数据进行可视化。然而，该算法对权重向量的初始选择和学习率及邻域半径参数等因素是敏感的。

e　基于网格的方法

这类方法把数据空间分割成有限数量的细胞单元，从而形成一个可以进行聚类操作的网结构。这样分隔以后，所有的聚类工作就可以在网格上进行，和原始数据本身无关，因此基于网格的方法主要优点是其快速的处理速度。

f　软计算方法

传统的聚类算法产生的簇，其中的每个实例只属于一个簇，因此在一个硬聚类中簇之间是独立的。模糊聚类扩展了这个概念，提出了一个软聚类的模式。在这种情况下，每个实例用某种隶属函数和所有簇相关联，每个簇是所有实例的模糊集合。较大的隶属度值表示分配到该簇中有较高的信任度，对一个模糊划分使用隶属度阈值可以得到一个硬聚类。最为著名的模糊聚类算法是 FCM（fuzzy c-means）算法。即使该算法可以比 K-Means 更好地避免局部最优解，但是 FCM 可能收敛于平方误差标准的局部最小值。隶属函数的设计是模糊聚类中关键问题之一，有包含基于相似度分解和簇的质心等多种方法可以选择。

g 聚类算法的评价

评价一个聚类算法的好坏，我们关键是要看该算法是否能够发现某些或者所有的隐含模式。

一般地，聚类算法评价的指标有：

（1）可伸缩性；

（2）能够发现任意形状的簇；

（3）参数输入时，尽量不要特定领域的知识；

（4）对输入的数据顺序不敏感；

（5）能够处理不同类型属性的数据；

（6）能够处理高维数据；

（7）能产生一个好的和满足用户指定约束的聚类结果；

（8）结果是可以解释的、可以用的和可以理解的。

一个好的聚类算法要能够产生指定数量的有效的簇，这些簇应该具有以下特性：

（1）簇内高的相似性；

（2）簇间低的相似性。

聚类结果的好坏主要取决于：

（1）聚类算法所采用的相似性评估策略；

（2）该算法的具体实现。

3.2.3.2 K-Means 算法分析

A K-Means 算法

K-Means 算法是一种基于划分方法的经典聚类算法，是十大经典数据挖掘算法之一。该算法始于一个簇的中心集合，该集合是随机选择的或者根据一些启发式方法选择。在每次的迭代过程中，每个样本点根据计算相似度被分配到最近的簇中。然后，重新计算簇的中心，也就是每个簇中所有数据的平均值。

每个簇的中心就是所有这个簇的所有样本点的中心：

$$\mu_k = \frac{1}{N_k}\sum_{q=1}^{N_k} x_q$$

式中，μ_k 为簇 k 的中心；N_k 为属于簇 k 的样本数目。

K-Means 算法有许多可能的收敛条件。例如，搜索可能终止于划分误差在重新分配时不再变化时，这表明这个划分可能是局部最优的。另一个终止条件可以是预先定义好的迭代次数。K-Means 算法可以被看作梯度体面（gradient-decent）的过程，开始于一个初始聚类中心集合，为了降低误差迭代更新样本点所属于的簇。K-Means 算法在样本点为 N，每个样本点的属性为 m 维，聚类的类别数为

K，进行 T 次迭代的时间复杂性为 O(T ∗ K ∗ N ∗ M)。K-Means 聚类算法是基于划分聚类方法中的一种，其具体做法是在欧几里得多维空间里把包含 N 个数据对象的数据集合划分为 K 个划分（$k \ll n$），其中每个划分分别代表一个聚类的簇。首先，该算法需要用户指定将要聚类簇的个数 K，并用初始聚类中心选择策略选择 K 个数据对象作为初始聚类中心，对集合中除初始聚类中心（初始聚类中心可以不是集合中的对象）以外的其他数据对象，根据其与各个聚类中心的欧氏距离将它置于离其最近的簇中。然后，重新计算每个簇中所有数据对象的平均值形成新的聚类中心。这个聚类过程重复迭代进行，直到满足预先设定的聚类终止条件为止。K-Means 聚类算法的步骤的描述如下：

输入：DS：包含 N 个数据对象的数据集合，K：聚类簇的个数。

输出：K 个聚类簇的集合。

算法：

（1）从 DS 中任意选择 K 个数据对象作为初始聚类中心；

（2）repeat；

（3）根据数据对象与 K 个簇的相似度，将每个对象（再）分派到最相似的簇中；

（4）计算每个簇中所有对象的均值形成新的簇中心；

（5）until 满足预先设定的终止条件。

上述描述中步骤（5）返回步骤（3）循环执行，当满足预先设定的终止条件时算法才结束。

早在 1967 年 Mac Q J 提出了 K-Means 聚类算法的基本思想，并且给出了基于划分的经典的 MacQueen 算法。鉴于 MacQueen 算法的计算代价较大而且聚类的结果较差等原因，后来人们对初始聚类中心选择和循环迭代进行了优化。

在初始聚类中心确定方面，目前主要有以下三种经典的改进方法：

（1）一种简单聚类探索方法；

（2）一种二元分裂方法；

（3）K 值评估方法。

K-Means 聚类算法的使用往往受限于数值属性：Haung（1998 年）提出 K-原型（prototypes）聚类算法，该算法基于 K-Means 聚类算法，但删除了数值数据的限制，同时保留其效率。该算法以类似于 K-Means 算法的方式根据数值和类别属性进行聚类。数值属性的数据对象之间的相似度度量是采用欧氏距离来度量的，而种类属性的相似度度量是统计对象和簇原型不匹配的属性个数。另一个基于划分算法 Kmedoids 或者 PAM（围绕中心点进行划分），该算法试图最小化 SSE。这个算法非常类似于 K-Means 算法，其不同点主要在于聚类簇中心的不同表示方法。Kmedoids 算法每个簇用簇中最接近中心的数据对象来表示，而不是用不属于这个类的均值来表示。K-Medoids 方法在噪声和孤立点方面比 K-Means 算法更具健壮性，因为一个聚类中心点受孤立点或者其他极端值比一个均值的影响要小。然而，Kmedoids 算法处理过程比 K-Means 算法更加耗时。这两种方法都需要用户指定簇的数目 K。

B K-Means 算法的优缺点分析

K-Means 算法是用于解决聚类问题的一种经典的基于划分的聚类算法，线性复杂性是 K-Means 算法能够普及的主要原因之一，由于该算法运行过程的简单快捷，所以其在数据挖掘中能够得到广泛的应用。当面对大数据集时，K-Means 算法是相对可伸缩的并且是高效的。因此，K-Means 算法相对其他有着非线性复杂度算法（例如层次聚类算法）而言具有自己独特的优势。K-Means 算法能够流行的另外的原因是其易于解释、实现简单、收敛速度快和适应稀疏矩阵数据。当聚类的数据集是密集的，每个簇形状是凸型的，并且不同簇之间的数据对象有较大的差异性，K-Means 聚类算法的聚类效果较其他聚类算法来说更好。

然而，K-Means 聚类算法也有着自身的局限性。该算法只能应用于簇的均值可以定义的情况下，例如数据集中涉及分类属性时就不可以使用。聚类的参数 K 需要人为指定也是该算法的一个缺点，并且这个过程需要用户的实践经验，这充满很多的不确定性。K-Means 算法致命的弱点是初始中心的选择，算法对这个选择是敏感的，由于 K-Means 算法的初始聚类中心是随机生成的，所以该算法不但容易陷入局部最优解而且还不稳定。K-Means 聚类适合发现凸状的并且每个簇规模是相当的，而不是凹状的簇或者规模相差过大的簇。此外，它对离群点数据和噪声是敏感的（一个孤立点会显著增加误差）。

3.2.3.3 改进的 K-Means 算法

A 基本思想

根据 3.2.2 节的分析，在聚类的过程中孤立点的存在会造成聚类结果的不准确，而初始聚类中心随机性选择会加大算法陷入局部最优解的可能和使得迭代次数增多。鉴于上述分析，本书重点在于孤立点检测和初始聚类中心确定两个方面加以改进。

B 孤立点检测

在数据挖掘应用中会经常存在一些特别的数据对象，这些数据对象与数据集的普遍行为很不协调，这些数据对象称为孤立点。近年来，孤立点分析广泛应用于欺诈检测、确定顾客消费行为和医疗研究等研究领域。孤立点分析可以这样描述：对于包含 n 个样本点数据集合和期望发现的孤立点个数 i，发现与剩余的样本点相比是例外的或者是不一致的程度最高的 i 个样本点，这些与数据集中的其他数据对象点有着很大的差异的样本点被称为孤立点。孤立点在聚类挖掘中的具体体现是，孤立点往往会远离数据集中的数据密集区域。如果聚类算法的初始聚类中心的选取过程是针对整个数据集的话，那么选出的初始聚类中心可能会是孤立点或者严重偏离实际聚类中心的数据对象。另外，如果聚类过程在下一次迭代计算聚类中心时也包含孤立点的话，那么新的中心点也会存在误差，这样就会造成误差积累，大大影响最后的聚类结果。综上所述，孤立点的存在不仅会影响初始聚类中心的生成，还会影响聚类的后续过程。所以我们在改进的 K-Means 聚类算法中首先对孤立点进行分析，然后再进行 K-Means 算法的聚类过程。根据实际需要，孤立点可以在聚类过程完成后再单独把它们放到聚类较近的簇中，也可以不做任何处理。

目前，孤立点研究主要有三种方法：基于统计学方法、基于距离的方法和基于偏移的方法。一般的研究方法，在进行孤立点分析时要么是要求指定孤立点数目，要么就是要求指定程度阈值，这两种方法会受实际数据的具体分布和用户的经验影响。而统计学中有着完善的数据分散程度度量的方法，标准分数就是其中的一种。

标准分数（standard score）是以标准差为单位来衡量某一分数与平均数之间的离差情况，是反映个体在团体中相对位置的最好统计量。在统计学中，变量值与其所处集合平均数的离差除以集合的标准差的值，称为标准分数，也称为 Z 分数或标准化值。实际计算只是对数值数据进行了标准化处理，但是这个过程并未改变原数据的原有分布，操作的结果是将数据转换为标准差为 1、平均数为 0 的数据。在统计学中，当一组数据符合对称分布时，经验法则表明：约有 68% 数据的 Z 分数的绝对值小于等于 1，约有 95% 数据的 Z 分数的绝对值小于等于 2，约有 99% 数据的 Z 分数的绝对值小于等于 3，如果数据 Z 分数的绝对值大于 3 就可以认为是离散点。

本书采用“标准分数的绝对值大于 2 的样本点视为孤立点来处理”的实现来对数据集进行预处理，具体处理的过程描述如下：

设 $p[i][k]$ 表示序号为 i 点的第 k 维度上的值，则 i 和 j 点之间的欧氏距离可以表示为

$$\mathrm{dist}[i][j] = \sqrt{\sum_{k=1}^{d} (\mathrm{point}[i][k] - \mathrm{point}[j][k])^2}$$

点 i 到其他所有点距离之和可表示为

$$\mathrm{dist}[i] = \sum_{j=1}^{N} \mathrm{dist}[i][j]$$

其中 d 是指样本点的维数。

定义 样本点 i 的标准分数

$$z[i] = \frac{1}{\sigma}(\mathrm{dist}[i] - \mu)$$

其中

$$\mu = \bar{x} = \frac{1}{N}\sum_{i=1}^{N} \mathrm{dist}[i] , \sigma = \sqrt{\frac{1}{N}\sum_{i=1}^{N} (\mathrm{dist}[i] - \bar{x})^2}$$

传统的孤立点检测一般是通过欧氏距离度量进行的，去除那些距离其他数据对象距离之和最远的 λ% 个样本点。其中的阈值 λ%，一般是用户根据实际经验给定的，这样的聚类最终结果往往会受人为因素所干扰。而标准分数是统计学中描述数据分布的重要方法，有着严格的数学理论基础，它能够克服人为指定阈值所存在的不足，公正、公平、科学和客观地对待数据集中的每一个成员。

C 初始中心确定

原 K-Means 聚类算法的初始聚类中心选取的方法是随机地选取 K 个样本点作为初始聚类中心集合，其中每个样本点各自代表一个簇的聚类中心。但是 K-Means 聚类算法对于这样随机选择的初始聚类中心是很敏感的，算法对不一样的初始聚类中心往往会得到差别很大的聚类结果。因为 K-Means 算法的聚类是采用迭代更新的方法进行的，所以当初始聚类中心落在局部值最优区间附近时，整个聚类算法就很容易陷入局部最优解。因此，要想获得较好的聚类结果，应该从初始聚类中心的选择上加以改进，通过降低初始中心的随机性以达到优化聚类算法的目的。

一般来说，解决初始聚类中心问题目前没有一个普遍适用、简单的解决办法。

很多聚类算法主要采用的方法有两种：

（1）随机选择；

（2）通过用户设计的算法确定。

前者可能选取“孤立点”、簇边缘点或者一个类中两个或两个以上的样本点作为初始聚类中心，显然这样聚类结果肯定不是我们想要的。第二种方案涉及的算法不但会受主观性影响，而也会给计算量带来更大的负担。因此，设计一个合适的初始聚类中心确定算法对于解决实际聚类挖掘问题有着重要的意义。

本书改进初始聚类中心确定策略的思想是每次都把相对集中的数据先划分出来，这样就可以保证每个簇划分出的样本点有着较高的相似性。改进后初始聚类中心确定算法的描述如下：

输入：包含 N 个数据对象的数据集以及聚类簇个数 K。

输出：K 个初始聚类中心组成的集合。

算法：Fori = 1：K − 1。

（1）找出到其他点距离之和最大点，记为 O_{i1}。

（2）找出距离点 O_{i1} 最远点 O_{i2}。

（3）把距 O_{i2} 点距离小于等于第 N/K 个小元素的点（也就是距离 O_{i2} 点较近

的 N/K 个点）划分为簇 i。

（4）从数据集合中删除已归为簇 i 的数据对象，并求出 i 簇的中心点；把样本集合中剩下的样本归到簇 K 中，同时也求出簇 K 的聚类中心。其中，K 是指要聚类成簇的个数。

本改进的初始聚类中心确定算法的每个步骤只是进行简单的欧氏距离计算，并没有涉及其他的额外运算，例如密度函数，在计算量上较其他初始聚类中心确定策略相对较少。

D　改进的 K-Means 算法描述

根据 3. 3. 2 节和 3. 3. 3 节的阐述，改进的 K-Means 算法是对原 K-Means 算法进行的扩充。改进的 K-Means 算法描述如下：

输入：

（1）DS：包含 N 个数据对象的数据集合；

（2）K：聚类簇的个数。

输出：K 个聚类簇的集合。

算法：

（1）用 3. 3. 2 节提供的孤立点检测策略去除孤立点；

（2）从 DS 中用 3. 3. 3 节选择 K 个数据对象作为初始聚类中心；

（3）repeat；

（4）根据数据对象与 K 个簇的相似度，将每个对象（再）分派到最相似的簇中；

（5）计算每个簇中所有对象的均值形成新的簇中心；

（6）until 满足预先设定的终止条件。

上述描述中步骤（6）返回步骤（4）循环执行，当满足预先设定的终止条件时算法才结束。

为了验证改进的 K-Means 聚类算法的有效性，采用 UCI 数据库的 Iris 和 Libras Movement 数据集进行实验测试比较，选用比较的性能指标为准确率和收敛速度（具体是每次测试的循环次数）两个指标。算法的实现采用 C 语言编写，运行在 Pentinum（R）43. 0GHz CPU、1GB 内存硬件环境，Windows XP、Dev - C ++4. 9. 9. 2 软件环境下。

首先，对原算法和改进的算法在 Iris 数据集上分别进行 10 次随机测试，在准确率和循环次数指标上的比较结果如图 3-18 和图 3-19 所示。

由图可知，原 K-Means 算法的聚类准确率在 79% ~89% 之间波动、循环次数在 3 ~13 次之间波动，而改进的 K-Means 算法的准确率始终是 92%、循环次数始终为 3 次。

原 K-Means 算法之所以准确率不高又不稳定，是因为受到初始聚类中心和孤

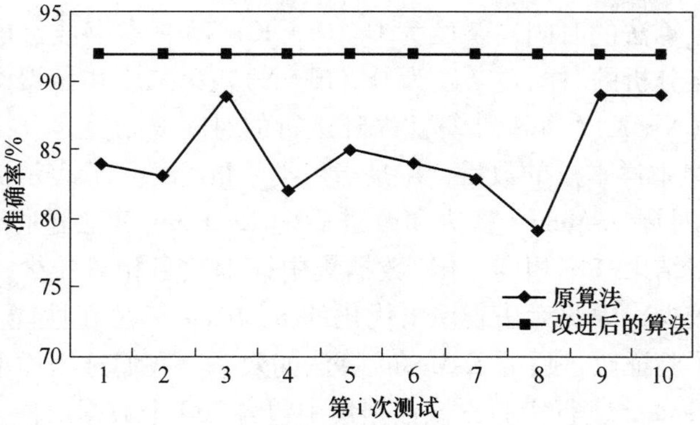

图 3-18 原算法和改进的算法 10 次
随机测试的准确率比较图

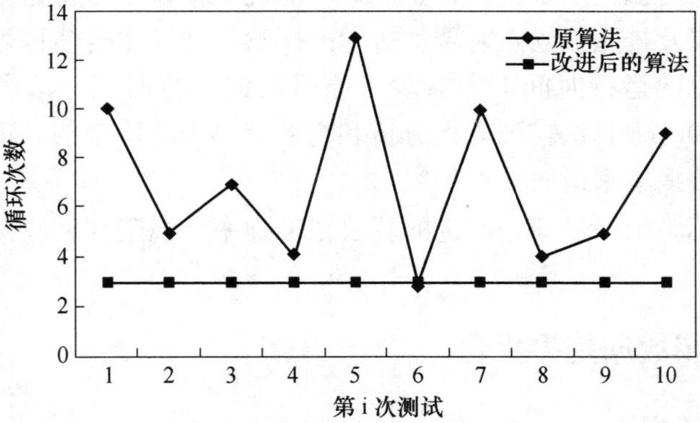

图 3-19 原算法和改进的算法 10 次
随机测试的循环次数比较图

立点的双重影响。孤立点的存在不仅会影响初始聚类中心的确定，还会影响后面的整个聚类过程。改进的 K-Means 算法在聚类过程进行之前就首先进行孤立点分析，这样可以很好地避免孤立点对聚类效果的影响，通过本书使用的孤立点分析方法检测数的孤立点有 5 个，分别是（7.6，3.0，6.6，2.1）、（7.7，3.8，6.7，2.2）、（7.7，2.6，6.9，2.3）、（7.7，2.8，6.7，2.0）和（7.9，3.8，6.4，2.0）。去除孤立点后的数据集分布相对均匀且更符合实际情况，对后续的聚类过程会有很大的帮助。但是孤立点也是实际数据集中的一部分，所以本书在聚类过程完成后再把孤立点根据其和各个簇的相似程度划分到相应的簇中。某文献的实验准备率分别为 88.67% 和 88%，本书改进后的 K-Means 算法准确率是 92%、循环次数为 3 次，改进的 K-Means 算法实验结果相对原 K-Means 算法的实验结果不但准确率有所提高而且算法运行相对比较稳定。

原 K-Means 算法的时间复杂度为 O（N * K * T）。本书改进的 K-Means 算法的第一步孤立点分析的时间复杂度为 O（N * N），第二步初始聚类中心确定的时间复杂度为 O（N * K），第三步算法循环运行的时间复杂性为 O（N * K * t），其中 N 表示数据集中样本点的数目，K 是指聚类簇的个数，T 表示循环的次数。用 Iris 标准数据集对原 K-Means 算法和改进后的 K-Means 算法进行性能测试对比，两者的实验测试结果基本相同。Iris 数据集中样本数目相对较少，聚类过程的迭代次数也相对较少，因此无法表现出优化的 K-Means 算法在性能上较原 K-Means 的优越性。为了验证改进后的 K-Means 算法的效率，我们选用样本数目更大的数据集 Libras Movement 进行实验，该数据集中包含 360 个数据对象，每个数据对象是 90 维度浮点型数据，数据集中样本点共分为 15 类。用 Libras Movement 数据集对原 K-Means 算法和改进后的 K-Means 算法分别进行 100 次测试，实验结果是：原 K-Means 算法耗时 228031 毫秒，改进的 K-Means 算法耗时 206200 毫秒。在聚类过程开始之前的孤立点分析和初始聚类中心确定操作使得初始聚类中心更加符合实际的情况以及排除孤立点对聚类过程的影响，这样才会使得聚类过程的迭代次数减少，在总的运行时间上才会少于原算法的运行时间。该实验测试结果表明，改进的 K-Means 算法在孤立点分析和初始聚类中心确定的处理时间开销是值得的，对于大数据集来说效果更加突出。

根据上述实验结果可知，改进的算法在准确率、稳定性和收敛速度都有很大的提高。

3.3　智慧校园数据挖掘平台

3.3.1　系统总体构架

基于 Hadoop2.0 的高校大数据分析系统的层次构架如图 3-20 所示。

由图可知，基于 Hadoop2.0 的高校数据分析系统整体分为 7 层，分别是：异构数据层、数据采集和抽取层、大数据存储层、大数据分析层、分析结果层、应用层和展示层。异构数据层为大数据的分析提供了数据支撑，它整合了高校数据分析系统中所需要的各类结构化数据和非结构化数据，其中结构化数据包括：学生基本信息、学生成绩、教职工基本信息、学生选课记录和科研数据等。非结构化的数据包括：校园一卡通数据、学生上网日志信息、学生位置信息等与高校数据分析相关的数据信息。异构数据层为高校数据分析系统提供了数据基础。

数据采集和数据抽取层：利用网页爬虫技术采集知网中的科研数据，而原先已经存在于校园中心数据库中的各类有源头的数据，通过 JDBC/ODBC 研发对应的接口与对应的信息系统对接，完成数据抽取，存放在分析系统中。

数据存储层：学生基本信息、学生成绩、教职工基本信息、学生选课记录等

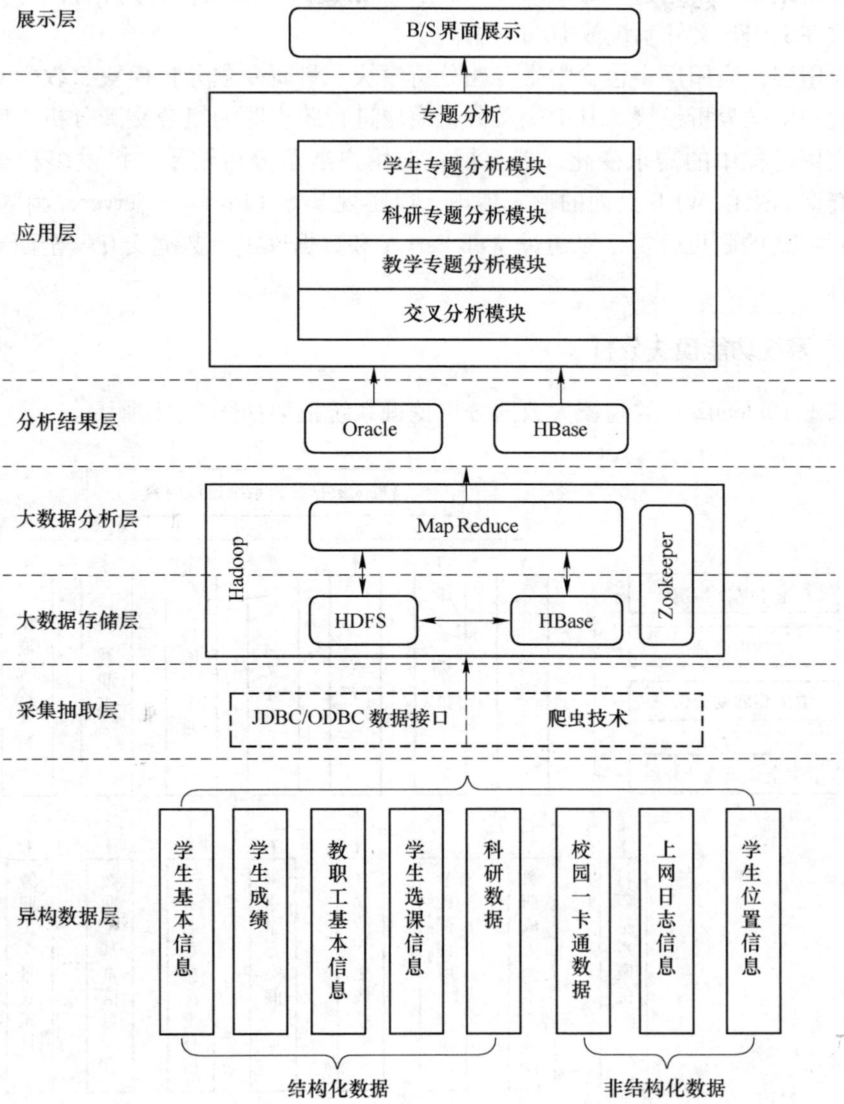

图 3-20 系统层次架构基于 Map Reduce 的高校大数据分析挖掘

数据存放在 oracle 数据库中，其他结构化数据存放在 Hadoop 的 HDFS 文件系统中，将校园一卡通数据、学生上网日志信息、学生位置信息等非结构化的数据存放在 HBase 数据库中，以实现分布式的存储和管理。

大数据分析层：利用 Hadoop 的 Map Reduce 计算模型编写不同专题的挖掘算法，对库中的数据进行计算处理产生符合分析特征的数据，从而实现不同专题的分析功能。

分析结果层：通过 Map Reduce 数据模型对各个专题进行分析后，将分析结果存放在 HDFS 文件系统或 HBase 中。

应用层：应用层中包含学生专题分析模块、科研专题分析模块、教学专题分析模块和交叉分析模块。其中交叉分析模块进行跨主题的组合交叉分析，以适应学校应用过程中的需求变化。展示层：向用户展示分析结果。提供多种查询方式，查询结果以 WEB 页面的形式展现，以实现 B/S（Browser/Server，浏览器/服务器）形式的联机分析，以通过 Web Server 和数据库进行数据交互，全面支持决策分析。

3.3.2 系统功能模块分析

基于 Hadoop2.0 的高校大数据分析挖掘系统框架如图 3-21 所示。

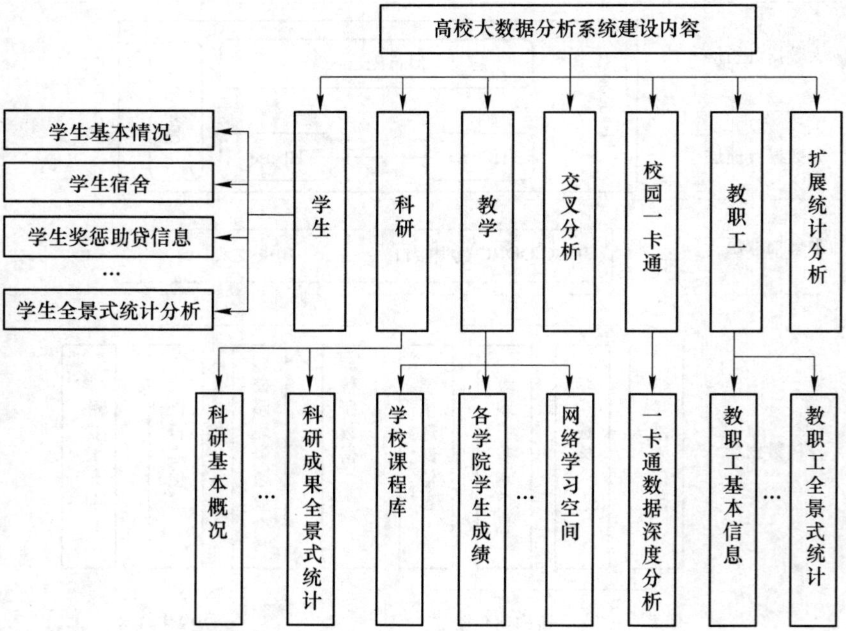

图 3-21　挖掘分析系统框架图

3.3.2.1　学生专题分析模块

高校学生数据包括学生基本信息、学生成绩、学生宿舍、学生奖惩助贷信息等学生在校期间产生的各类信息数据，还可以对学生数据进行全景式的统计分析。利用数据挖掘技术和关联规则对高校的学生数据进行分析，充分地了解学生在校期间学习和生活状态，有针对性地提高学生的综合素质，促进学生德智体美劳全面健康的发展。对在校生和历年各专业学生的生源地、毕业院校等进行统计，了解学校近年来生源情况和学校招生情况；对学生成绩数据进行分析，掌握学生学习情况。通过学生数据分析显示出来的信息，更好地指导学生学习生活以至于将来的就业，也帮助学校管理人员有针对性地管理学生，因地制宜，使学生的学习和发展更加全面更加个性化。

学生基本情况：统计支持各种图形、表格形式，以专业、年龄、职称、性别、民族、政治面貌、学历、学位、教职工来源等不同维度展示教职工人数分布、占比等统计信息。

学生宿舍情况：对学生的住宿情况进行统计，为迎新时新生宿舍分配提供依据。

学生奖惩助贷信息：系统以学校、院系、专业为层级，本科生、专科生、研究生为类别，按照图形或表格的形式分别统计展示各奖学金、助学金类型或等级的学生人数及历史变化曲线。奖学金、助学金等级可以按照国家级、省级以及校级等分组方式进行分组统计。

学生全景式统计：可以对历年各专业学生数量、历年学生年龄分布情况、历年学生来源地区分布、历年招生情况和招生来源分布等进行统计分析。

3.3.2.2 科研专题分析模块

高校的科研数据既记录下高校的科研活动，又展现了高校的科研能力，通过对科研数据的挖掘和分析，可以了解高校科研的发展情况和发展趋势。为了提高高校科研管理的水平，需要加强高校科研管理信息系统的建设。传统的科研成果汇总已经不能为学科建设提供决策依据，需要对科研管理系统中的数据进行数据挖掘。通过分析高校近年来所整理出的科研数据，可以更科学地了解科研规律，更准确地掌握学校科研的发展方向并对未来学校科研的发展趋势进行预判；可以指导科研活动，选择有利于学校未来发展和学生的进步科研方向作为今后科研工作的重心；可以促进学科的建设，使学校的科研内容更加的与时俱进；可以提高学校的科研质量，通过对科研数据的分析，改进学校科研手段以此促进学校的科研发展。

科研基本情况：将科研机构概况、科研人员基本情况、科研项目基本情况、科研成果基本情况以及科研经费使用情况等进行统计并以各种形式进行展示。通过展示情况，了解学校科研工作的重心和发展方向。

科研成果全景式统计：对历年科研项目数据进行对比统计，按照科研成果级别、获奖级别分学院对科研成果进行纵向、横向对比。以此了解学校的科研情况和科研规律，掌握学校科研发展的方向，更好地指导今后的科研活动。

按照获得获奖成果、科研论文、科技著作、专利、科研项目数对各科研单位和个人进行排名统计（应考虑不同等级的成果在排名中的权重）。以排名的方式促进学院和个人的科研活动。对科研状态为在研的科研项目进行项目预警，对于超期完成的科研项目进行统计。

3.3.2.3　教学专题分析模块

高校累计了丰富的教学信息，教学资源与教学活动统计支持各种图形、表格形式，以学校课程库、学时、学时分类、教学任务、学生成绩、学生信息、网络学习空间、一卡通消费、图书馆门禁等不同维度展示出课程占比、学时趋势、成绩对比与趋势、学霸等统计信息和成绩与消费、成绩与图书门禁等交叉分析。通过对这些数据的分析，可以反映一个学校各院系各专业的学生成绩情况，更科学的指导学院对课程课时的安排，侧面了解学生掌握知识的情况，从而对今后的教学方式进行改进。

学校课程库：横向对比展示各学院的理论学时与实践学时的比例。按教学课时量对各学院、专业进行排名。更合理地安排理论学习和时间学习的课时比例，让学生更好地接收知识，提高成绩。

各学院学生成绩：从平均成绩、方差、均方差、中位数等多方面数据反映各院系各专业的学生成绩。通过综合绩点成绩找寻全校及各学院的优等生名单。研究优等生的生活学习数据，更加科学的指导学生学习和生活。例如，可以分析优等生学习成绩和是否每天吃早餐之间的关系。支持不同专业中课程科目的成绩排名，以及历年来的变化情况。通过数据发现学生难消化理解的课程科目，寻找更好的教学方法。

网络学习空间：统计网络学习空间和网络教学平台开设课程数。以时间为区间，按照饼状图、柱状图或表格的形式分别统计展示网络学习空间和网络教学平台上各院系开设的课程数。统计网络学习空间和网络教学平台学生活跃数。以时间为区间，按照饼状图、柱状图或表格的形式分别统计展示网络学习空间和网络教学平台上学生活跃数。统计网络学习空间和网络教学平台课程访问排名。以时间为区间，根据学生访问量，按照饼状图、柱状图或表格的形式分别统计展示网络学习空间和网络教学平台上前十名课程的排名情况。

3.3.2.4　校园一卡通数据专题分析模块

一卡通中的数据包括：学生消费信息明细、宿舍门禁记录、图书馆借书记录等信息。

学生消费信息：通过学生一卡通消费信息可以进行学生人均消费情况分析、学生消费习惯分析、消费类型分类统计、餐厅消费明细、分时段分类型消费统计、学生用餐窗口排名信息等。通过对学生一卡通中的消费数据进行分析，找出长期处于低消费的学生，给助学金的发放提供依据和建议。

宿舍门禁记录：系统通过晚寝晚归学生人数，按照柱状体的形式展示出近半个月晚寝晚归学生人数变化情况和走势图。系统通过疑似未住宿学生人数，按照柱状体的形式展示出近半个月疑似未住宿学生人数变化情况和走势图。

图书馆结束记录：统计学生借书情况。

3.3.2.5　交叉分析模块

预留对以上子主题的横向交叉统计分析的扩展，即可以选定不同子主题中的维度，进行跨子主题的组合交叉分析，以适应学校应用过程中的需求变化。

成绩变动分析：将学生成绩变化情况与学生消费情况、图书借阅情况、寝室门禁记录和学生奖惩信息进行关联分析，找出引起学生成绩变化的原因，更好地帮助学校管理人员进行学生工作。

优等生行为分析：点击学生的学号或者姓名，可以进入查看该学生的详细信息，包括住宿情况、一卡通消费情况、奖惩助贷情况，以及图书借阅明细、成绩明细。以学生消费习惯、学生借书情况、学生出入宿舍的时间等信息与学生成绩进行的交叉式统计分析，分析出对学生成绩有影响的因素。

3.3.3　数据存储设计

系统要对大量的结构化数据和非架构化数据进行存储和分析，分析结果仍需要存放在系统里，下面针对系统中的结构化和非结构化数据的存储进行介绍。

3.3.3.1　结构化数据存储设计

A　结构化数据存储数据库设计

由于 HBase 数据库是一个稀疏的、长期存储的、多维度的、排序的映射表，其结构决定了它在存储非结构化和半结构化数据时具有更高的效率。而高校数据库中存放着大量的结构化数据，如学生基本信息、教师基本信息、选课信息等。这些结构化数据存放在关系型数据库中，在对大数据进行分析的时候需要通过 Hadoop 的数据传输工具 Sqoop（SQL-to-Hadoop）存储到数据中心。存储结构化数据的系统设计如图 3-22 所示。

Sqoop 可以高效地协助 RDBMS 与 Hadoop 之间进行大数据交流。Sqoop 的访问方式很多样化，用户可以通过 REST API、Java API、Web UI 以及 CLI 控制台方式进行访问，在架构上 Sqoop 使用 Sqoopserver 对 connector 进行集中管理，connector 仅仅负责数据的读写工作。通过 Sqoop，用户可以把关系型数据库中的数据导入到 Hadoop 的 HBase 中去。Sqoop 还可以通过 Hadoop 的 Map Reduce 将数据从关系型数据库中导入到 Hadoop 的 HDFS 文件系统中去。最终数据是存储在 HDFS 中，故可以高效地利用 Map Reduce 来进行数据的查询和写入。

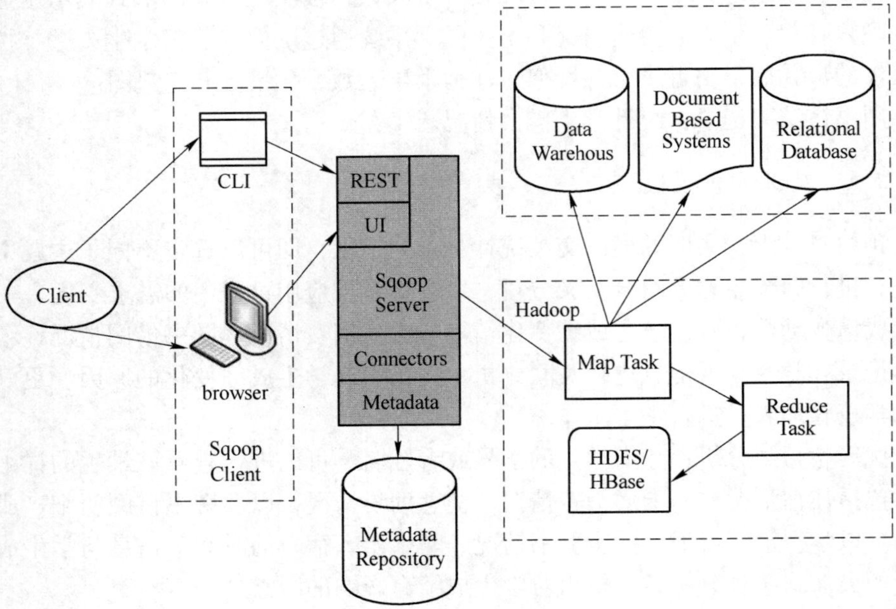

图 3-22 结构化数据存储系统设计图

B 结构化数据存储数据表设计

结构化的数据可以存储在 HDFS 文件系统中，因此我们可以采用关系型数据库数据表的形式来设计本系统数据存储的数据库，数据通过 Map Reduce 过程后存储在 HDFS 中，无需关注底层 HDFS 的具体存储是如何实现的。

学生基本信息包括：学号、姓名、性别、学院、专业、年龄、政治面貌、毕业院校、备注等信息。

C 行到列与主键到行关键字

以学生选课为例，传统的 RDBMS 学生选课模型如图 3-23 所示。

图中包含了三个表，首先是 Student（学生表），Student 表中有学号（student_id）、姓名（name）和院系（department）信息，其中学号（student_id）是主键（Primary Key，PK）；其次是 Course（课程表），Course 表中有课程编号（course_id）、科目（title）和教室（location）信息，其中课程编号（course_id）是主键；最后是 Registration（注册表），Registration 表中有学号（student_id），该学号对应学生所注册的一门课程的编号（course_id）和注册状态（status）。一个学生可以同时选修多门课程，也就是可以同时对多门课程进行注册，但是每条注册信息指向某一门特定课程。因此 student 表和 Registration 表之间是一对多的关系，而 Registration 表和 Course 表之间是一对一的关系。

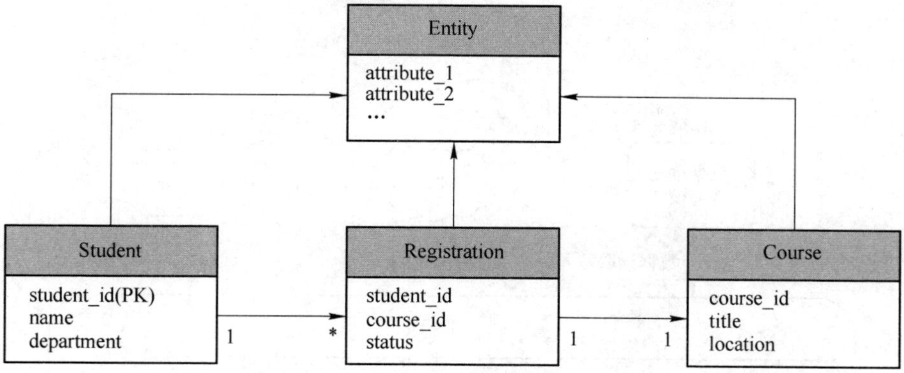

图 3-23 RDBMS 学生选课数据模型

相同的学生选课信息在 HBase 中的数据模型如图 3-24 所示。

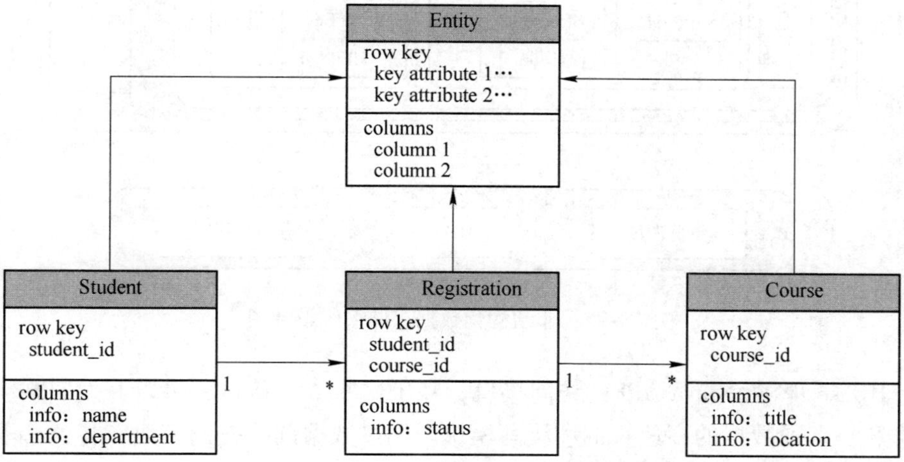

图 3-24 HBase 学生选课数据模型

在 HBase 数据模型中，行关键字取代了传统数据模型中的主键，列标取代了属性，相同的数据存入 HBase 数据表。

3.3.3.2 非结构化数据存储设计

A 非结构化数据存储系统设计

在高校大数据中存在很多非结构化数据，如上网日志、校园一卡通数据等，这些数据存储在 HBase 中，既保证了数据的安全性，又可以实现数据的高效存储和快速访问。

本系统中非结构化数据存储系统设计如图 3-25 所示。

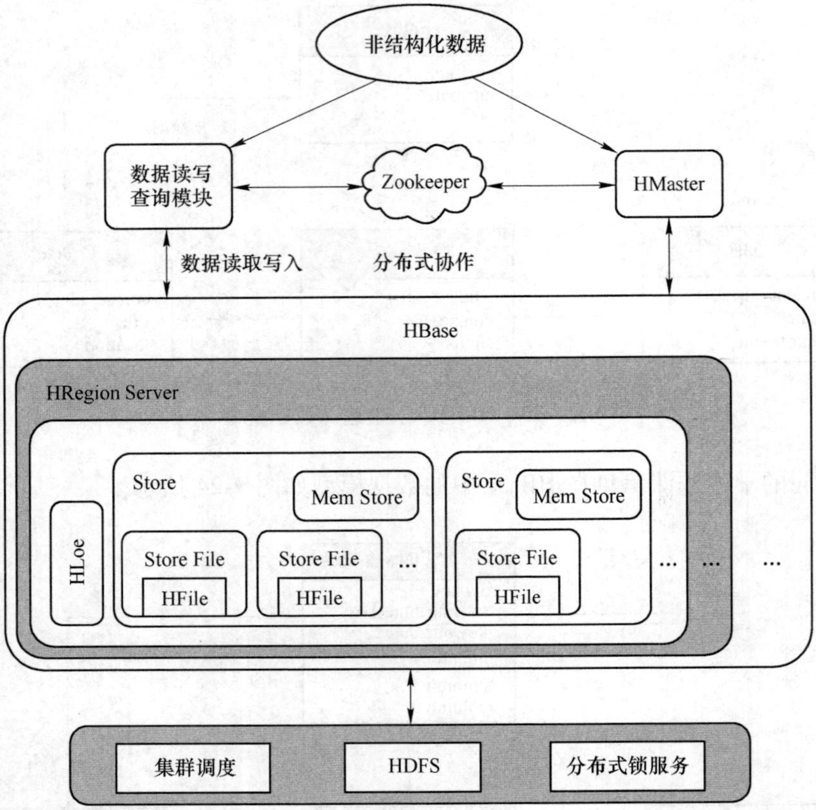

图 3-25　非结构化数据存储系统设计图

HBase 提供了 Java API 的访问接口，基于这些 API 接口，可以开发实现上网日志和一卡通数据的高速查询和读写模块。用过数据读写查询模块，将这些非结构化数据存入 HBase 数据库中。通过该模块还可以实现快速查询工能。非结构化存储系统需要通过 Zoo Keeper 来实现 HBase 中数据读写与 Hbase Master 之间的协调服务。在 HBase 数据库的底层是分布式文件系统 HDFS，通过 Zoo Keeper 来保证各个 Data Node 节点之间的协同工作，以确保结果的正确无误。当一个数据表传入后都要通过行键按照一定的范围分割成多个子表，并为每个子表的列族创建一个 Store 实例。

这些非结构化数据首先写入 Store 的 MemStore 中，当 MenStore 存满后会 Flush 成一个 Store File，一个 Store 中可以包含 0 到多个 Store File，每个 Store File 中都有一个 HFile 负责存放实际文件。当 Store File 的大小达到一定阈值后，会自触发合并操作，多个 Store File 会和并成为一个 Store File，同时发生版本合并和数据删除。Store File 达到一定大小后触发 Split 操作，当前的 Region 会 Split 成为

2个Region，之前的Region下线，HMaster会把新生成的两个Region分配到相应的HRegion Server中去。

每个HRegion Server中都会有一个HLog对象，HLog通过WAL（Write Ahead Log，预写式日志）机制对写入到Mem Store中的数据进行镜像备份，每次用户操作写入MemStore的同时，也会写一份数据到HLog文件，HLog文件定期会滚动出新，并删除旧的文件。当HRegion Server意外终止后，HMaster就会利用HLog中的镜像文件在其他HRegion Server节点上进行数据恢复，保证整个HBase集群的正常工作，提高系统的可靠性。

B 非结构化数据存储表设计

以网站页面数据为例，图3-26是该网站页面在HBase中存储的形式。

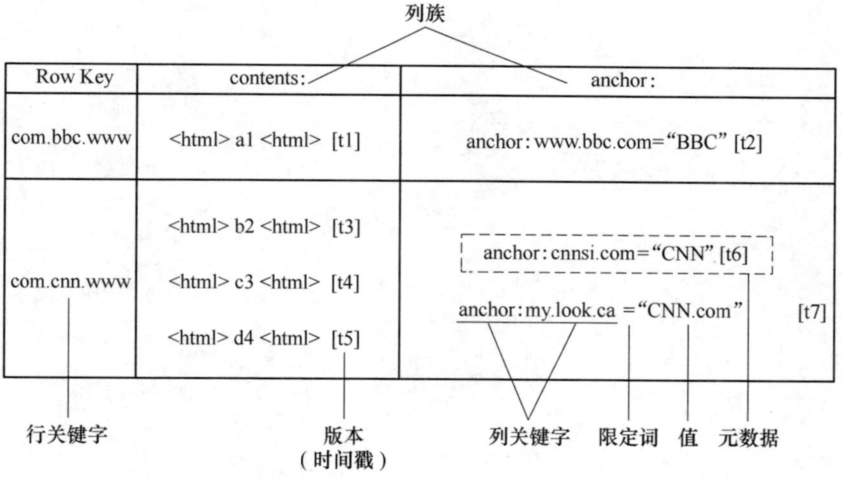

图3-26 HBase中存储网站页面数据示例

HBase中的某一个数值需要通过4个关键字来进行索引，其公式为：

$$Value = Map(Table\ Name, Row\ Key, Column\ Key, Version)$$

其中Table Name是数据表的标识，代表一张数据表。Row Key是行关键字，是检索记录的主键，数据存储时先按照Row Key的字典顺序进行排序，然后按顺序存放。在上面的例子中将所存放网址的域名作为Row Key，为了使相关联网页存放在一起，采用域名倒排的方式，如www. cnn. com按照倒序com. cnn. www存放，这样与www. cnn. com有关的网页都会排列在一起，读取时更加方便。Column Key是列关键字，它由Column Family（列族）和Qualifier（限定词）构成。数据按照提前定义好的列族进行存储，限定词则是可以在使用时生成，这样的方式使HBase的存储更加灵活。Version版本号在HBase中用时间戳来表示，网页数据在 URL 相同的情况下，可能在多个时间内存在多个版本，以时间戳的方式将同一数据在不同时间内的变化展现出来，并以时间倒排的方式存放，使时间最近的数据总能排在最前面。

HBase 新型数据库很好地满足了高校大数据处理环境的特定需求，使用 Map Reduce 对存储在其中的数据进行处理，处理的结果仍然可以存放在 HBase 数据库中。

4 智慧校园云数据中心

4.1 云数据中心技术分析

4.1.1 传统数据中心发展

数据中心（Date Center），或称为服务器场（Server Farm），指用于安置计算机系统及相关部件的设施，例如电信和储存系统。一般它包含冗余和备用电源，冗余数据通信连接，环境控制（例如空调、灭火器）和各种安全设备。

相对企业数据中心，高校数据中心的建设目的差异较大，传统企业数据中心的目标是唯一的，即追求利润，是商业目的，相对高校的执行力也更高。而高校更强调教学和科研，数据中心则必须服务于这两项工作，是服务目的，管理也更加复杂和困难。数据中心的发展（以高校数据中心为例）经历了多个阶段，参见表 4-1。

表 4-1　高校数据中心发展历程

时　　间	特　　点
20 世纪 80 年代初期	引进国外设备，最早的高校数据中心，设备昂贵，严格按照国外标准建设，只有少数一流高校有能力建设
20 世纪 80 年代末 ~ 90 年代末	Internet 技术流行，以 Unix 服务器为主，数据中心开始注重网络建设
2000 年左右	X86 服务器开始成为主流
2010 年以后	虚拟化技术引入，利用服务器虚拟化技术缓解大量服务器带来的压力

当前，主流的高校数据中心建设模式一般是信息中心或各二级单位根据业务需求自行购置相应的硬件设备，设备的物理位置集中，但业务上仍相对独立，建设简单，相互独立，呈现孤岛式的特点。但在建设智慧校园的前提下，存在以下缺点：

（1）不利于数据资源的共享。各业务系统独立，意味着包括文件、数据库、访问地址等都很难做到统一，更难以实现深层次的数据、资源交换和共享。智慧校园的一大目标就是将原有的业务系统按照统一标准进行数据交互从而进行数据分析，这在传统数据中心实现存在较大的难度。

（2）不利于硬件资源共享。高校业务系统的性能要求时段性很强，例如教务系统往往全年只有选课时间是高峰，其他时间的访问量都较少。为了满足高峰的需求必须投入较高性能的设备，在绝大多数时间这些设备对于该业务都是浪费的，但却又很难与其他业务共享资源。

（3）扩展性差。无论是业务内部的纵向扩展还是整个数据中心的横向扩展，由于业务之间比较独立，当需要扩充性能时往往只能全新建设，造成了建设周期、投资上面的多重浪费。

（4）管理复杂度高，维护困难。不同的业务由单独的服务器等设备来实现，保证了独立性的情况下一旦服务器出现问题就会造成整个业务故障。且缺乏统一规划，业务分散建设，因此各种设备的性能不一，难以保障服务。

由于垂直管理，各业务系统的管理也相对独立，造成高校需要相当大的重复投资，包括人力和物力，来满足底层的稳定。

（5）安全、灾备等实施困难。面对复杂的环境，不同的软硬件平台之间很难实现统一的灾难备份策略。管理人员需要在不同的设备之间部署不同的备份策略，增加了安全和稳定上的不确定因素。独立的设备之间一旦故障，也无法互为备份，应用只能彻底停机。

综上，传统数据中心存在诸多的缺陷，虽然能够满足传统数字校园等业务的需求，但对于智慧校园，则必须进行架构上的改造方能满足其需求。

4.1.2　存储系统

存储系统是数据中心的基础，根据业务的不同，产生了不同的存储架构。当对于数据存储要求不高时，一般通过服务器内置硬盘或直连存储柜实现。目前在一台 2U 机架式服务器上已经可以安装超过 12 块 6 TB 硬盘，裸容量 70 TB 左右，如果外接存储柜容量则更大，也可以实现共享存储等功能。

当需要实现两台以上设备的互相访问，可通过 SAN（Storage Area Network，存储区域网络）和 NAS（Network Attached Storage，网络连接存储）等形式。通过存储设备网络化，极大地提高了可扩展性。对于 SAN/NAS，无论是前端的服务器等设备还是后端的磁盘设备都可以简单地进行扩展。对于大规模集群等需要共享存储的场景也更容易满足。SAN 和 NAS 的区别在于，前者使用的是专用存储网络协议，后者则是通过传统的网络协议如 TCP/IP 来实现。前者在性能上要更胜一筹，但后者的成本以及技术难度更低。各类存储系统的特点见表 4-2。

表 4-2　各类存储形式

存储类型	成本	支持容量	优点	缺点
内置存储/DAS	低	低	实现简单	可扩展性差、难以共享

续表 4-2

存储类型	成本	支持容量	优点	缺点
NAS	较高	最高	可扩展、可共享、难度低	成本较高
SAN	最高	最高	配置复杂	成本最高

根据上述分析，可以看出，在一般的数据中心中，SAN 和 NAS 是比较合理的选择，一方面存储可以供所有的应用使用，另一方面通过共享存储，也可以很方便地建立集群。同时，对于部分低端应用如影音视频文件，可以使用低成本的 DAS 或者内置存储来解决。事实上，大多数高校的传统数据中心正是这样实现的。

其次，在微观角度，磁盘之间一般都会组建 RAID 以保证冗余度。RAID 即独立磁盘冗余数组（Redundant Array of Independent Disks），简称磁盘阵列。主要思想是把多个磁盘组合起来形成一个大的逻辑磁盘提高性能和稳定性，并方便使用。

RAID 具有多种模式，例如 RAID0，通过组合两块磁盘为一块，大大提升了性能和容量，但是稳定性也较差。一旦一块磁盘损坏，数据也就丢失了。常用的 RAID 级别是 RAID5 以及 RAID6，分别允许一和两块磁盘的损坏而不会丢失数据，见表 4-3。

表 4-3 RAID 级别

RAID 级别	算法	容量（n 为数量，D 为磁盘容量）	效果
RAID0	数据同时写入两块磁盘	$n*D$	提升性能，一块损坏之后全部数据丢失
RAID1	数据分别写入两块磁盘	Min（D1，D2）	确保稳定性，利用率低
RAID5	数据和相对应的奇偶校验信息存储到各个磁盘上，且奇偶校验信息和相对应的数据分别存于不同的磁盘上	$(n-1)*\mathrm{Min}(D1,D2,\cdots,Dn)$	确保稳定性，允许一块磁盘故障
RAID6	相对 RAID5 增加了第二个独立的奇偶校验信息块	$(n-2)*\mathrm{Min}(D1,D2,\cdots,Dn)$	确保稳定性，允许两块磁盘故障

如图 4-1 所示，RAID 通过将数据以及两份校验数据分别写入到所有磁盘中，并且确保数据和对应的校验信息不在同一块磁盘上来保证冗余。RAID6 的阵列容量为：

$$(N-2)*\min(d1,d2,d3,\cdots,dn)$$

由于一般组建 RAID 都是使用同样大小的磁盘，因此可以简单地认为，RAID6 允许两块磁盘损坏。如果其中一块磁盘损坏，可以将其更换为新的磁盘，RAID 设备会自动根据校验信息以及其他对应的分块信息来重建数据。一般在数据中心中都会采用带有冗余度的 RAID，例如（1，5，6）等。

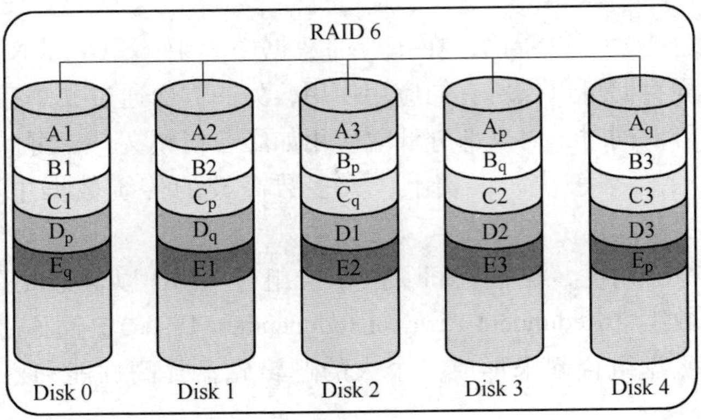

图 4-1　RAID6 的原理

宏观层面的 NAS/SAN 和微观层面的 RAID，组成了传统数据中心的存储架构，并且在近年一直都是主流的技术标准。但由于下述原因，在 SCCDC 的设计中它们架构不再那么高效和可靠，主要原因如下：

首先是硬件成本。目前大多数数据中心一般来说数据容量在几十 TB 到数百 TB 之间。当容量超过数百 TB 之后，SAN 的价格就不是一般中小型单位所能接受的了。一方面能驱动这些高端存储的机头价格高昂，另一方面为了稳定性以及利润，厂家都要求这些系统强制使用认证磁盘，虽然性能稳定性更好，但这类磁盘的价格要比普通磁盘高很多，在动辄几百块磁盘的基数上，造成价格让用户难以接受。

其次，巨大的容量直接造成了传统 RAID 模式的不再可靠。根据对 RAID 的原理分析可以看到，一个 RAID 组一般超过 2 个磁盘同时出现故障就无法恢复。过去，由于数据量小，重建过程很快，因此两块以上磁盘同时故障只是一个统计学的概率，并不一定会发生。但随着单个磁盘的容量到达 TB 级别，总数据量达到数百 TB 甚至数 PB 之后，驱动器并发故障就是一个现实问题了。

典型的 SATA 磁盘驱动器的比特错误率（Bit Error Rate，BER）为 10^{14} 分之一，即每访问 10^{14} 个比特（大约 12.5TB）就有一个比特是错误的。当一个驱动器故障，RAID 重建过程中，如果数据量为 10TB，那么再次产生错误的概率是 56%。如果数据量为 100TB，再次产生错误的概率则为 99.97%。也就是说，当磁盘数据达到一定数量时，同时损坏超过两块磁盘的可能性就大大增加，意味着数据完全损失的风险也大大增加。

针对上述情况，如果数据量不大，可以采取复制或者使用小磁盘的方法。前者将所有数据在另一个阵列或者使用磁盘等设备完整备份一遍，后者通过使用小磁盘来减少重建的速度来避免同时损坏的情况。但是这两种方式都存在很大的缺陷，两者都会造成成本的急剧上升，后者在大数据的情况下更是无法实现。可以说，这是 RAID 架构本身的问题。也可以采取用多个小型阵列来共同组建一个大型阵列，但这样一来，每个阵列之间的数据共享又成为了问题。

在 SCCDC 中存在比较多的需要大容量存储的业务场景，如数据分析的日志保存、内容感知的收集等等，传统存储在满足这些业务时存在比较大的难度，因此，需要对存储系统的架构进行重新设计，以满足其业务特点的需求。

4.1.3 虚拟化技术

要想实现云的服务，首先必须能将各种零散、分散的硬件资源进行整合，并按照较细的粒度划分和动态的调整，利用虚拟化技术就能很好地实现。

虚拟化技术是一种资源管理技术，是将计算机的各种实体资源，如服务器、网络、内存及存储等，予以抽象、转换后呈现出来，打破实体结构间的不可切割的障碍，使用户可以比原本的配置更好的方式来应用这些资源。这些资源的虚拟部分是不受现有资源的架设方式，地域或物理配置所限制。可将虚拟化认为是云计算的一种具体实现方式。

虚拟化的实现方式是通过在支持的硬件基础上，增加一层称为 Hyper Visor 的软件，用作底层硬件和上层虚拟服务器之间的一个抽象层。Hyper Visor 捕获上层虚拟服务器的指令，作为中介转发给底层的真实硬件。通过虚拟化技术可以让绝大多数操作系统不做任何改动安装在虚拟服务器上。虽然理论上这要比直接运行在裸硬件上的操作系统消耗更多资源，但相对于带来的好处，这点付出完全值得。

在 SCCDC 中引入虚拟化的优势包括：

（1）可提高设备的使用效率。通过虚拟化，业务和硬件之间不再是一对一或者一对多，而是多对多的关系。硬件资源可以灵活调度、动态分配、跨设备之间的共享。按需取用的概念在虚拟化中得到了很好的体现。

（2）可提高管理效率。将原有以业务为核心的上下关联的模式改为以平台为核心的集中服务模式，能够发挥专业人员的作用。原先的业务系统管理员需要管理从业务层到数据库、操作系统以及硬件，而通过虚拟化，硬件层面的工作可以由专业管理人员负责，业务系统管理员无需关心。

（3）更加稳定。目前数据中心采用的虚拟化都会使用集群技术，即多台硬件组成集群供虚拟化服务器使用。在集群中，少量设备的故障并不会影响到整体的稳定，从而提升了整体的稳定性。利用虚拟化技术，每个业务都在独立的运行空间内，在各自不影响的前提下，可以充分地利用资源。

目前市面上有包括商业版的 VMware、Hyper-V 开源的 Openstack、Xen 等，各软件的特点参见表 4-4。

表 4-4　各软件的特点

虚拟化软件	类　型	特　点
VMWare	商业收费	全商业化的解决方案，最主流的虚拟系统
Hyper-V	商业收费	商业化解决方案，用户较少
OpenStack	开源免费	全套解决方案，但需要投入较高的人力成本
Xen	开源免费	免费的虚拟化软件，基于 Linux 系统

本书采用的虚拟化技术是 VMWare 的虚拟化技术和产品。VMWare 目前在数据中心的虚拟化市场占有率超过 50%，并且能够提供完善的接口用于二次开发。其他开源系统虽然初始成本比较低，但由于二次开发需要的人力成本较高因此未予考虑。

4.1.4　软件定义技术

软件定义技术即通过将设备的控制面与数据面分离开来，从而实现了网络流量的灵活控制，实现了一些传统网络难以实现的功能。

传统的网络、数据中心一般是多种专用硬件设备的集成，例如网络交换机、存储设备均由专业厂家制造，操作系统固化在硬件中，交付给用户之后按照其标准运行，不同品牌设备共同遵守一套公开标准实现互联互通。

随着数据中心需求的增加，固化软件的系统开始渐渐无法满足用户的需求。以本书涉及的存储系统为例，传统的存储只能按照其标准运行，扩容必须使用原厂的设备，厂家绝大多数情况下也不会对用户开放操作底层的接口。对用户来说是一种“黑盒”状态。这样势必无法满足越来越多样化的业务需求。于是软件定义技术应运而生。

通过购置“白盒”设备（即标准的服务器、交换机等），加之以特定的软件，即可实现传统架构无法实现的功能。由于软件定义的可控性、可扩展性较好，得到了很多关注，也存在较多的案例。例如 VMware、Cisco EMC 组成的 VCE 联盟，通过提供计算、存储、网络融合解决方案，为用户快速搭建私有云。其产品设备和设备之间通过深度的融合能够实现传统产品较难实现的功能。当然，和传统的“黑盒”设备相比，软件定义“白盒”虽然功能、扩展性、可控性相对更好，成本也相对较低，但在稳定性、性能上仍有较大差距。传统设备一般都是专用、定制、精简的操作系统以及专业厂商多年的优化，在执行效率上、稳定性上必然要高于起步阶段使用通用软硬件的软件定义设备。

4.2 数据中心虚拟化

4.2.1 服务器虚拟化技术

数据信息量不断的快速膨胀，数据中心的硬件日益老化，空间拥挤不堪，数百台的服务器占据了大量的空间，连接这些服务器的网络连接线也错综复杂，大量的服务器运行中所需的电力需求也节节攀升，给管理和维护带来了很大的困难。SUN 公司的报告显示大多数服务器的利用率只能达到 15% 左右，其余的计算能力都被浪费了，不仅如此，与服务器相对应的电力和空调资源也造成了额外的成本损失。有实验证明，一台实现虚拟化技术的中端服务器能够取代六台低端服务器，不管是初期的投资花费还是后期的维护费用都要远低于不采用虚拟化技术的方案。

其次，虚拟化服务器还可提供服务器 sanpshot 功能，能够在错误出现时使损失降到最低并且能在打补丁和软件升级时提供一个短期的自动恢复功能，这样最大程度地减小系统补丁失败和升级带来的影响。通过 Vmware、Hyper-V 和 Xen Server 软件可以在一台物理服务器上虚拟出多个操作系统环境来满足客户的需求，在一台虚拟机上跑一个专用的应用增强了独立性和安全性同时降低了能耗实现 IT 绿色的目标。另外，虚拟化服务器还在存储方面为客户提供了节省支出的选择，虚拟化让 ISCSI 和 NAS 存储能够得到更好的利用，而不需要进一步投资光纤网络 SAN 存储网络。有数据显示，将 20 台服务器整合成 3 台可以为客户节省超过 20 万美元能源和设备成本和 8.5 万美元的人力成本。

如今约有 16% 的计算机采用虚拟化技术进行运算，不过全球最具权威的 IT 研究公司 Gartner 预测到 2018 年底前，虚拟化普及率将会大大提高，虚拟化的服务器数量将增至近亿台。

实际上，从原理上看，所有虚拟技术虚拟的是指令集。所有的 IT 设备，不管是 PC、服务器还是存储，都有一个共同点：它们被设计用来完成一组特定的指令。这些指令组成一个指令集。对于虚拟技术而言，“虚拟”实际上就是指的这些指令集。虚拟机有许多不同的类型，但是它们有一个共同的主题就是模拟一个指令集的概念。每个虚拟机都有一个用户可以访问的指令集。虚拟机把这些虚拟指令“映射”到计算机的实际指令集。定义完“虚拟”的概念，我们可以清楚知道，目前所能看到的硬分区、软分区、逻辑分区、Solaris Container、VMware、Xen、微软 Virtual Server2005 等这些虚拟技术，都是同样的原理，只是虚拟指令集所处的位置不同而已。以此，可将目前所有的虚拟技术大致分为硬件分区、逻辑分区、软件分区和应用分区四种模式，见表 4-5。

表 4-5 四种服务器虚拟化技术

虚拟化技术	代表产品	厂家	平台支持	操作系统
硬件分区	Domains	Sun	Sun Risc	Solaris
	nPar	HP	HP Risc/Itanium	HP/Linux/Windows
逻辑分区	LPAR	IBM	IBM	IBM/Linux
	VPAR	HP	HP Risc/Itanium	HP/Linux/Windows
	Logical Domain	VMware	Sun Risc	Solaris/Linux
	ESX	VMware	X86	Linux/Windows
软件分区	VMWare WorkStation	VMware	X86	Linux/Windows
	Virtual PC	Microsoft	X86	Linux/Windows
应用分区	Virtuozzo	SWsoft	X86	Linux/Windows
	OpenVZ Project		X86	Linux
	HPVSE FreeBSD Jail	HP	X86	FreeBSD
	SunSolaris Container	Sun	Sun Risc/X86	Solaris 10

4.2.1.1 硬件物理分区

硬件虚拟技术是随着 Unix 服务器的发展而出现的。实际上，在 Unix 服务器上，不少厂商和用户习惯于将电气级的虚拟技术称为硬分区（或物理分区），而把通过软件或固件实现的逻辑分区技术则称之为软分区。但无论如何称呼，实际上逻辑虚拟模式和硬件虚拟模式的共同点是：与应用所在的操作系统无关，只与系统硬件相关。

HP 和 Sun 等厂商在 Unix 服务器上采用的是 MBB（Modular Building Block）架构。MBB 由多个 BB（Building Block）构成，Sun 称之为 Board，HP 称之为 Cell。每个 BB 可包含 4 路 CPU、若干内存和 I/O 卡。不同 BB 内的 CPU 可以有不同的时钟频率。所有的 BB 通过一种称为 Crossbar Switch（纵横交换结构模块）的交换机制连接在一起，Crossbar Switch 可以提供 BB 之间的点对点的高速连接。采用 MBB 技术可以比较容易地设计出拥有更多数量 CPU 的服务器。在这种服务器上既可以运行一个操作系统，也可以在一个或多个 BB 上运行多个操作系统。这就是服务器的硬分区。

基于 MBB 技术的服务器是由多个 BB 构成的，所以具有物理分区的特性：即可以热插拔 CPU 板和内存板。这是因为每一个 BB 是物理分开的，每个 4 路 CPU 板可以单独从系统中隔离出来并将其下电。再来看逻辑虚拟模式。该模式没有采用 Crossbar Switch 技术做 CPU 之间的连接，比如 IBM p 系列产品，它不允许不同主频的 CPU 共存在同一台机器内。而 MBB 结构的服务器则允许这样做，但要求

Crossbar Switch 工作在相同的带宽上（MBB 之间的连接带宽恒定）。

比较而言，硬件虚拟模式的优点无疑是100%的隔离度和安全性，不占用任何系统资源。缺点是操作相对复杂，最小操作粒度是1个CPU，而且在进行分区资源变更的时候，移出CPU的分区需要重启操作系统。逻辑虚拟模式的优点是配置灵活，操作相对简单而且分区粒度可达1/20个CPU，资源变更时无需重启系统，甚至无需重启应用。但相对硬件虚拟模式而言，逻辑虚拟模式会占用一定比例的系统资源。

目前大型主机的虚拟效率一般在95%以上，虚拟化损耗大约为2%~3%；AIX和HP-UX上的虚拟效率在90%以上，虚拟化损耗约为5%；而X86架构上的虚拟效率则在80%左右，虚拟化损耗大约为20%。需要注意的是，Intel和AMD也开始了对硬件级虚拟技术的关注，例如Intel和AMD在2006年将分别推出采用Intel Virtual Machine Monitor和AMD Pacifica虚拟技术的处理器，它们将更好地支持VMware ESX Server和Xen这样的虚拟机软件。

4.2.1.2 硬件逻辑分区

最早的虚拟模式可以说是源自IBM大型主机的逻辑分区技术，这种技术的主要特点是，在IBM的大型主机中，每一个虚拟机都是一台真正机器的完整拷贝，只是内存少了点。根据这一概念，一个功能强大的大型主机可以被分割成许多虚拟机。这些虚拟机仅比原来的主机少一点内存资源而已。这一虚拟模式后来被业界广泛借鉴，包括HP vPAR、VMware ESX Server和Xen在内的虚拟技术都是这样的工作原理。

在逻辑虚拟模型中，虚拟机操作系统是整个虚拟机体系结构的“大脑”，包括操作系统和硬件在内的整个系统被称作虚拟机系统（VM System）。每个虚拟机系统都被一个叫作控制程序的程序控制。控制程序除了管理实际的物理硬件，还要为每个系统用户创建一个虚拟机。每个用户都可以在他们的虚拟机上运行程序、存储数据，甚至虚拟机崩溃也不会影响系统本身和其他的系统用户。因此，虚拟机模型不仅要允许资源共享，而且要实现系统资源的保护。在上述模型中，虚拟控制程序以固件形式直接运行在主机硬件层之上，位于操作系统之下，是虚拟机系统中最重要的一部分。控制程序要管理系统硬件，包括启动和关机在内的系统支持任务，以及请求的排队和执行。同时控制程序还要管理每个虚拟机的编程特征和每个虚拟机的建立和维护。

例如：IBM的p系列服务器产品，由于IBM p系列的设计思想是共享式的，即所有CPU可以同等地看到所有的内存和I/O的连接方式，即一种为数据/指令流提供足够的高速通路的体系结构。在p系列上，Hypervisor能看到所有的真实资源（CPU、内存和I/O卡），并且通过一个控制台（HMC）来管理逻辑分区。

通过 HMC 将上述提到的资源定义到不同的逻辑分区中去，每个逻辑分区所需的最小资源是 1/10 个 CPU（在 2004 年 8 月发布的 AIX 5L v5.3 上实现了 1/10 个 CPU 级别的分区粒度，以及 1/100 个 CPU 的微调量）、1GB 内存和一个 PCI 插槽。而且 IBM 有意将逻辑分区技术进一步下移。2005 年第四季度，IBM 发布了虚拟 I/O 服务器，其目的就是让没有配置 HMC 的 1 ~ 2 路低端 p 系列和 i 系列用户，可以通过虚拟 I/O 的一个组件 IVM（IBM Virtual Machine），实现简化后的 HMC 控制台功能。

4.2.1.3　虚拟机技术

随着虚拟化技术的进一步发展，出现了基于软件的虚拟机管理技术，并在 X86 系列平台上得到较多应用。该技术不再对硬件资源进行划分，而是在硬件上首先部署一套 Host 系统。在 Host 系统上，加装虚拟机管理软件又称为虚拟层，作为应用级别的软件存在。虚拟层会给每个虚拟机模拟一套独立的硬件设备，包含 CPU、内存、主板、显卡、网卡等硬件资源，并在其上安装所谓的操作系统。最终用户的应用程序，运行在操作系统中。虚拟机管理技术的主要特点是能在一台机器上安装多个不同类型的操作系统，模拟多种操作系统运行环境。但也存在虚拟机管理器软件、操作系统等自身消耗硬件资源，从而造成性能损耗等缺点。因此该技术一般用于部门的实验室、测试环境中，很少用于真实生产环境。其代表产品有微软等。

软件虚拟模式最为普通用户熟悉，例如最近几年颇为火热的 VMware GSX-Server 和微软 Virtual Server2005 就是最广为人知的虚拟机产品。虚拟机技术是通过虚拟机软件来创建一个完整的系统环境，在这个软件生成的系统环境下可以运行各种服务器应用软件。由于虚拟机本身也是一个在 OS 上运行的应用，所以在一台物理服务器上可以运行很多个虚拟机，每个虚拟机内可以独立运行其应用，在虚拟机内运行的应用好像是在自己专有的一套 OS 环境下，这样应用就通过虚拟机相互隔离。虚拟机可以通过虚拟 I/O 来共享物理 I/O 设备，而不必配备专用的 I/O 设备如网卡等。

4.2.1.4　操作系统虚拟化

最新的虚拟化技术已经发展到了操作系统虚拟化。操作系统虚拟化是在操作系统内核基础上提供虚拟化。从一个安装操作系统的版本中，可动态创建由内存、存储空间和网络组成的应用所需的多个独立运行的操作系统环境。这样，应用就被隔离在不同的运行环境里。由于只有一个操作系统内核，减少了虚拟机和操作系统两个资源消耗层次，提高了虚拟环境中的应用性能，同时具有安装部署、补丁升级等管理特性上的优势。但该技术由于涉及操作系统内核修改，目前只有在特定操作系统上可以实现。

如 Sun 在 Solaris 10 里提供的 Solaris Container（也叫 N1 Grid Container），号称可以让每个 Solaris 10 创建多达 8192 个安全、无故障软件分区。这种模式无疑可以提高单一系统的资源利用率，在一个操作系统上实现系统资源的高利用率，只要用户的硬件足够强大，可以把众多业务系统运行在独立的动态系统域（Zone）。

需要说明的是，上述四种模式并非割裂的关系，可以混合使用。据惠普于 2005 年初发布的 HP-UX 11 iv2，在这个版本上惠普提出了 HP VSE（Virtual Server Environment）体系，这一体系包括基于硬件的 nPAR 技术、逻辑虚拟模式下的 vPAR、软件虚拟模式下的 HP Virtual Machine 和应用虚拟模式下的 HP Resource Partition 技术。HP VSE 体系与其他虚拟技术的不同在于设定阈值时的人性化设计。其他虚拟机管理工具在设定计算资源变更阈值时，通常是对 CPU 占用率这一指标进行设定，例如某应用令分区内 CPU 有 80% 以上的负载，则调用其他分区的闲置 CPU 资源。但问题在于，如果用户不知道一个应用对 CPU 的负载有多大的时候怎么办？从惠普提供的 HP VSE 演示 Flash 看到，用户的确可以针对应用指标设定阈值，例如在设定 Web 服务器时，可以设定 Http 连接数超过 1000 时调用计算资源，Http 连接数低于 200 时主动释放计算资源。

四种服务器虚拟化的分类基础主要在于虚拟层的实现方式，图 4-2 描述了四种虚拟化方式的差异和特征。

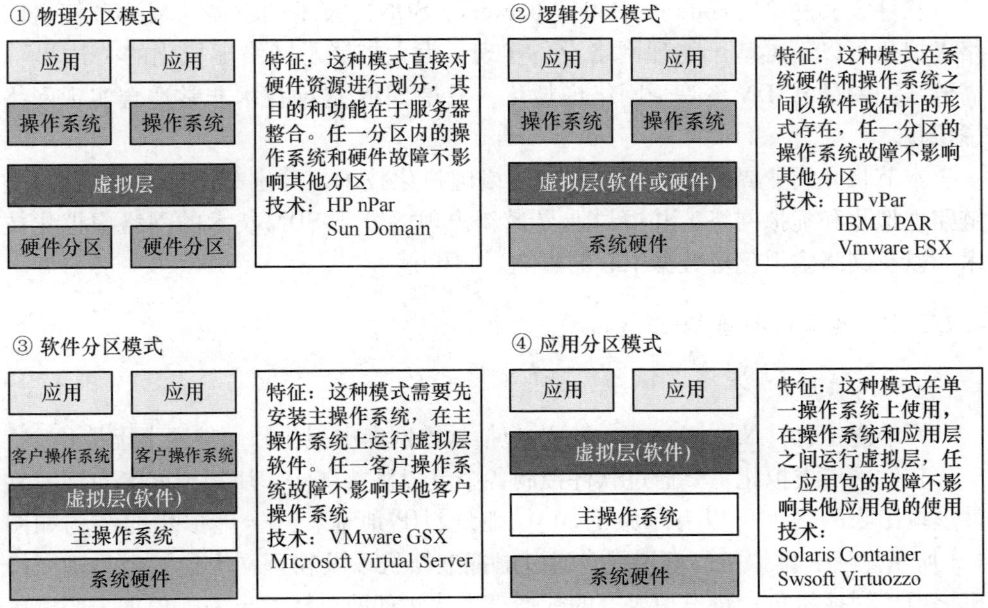

图 4-2　四种服务器虚拟化架构示意图

具体到四种虚拟化技术的应用特性，可以参考表4-6。

表4-6　四种服务器虚拟化技术的应用特性

指　标	硬件虚拟	逻辑虚拟	软件虚拟	应 用 虚 拟
独立文件系统	有	有	有	无
独立网络地址	有	有	有	无
独立安全配置和口令	有	有	有	无
独立OS内核版本	有	有	有	无
独立OS补丁	有	有	有	无
资源虚拟粒度	1CPU	1/20CPU (HP VSE)	据虚拟机 不同而异	每OS最多8192个动态域 (Solaris Container)
需要管理的OS镜像数量	多个	多个	多个	单个
系统软件许可证	多个	多个	多个	单个
主OS是否故障点	无主OS	无主OS	是	是
虚拟实施周期	慢	较慢	中等	快
硬件故障隔离	无	无	无	无
应用隔离程度	完全	强	强	弱
实施成本	高	较高	较低	低

4.2.2　网络虚拟化

软件定义网络（Software Define Network，SDN）技术的发展与成熟，使得网络虚拟化可以不再基于物理网络设备实现，大大扩展了网络虚拟化的“边界”。需要强调的是，SDN不等于网络虚拟化，只是SDN这种技术非常适合实现网络虚拟化。

本节将介绍业界目前几种成熟的网络虚拟化技术，分别是网络设备虚拟化、链路虚拟化和虚拟网络，并探讨业界最新出现的基于SDN技术的网络虚拟化技术，以及网络虚拟化对数据中心的影响。

4.2.2.1　网络设备虚拟化

A　网卡虚拟化

网卡虚拟化（NIC Virtualization）包括软件网卡虚拟化和硬件网卡虚拟化。

软件网卡虚拟化主要通过软件控制各个虚拟机共享同一块物理网卡实现。软件虚拟出来的网卡可以有单独的MAC地址、IP地址。网卡虚拟化的结构如图4-3所示。所有虚拟机的虚拟网卡通过虚拟交换机以及物理网卡连接至物理交换机。虚拟交换机负责将虚拟机上的数据报文从物理网口转发出去。根据需要，虚拟交换机还可以支持安全控制等功能。

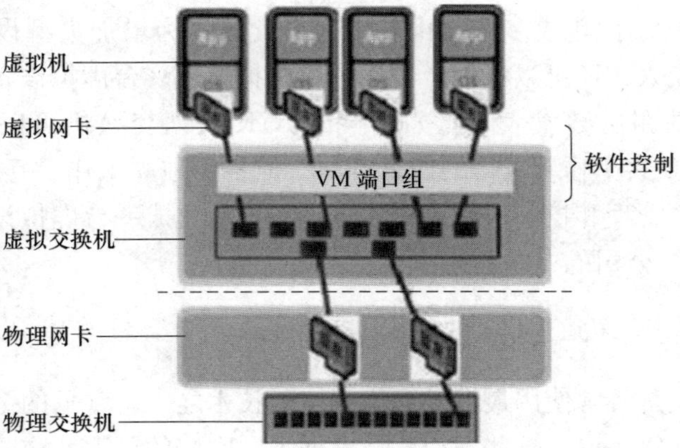

图 4-3 虚拟网卡和虚拟交换机示意

硬件网卡虚拟化主要用到的技术是单根 I/O 虚拟化（Single Root I/O Virtulization，SR-IOV）。所有针对虚拟化服务器的技术都是通过软件模拟虚拟化网卡的一个端口，以满足虚拟机的 I/O 需求，因此在虚拟化环境中，软件性能很容易成为 I/O 性能的瓶颈。SR-IOV 是一项不需要软件模拟就可以共享 I/O 设备、I/O 端口的物理功能的技术。SR-IOV 创造了一系列 I/O 设备物理端口的虚拟功能（Virtual Function，VF），每个 VF 都被直接分配到一个虚拟机。SR-IOV 将 PCI 功能分配到多个虚拟接口以便在虚拟化环境中共享一个 PCI 设备的资源。SR-IOV 能够让网络传输绕过软件模拟层，直接分配到虚拟机，这样就降低了软件模拟层中的 I/O 开销。

B 硬件设备虚拟化

硬件设备虚拟化主要有两个方向：在传统的基于 X86 架构机器上安装特定操作系统，实现路由器的功能，以及传统网络设备硬件虚拟化。

通常，网络设备的操作系统软件会根据不同的硬件进行定制化开发，以便设备能以最高的速度工作，比如思科公司的 IOS 操作系统，在不同的硬件平台需使用不同的软件版本。近年来，为了提供低成本的网络解决方案，一些公司提出了网络操作系统和硬件分离的思路。

典型的网络操作系统是 Mikrotik 公司开发的 Router OS。这些网络操作系统通常基于 Linux 内核开发，可以安装在标准的 X86 架构的机器上，使得计算机可以虚拟成路由器使用，并适当扩展了一些防火墙、VPN 的功能。此类设备以其低廉的价格以及不受硬件平台约束等特性，占据了不少低端路由器市场。传统网络设备硬件（路由器和交换机）的路由功能是根据路由表转发数据报文。在很多时候，一张路由表已经不能满足需求，因此一些路由器可以利用虚拟路由转发

（Virtual Routing and Forwarding，VRF）技术，将路由信息库（Forwarding Information Base，FIB）虚拟化成多个路由转发表。此外，为增加大型设备的端口利用率，减少设备投入，还可以将一台物理设备虚拟化成多台虚拟设备，每台虚拟设备仅维护自身的路由转发表。比如思科的 N7K 系列交换机可以虚拟化成多台 VDC。所有 VDC 共享物理机箱的计算资源，但各自独立工作，互不影响。此外，为了便于维护、管理和控制，将多台物理设备虚拟化成一台虚拟设备也有一定的市场，比如 H3C 公司的 IRF 技术。

4.2.2.2　链路虚拟化

链路虚拟化是日常使用最多的网络虚拟化技术之一。常见的链路虚拟化技术有链路聚合和隧道协议。这些虚拟化技术增强了网络的可靠性与便利性。

A　链路聚合

链路聚合（Port Channel）是最常见的二层虚拟化技术。链路聚合将多个物理端口捆绑在一起，虚拟成为一个逻辑端口。当交换机检测到其中一个物理端口链路发生故障时，就停止在此端口上发送报文，根据负载分担策略在余下的物理链路中选择报文发送的端口。链路聚合可以增加链路带宽、实现链路层的高可用性。

在网络拓扑设计中，要实现网络的冗余，一般都会使用双链路上连的方式。而这种方式明显存在一个环路，因此在生成树计算完成后，就会有一条链路处于 block 状态，所以这种方式并不会增加网络带宽。如果想用链路聚合方式来做双链路上连到两台不同的设备，而传统的链路聚合功能不支持跨设备的聚合，在这种背景下出现了虚链路聚合（Virtual Port Channel，VPC）的技术。VPC 很好地解决了传统聚合端口不能跨设备的问题，既保障了网络冗余又增加了网络可用带宽。

B　隧道协议

隧道协议（Tunneling Protocol）指一种技术/协议的两个或多个子网穿过另一种技术/协议的网络实现互联。使用隧道传递的数据可以是不同协议的数据帧或包。隧道协议将其他协议的数据帧或包重新封装然后通过隧道发送。新的帧头提供路由信息，以便通过网络传递被封装的负载数据。隧道可以将数据流强制送到特定的地址，并隐藏中间节点的网络地址，还可根据需要，提供对数据加密的功能。一些典型的使用到隧道的协议包括 Generic Routing Encapsulation（GRE）和 Internet Protocol Security（IPSec）。

4.2.2.3　虚拟网络

虚拟网络（Virtual Network）是由虚拟链路组成的网络。虚拟网络节点之间的连接并不使用物理线缆连接，而是依靠特定的虚拟化链路相连。典型的虚拟网络包括层叠网络、VPN 网络以及在数据中心使用较多的虚拟二层延伸网络。

A 层叠网络

层叠网络（Overlay Network）简单来说就是在现有网络的基础上搭建另外一种网络。层叠网络允许对没有 IP 地址标识的目的主机路由信息，例如分布式哈希表（Distributed Hash Table，DHT）可以路由信息到特定的节点，而这个节点的 IP 地址事先并不知道。层叠网络可以充分利用现有资源，在不增加成本的前提下，提供更多的服务。比如 ADSL Internet 接入线路就是基于已经存在的 PSTN 网络实现。

B 虚拟专用网

虚拟专用网（Virtual Private Network，VPN）是一种常用于连接中、大型企业或团体与团体间的私人网络的通信方法。虚拟专用网通过公用的网络架构（比如互联网）来传送内联网的信息。利用已加密的隧道协议来达到保密、终端认证、信息准确性等安全效果。这种技术可以在不安全的网络上传送可靠的、安全的信息。需要注意的是，加密信息与否是可以控制的。没有加密的信息依然有被窃取的危险。

C 虚拟二层延伸网络

虚拟化从根本上改变了数据中心网络架构的需求。虚拟化引入了虚拟机动态迁移技术，要求网络支持大范围的二层域。一般情况下，多数据中心之间的连接是通过三层路由连通的。而要实现通过三层网络连接的两个二层网络互通，就要使用到虚拟二层延伸网络（VirtualL2 Extended Network）。

传统的 VPLS（MPLS L2VPN）技术，以及新兴的 Cisco OTV、H3C EVI 技术，都是借助隧道的方式，将二层数据报文封装在三层报文中，跨越中间的三层网络，实现两地二层数据的互通。也有虚拟化软件厂商提出了软件的虚拟二层延伸网络解决方案。例如 VXLAN、NVGRE，在虚拟化层的 vSwitch 中将二层数据封装在 UDP、GRE 报文中，在物理网络拓扑上构建一层虚拟化网络层，从而摆脱对底层网络的限制。

4.2.2.4 基于 SDN 的网络虚拟化

SDN 改变了传统网络架构的控制模式，将网络分为控制层（Control Plane）和数据层（Data Plane）。网络的管理权限交给了控制层的控制器软件，通过 OpenFlow 传输通道，统一下达命令给数据层设备。数据层设备仅依靠控制层的命令转发数据包。由于 SDN 的开放性，第三方也可以开发相应的应用置于控制层内，使得网络资源的调配更加灵活。网管人员只需通过控制器下达命令至数据层设备即可，无需一一登录设备，节省了人力成本，提高了效率。可以说，SDN

技术极大地推动了网络虚拟化的发展进程。

SDN 有三种主流实现方式，分别是 OpenFlow 组织主导的开源软件（包括 Google、IBM、Citrix 等公司支持），思科主导的应用中心基础设施（Application CentricInfrastructure，ACI），以及 VMware 主导的 NSX。

A　OpenFlow

OpenFlow 的核心是将原本完全由交换机/路由器控制的数据包转发，转化为由支持 OpenFlow 特性的交换机和控制服务器分别完成的独立过程。OpenFlow 交换机是整个 OpenFlow 网络的核心部件，主要管理数据层的转发。OpenFlow 交换机至少由三部分组成：流转发表（Flow Table），告诉交换机如何处理流；安全通道（Secure Channel），连接交换机和控制器；OpenFlow 协议，一个公开的、标准的供 OpenFlow 交换机和控制器通信的协议。OpenFlow 交换机接收到数据包后，首先在本地的流表上查找转发目标端口，如果没有匹配，则把数据包转发给 Controller，由控制层决定转发端口。OpenFlow 架构如图 4-4 所示。

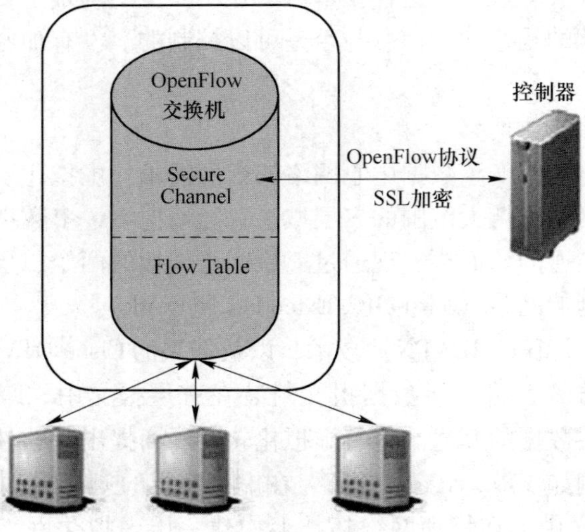

图 4-4　OpenFlow 架构

B　思科 ACI

ACI 可以根据应用需求来确定如何应用网络策略和逻辑拓扑。和使用公开的 OpenFlow 协议产品不同，思科 ACI 由应用策略基础设施控制器（Application Policy Infrastructure Controller，APIC）和 Nexus 9000 系列产品组合而成。APIC 为自动化管理、策略制定和监控状态提供了一个统一平台。APIC 是一个高度可扩展的集群软件控制器。与传统 SDN 控制器不同的地方在于 APIC 和数据层以及控制层是完全独立的。因此即使 APIC 离线，网络也能够对终端变化做出响应。

C VMware NSX

NSX 是 VMware 软件定义数据中心的一部分。NSX 与其他 SDN 产品最大的不同在于完全是由软件模拟实现硬件功能。依托 VMware 的 ESXi 虚拟化操作系统，NSX 可以虚拟化网络设备第二层至第七层的功能（包括路由、防火墙、负载均衡、VPN、QoS 等)。对用户来说，NSX 提供了一整套逻辑的、虚拟的、简化的网络环境和配置方法，完全不需理会底层的通信过程和数据中心的各种硬件网络设备的设置。

4.2.2.5 网络虚拟化对数据中心的影响

网络虚拟化的具体实现会改变目前网络的架构以及网络维护流程。网络虚拟化可以使网络设计、维护简单化以及网络结构扁平化；快速进行网络部署、变更的操作，即可快速根据业务需求重新部署网络结构或进行网络策略的变更；开放性增加，基于 Open Flow 的 SDN 协议是公开的，网络设备可以有更多的选择。

当前，数据中心的网络虚拟化仍处在起步阶段，网络运维还需要较高的人工成本。基于 SDN 技术的网络虚拟化将在数据中心发挥重要的作用。并且随着服务器、存储、网络等硬件资源全面虚拟化，标志着软件定义数据中心（Software Define Data Center，SDDC）得以实现。

SDDC 通过底层硬件架构上加载的一个虚拟基础架构层，提供了数据中心应用程序所需的运行环境，并能管理存储、服务器、交换机和路由器等多种设备。SDDC 使数据中心由传统的以架构为中心改为以应用/业务为中心。SDDN 使得硬件平台及其相应的操作对上层应用完全透明。管理人员只需定义应用所需的资源（包括计算、存储、网络）和可用性要求，SDDC 可从硬件资源中提取出“逻辑资源”，供应用使用。未来，SDDC 的发展将改变传统云计算的概念，提高数据中心的健壮性、运营效率以及资源利用率。

4.2.3 存储虚拟化

4.2.3.1 存储虚拟化概述

存储虚拟化（Storage Virtualization）就是对存储硬件资源进行抽象化表现，通过将一个（或多个）目标（Target）服务或功能与其他附加的功能集成，统一提供有用的全面功能服务。典型的虚拟化包括如下一些情况：屏蔽系统的复杂性，增加或集成新的功能，仿真、整合或分解现有的服务功能等。虚拟化是作用在一个或者多个实体上的，而这些实体则是用来提供存储资源或/及服务的。

存储虚拟化是一种贯穿于整个 IT 环境、用于简化本来可能会相对复杂的底层基础架构的技术。存储虚拟化的思想是将资源的逻辑映像与物理存储分开，从而为系统和管理员提供一幅简化、无缝的资源虚拟视图。

对于用户来说，虚拟化的存储资源就像是一个巨大的“存储池”，用户不会看到具体的磁盘、磁带，也不必关心自己的数据经过哪一条路径通往哪一个具体的存储设备。

从管理的角度来看，虚拟存储池是采取集中化的管理，并根据具体的需求把存储资源动态地分配给各个应用。值得特别指出的是，利用虚拟化技术，可以用磁盘阵列模拟磁带库，为应用提供速度像磁盘一样快、容量却像磁带库一样大的存储资源，这就是当今应用越来越广泛的虚拟磁带库（Virtual Tape Library，VTL），在当今企业存储系统中扮演着越来越重要的角色。将存储作为池子一样，存储空间如同一个流动的池子的水一样，可以任意地根据需要进行分配。

通过将一个（或多个）目标（Target）服务或功能与其他附加的功能集成，统一提供有用的全面功能服务。典型的虚拟化包括如下一些情况：屏蔽系统的复杂性，增加或集成新的功能，仿真、整合或分解现有的服务功能等。虚拟化是作用在一个或者多个实体上的，而这些实体则是用来提供存储资源及服务的。

4.2.3.2　存储虚拟化的特点

将存储资源虚拟成一个“存储池”，这样做的好处是把许多零散的存储资源整合起来，从而提高整体利用率，同时降低系统管理成本。与存储虚拟化配套的资源分配功能具有资源分割和分配能力，可以依据“服务水平协议（service level agreement）”的要求对整合起来的存储池进行划分，以最高的效率、最低的成本来满足各类不同应用在性能和容量等方面的需求。特别是虚拟磁带库，对于提升备份、恢复和归档等应用服务水平起到了非常显著的作用，极大地节省了企业的时间和金钱。除了时间和成本方面的好处，存储虚拟化还可以提升存储环境的整体性能和可用性水平，这主要是得益于“在单一的控制界面动态地管理和分配存储资源”。

在当今的企业运行环境中，数据的增长速度非常之快，而企业管理数据能力的提高速度总是远远落在后面。通过虚拟化，许多既消耗时间又多次重复的工作，例如备份/恢复、数据归档和存储资源分配等，可以通过自动化的方式来进行，大大减少了人工作业。因此，通过将数据管理工作纳入单一的自动化管理体系，存储虚拟化可以显著地缩短数据增长速度与企业数据管理能力之间的差距。只有网络级的虚拟化，才是真正意义上的存储虚拟化。它能将存储网络上的各种品牌的存储子系统整合成一个或多个可以集中管理的存储池（存储池可跨多个存储子系统），并在存储池中按需要建立一个或多个不同大小的虚卷，并将这些虚卷按一定的读写授权分配给存储网络上的各种应用服务器。这样就达到了充分利用存储容量、集中管理存储、降低存储成本的目的。

4.2.3.3 存储虚拟化分析

存储系统必须在能力和性能上直线升级，将问题推给硬件系统并不是解决办法。存储虚拟化需要全新的软件方式来平衡扩容体系架构来实现数以千兆的数据传输和存储。

相关的存储技术主要有以下几点：

（1）基于主机的存储虚拟化依赖于代理或管理软件，它们安装在一个或多个主机上，实现存储虚拟化的控制和管理。由于控制软件是运行在主机上，这就会占用主机的处理时间。因此，这种方法的可扩充性较差，实际运行的性能不是很好。基于主机的方法也有可能影响到系统的稳定性和安全性，因为有可能导致不经意间越权访问到受保护的数据。这种方法要求在主机上安装适当的控制软件，因此一个主机的故障可能影响整个 SAN 系统中数据的完整性。软件控制的存储虚拟化还可能由于不同存储厂商软硬件的差异而带来不必要的互操作性开销，所以这种方法的灵活性也比较差。但是，因为不需要任何附加硬件，基于主机的虚拟化方法最容易实现，其设备成本最低。使用这种方法的供应商趋向于成为存储管理领域的软件厂商，而且目前已经有成熟的软件产品。这些软件可以提供便于使用的图形接口，方便地用于 SAN 的管理和虚拟化，在主机和小型 SAN 结构中有着良好的负载平衡机制。从这个意义上看，基于主机的存储虚拟化是一种性价比不错的方法。

（2）基于存储设备的存储虚拟化方法依赖于提供相关功能的存储模块。如果没有第三方的虚拟软件，基于存储的虚拟化经常只能提供一种不完全的存储虚拟化解决方案。对于包含多厂商存储设备的 SAN 存储系统，这种方法的运行效果并不是很好。依赖于存储供应商的功能模块将会在系统中排斥 JBODS（Just a Bunch of Disks，简单的硬盘组）和简单存储设备的使用，因为这些设备并没有提供存储虚拟化的功能。当然，利用这种方法意味着最终将锁定某一家单独的存储供应商。基于存储的虚拟化方法也有一些优势：在存储系统中这种方法较容易实现，容易和某个特定存储供应商的设备相协调，所以更容易管理，同时它对用户或管理人员都是透明的。但是，我们必须注意到，因为缺乏足够的软件进行支持，这就使得解决方案更难以客户化（customzing）和监控。

一般而言，存储虚拟化的实现方式的另外一种分类方法是将其分为三种：交换架构虚拟化、磁盘阵列虚拟化以及整合到应用设备内的虚拟化。对于三种不同的虚拟化方式，存储供应商都有各自的独门兵器。IBM 自两年前推出 SVC（SAN 卷控制器）（IBM SAN Volume Controller 对于存储虚拟化，IBM SAN Volume Controller（SVC）能够将多个磁盘系统的容量整合为一个单一的“容量池”。SVC 可帮助节省空间和能源，并能通过合并来简化存储资产的管理，这将极大地提高现有存储器的利用率，并减少额外的存储需求）产品后，在这一领域独占鳌头。去年，HDS（日立数据系统有限公司）紧随其后发布了 Tagma Store 通用存储平台（USP)，这是基于磁盘阵列的解决方案。虚拟化应用阵营的代表有 SVC、Storage、Network Appliance 设备以及 Data Core 公司。而在磁盘阵列和光纤通道阵营里，HDS、Sun、HP 以及 Acopia 提供了多样化的体系结构。交换机阵营则包括 Invista、Mc Data、Brocade、QLogic 以及 Cisco 公司。智能 SAN 虚拟化处理组件是下一代虚拟存储的典范。

4.2.3.4　存储虚拟化的现状与解决方法

尽管关于虚拟化的宣传铺天盖地，企业界采用虚拟存储技术的脚步还是颇为缓慢。根据 IDC 对 269 名来自不同规模的公司的 IT 经理的调查，仅仅只有 8% 的企业正在应用任何一种形式的虚拟化。并且仅有平均 23% 的企业表示计划将在未来 12 个月里尝试实施一定程度的存储虚拟化。

中端存储用户主要期望用于对数据迁移进行管理，减轻管理负担；大型企业则主要期望将虚拟存储中的数据复制、卷管理用于存储预备。不管是哪个虚拟化阵营的厂商都面临着不同的压力，并有待在真实环境中接受考验。

目前而言没有任何一家已经稳固占领了市场，迄今为止，IBM 似乎有最高的销售纪录，但也仅仅只是接近于领导地位。Cisco 面临的挑战在于所有的数据复制，存储预备以及其他核心存储功能的知识产权都在存储供应商手中，Cisco 要想占优势，除了自身产品的研发与市场以外，还需要加强和这些主流存储系统厂商的合作与沟通。那么存储技术的解决有以下几点：

（1）规划好企业的存储虚拟化策略。一个好的存储虚拟化策略将取得事半功倍的效果，因此作为一个存储管理人员必须先制定一个好的存储虚拟化策略，比如是否考虑到需要虚拟化策略？实施虚拟化之前，企业拥有哪些存储资源，实施虚拟化之后，企业又需要哪些资源？实施虚拟化之后，企业如何来管理每天的备份、数据保护、归档以及灾难恢复任务呢？这和之前的管理又有什么区别？实施虚拟化之后，企业打算拥有多少数据中心，每个数据中心都肩负什么功能？

毫无疑问的是存储虚拟化能够带来降低存储管理复杂性、降低存储成本，但是决定何时实施存储虚拟化是一个关键因素，而且也非常困难。因为，评估企业当前和存储相关的业务就显得尤为重要。在实施虚拟化之前，存储系统可能处于一种分散、难于管理的状态，虚拟化之后，存储管理人员可以把多个存储系统整合到一个网络环境中去，而通过一个统一的方式去管理这个网络环境。许多企业的关键业务如何去面对这个新的存储环境是需要存储管理人员去认真考虑的。一些企业的信息中心主管透漏，国内企业在规划存储虚拟化策略方面的确是做的很不足。在虚拟化日趋普及的今天，还是希望有关人士能够从第一步就做好，好的开始等于成功的一半，规划好企业的存储虚拟化策略的确是能够给企业的 IT 架构改造带来诸多益处。

（2）将企业业务数据进行合理分类规划。企业在实施虚拟化的时候就需要考虑什么样的数据、多少数据你可以承受它们丢失。例如，当前的存储虚拟化技术在数据库的支持方面就不够，如果你对这些结构化的数据类型不太注意的话，造成的后果可能不堪设想。因此对企业业务数据进行合理分类规划是非常重要和有必要的。合理的分类能够让你的存储虚拟化效率更高，管理也更加方便和快捷。

（3）了解数据生命周期。对于一个存储管理人员，另外一个很重要的事情就是需要对企业的日常业务熟悉，特别是对公司数据的生命周期需要有比较深入的了解。如果作为一个存储管理人员现在还没概念，那么就需要思考一下自己对企业日常业务和企业数据生命周期有多少了解了。如果对公司的业务数据不了解的话，那么怎么知道什么时候该去归档了、什么时候该去备份了？假设对公司业务数据了解的话，那么就知道什么时候把数据放在合适的存储类型上，以及懂得规划数据的分层次存储。作为一个存储管理人员，针对数据周期的存储优化策略是必须的。毫无疑问的是，存储虚拟化在这方面具有非常大的优势。

通过存储虚拟化，存储管理人员可以讲所有不同的存储系统以及它们相关的卷就可以通过逻辑卷的方式进行统一管理了。而这就非常方便用户来实现数据从一个存储层到另一个存储层的迁移。

（4）规划好存储层次以及服务级别。决定一个公司存储成本的往往不是存储系统的硬件，而是存储平台和存储解决方案的选择，而对企业的存储层次和服务级别规划则决定了存储和存储解决方案的选择。因此规划好你的存储层次和服务级别对于存储虚拟化来说数据访问、数据可用性、数据安全、数据响应时间、数据保护等服务级别成为部署存储虚拟化的基础。

那么如何来平衡这些不同的存储层次服务、优化它们的可用性以及增强数据可管理型呢？存储虚拟化可以帮助你来降低不同存储层次服务的复杂性和提高数据的可管理性，并且这种行为是不可见的。

（5）考虑安全性和兼容性。也许安全性和兼容性是广大企业用户在实施存储虚拟化中最为担心的问题，实际上这种担心也是很正常的，因此我们在部署虚拟化的环境的时候就应该更加仔细地考虑安全因素。

存储虚拟化允许同一个虚拟池上存储设备的简单数据迁移以及异构磁盘子系统的复制，企业关键数据的第二份拷贝就必须有和第一份数据同样的安全级别。举个很简单的例子，针对灾难恢复的企业重要数据的第二份拷贝就需要和第一份数据同样严格的安全级别，需要控制它的访问级别和安全保护。

4.2.3.5　存储虚拟化存储技术的发展趋势

虚拟化技术的出现，很大程度上为企业增强生产力，增高资产利用率，并有效的管理企业运营环境，而不同的虚拟化技术提供给用户不同方面的支持。虚拟化软件正在日益变得有活力且更加趋于完整，它的发展方向更像是一个全面的操作系统。业内人士已经充分认识到：通过交换机、磁盘阵列还是应用设备实现虚拟化的争辩是没有意义的，未来的虚拟化应该是通过这几种技术来实现，然后由某一种主要的虚拟层结合起来。未来的虚拟化操作系统应该是一个高度分布式的、企业级的操作系统。如果我们看得更远一些，虚拟化还有可能会演变成包含服务器、网络以及存储设备的分布式操作系统中的一种元素，而这三种虚拟化都正在受到关注。然而这三种虚拟化中的任意某一种都能惹来麻烦。比如说，服务器虚拟化，有些最初的服务器虚拟化项目就在存储地址和其他存储管理方面的高级功能上出现过问题。要想虚拟化正常运转，服务器虚拟化必须提高虚拟存储性能，否则就会变成一种障碍。同样的，网络设备或存储交换机可以采用各种智能的包检测技术来理解被迁移的数据的本质，并就如何有效传递或存储做出决定。并且，虚拟存储或虚拟服务器池在弄清到底这些数据是干什么上，无法对工资单进程的运行 run 和针对服务器的 DOS 攻击（拒绝服务器攻击）进行最基本的区分。因此，业内专家认为在三个区域里考虑虚拟化十分重要，还要整合管理工具来理解应用层的需要，并且可以根据情况做出虚拟化的决策。不过要实现这样的梦想还任重而道远。存储虚拟化技术当前来说还是一项比较新的技术，存储虚拟化也不是万能的，不要赶潮流而抛弃已有的资源和已有的存储技术，企业存储管理人员需要把自己现有的存储资源、存储技术和存储虚拟化相关联，找到最适合自己企业的存储策略才是最为重要的。

虽然存储虚拟化技术最终不一定对所有不同数据类型和系统都合适，但是存储虚拟化是大势所趋，企业需要做和考虑的就是采用存储虚拟化策略来解决特定问题，从而提高企业存储系统的效率。

4.2.3.6　存储虚拟化解决方案

超融合基础设施的扩散，为管理员们在其虚拟环境赋予了更多的存储选择。目前，即使我们已经有了软件定义的存储和存储虚拟化等多种选择，但存储仍然是存储。数据中心的虚拟机不会变小，其在数量上也不会减少。现有存储框架的企业用户需要对其专门的框架和存储网络积累相关的经验，虽然这在硬件和人员方面的投资往往是相当大的，但企业需要确保其一致性、可靠性和稳固的性能。不过，值得注意的是，诸如数据镜像、重复数据删除、加密和灾难恢复等功能选项现在在超融合的基础设施产品中均有提供。

软件定义的存储和存储虚拟化能够为企业用户提供诸多方面的功能。企业用户做出选择哪种选项的决定往往是基于其现有的基础设施及其所寻求的存储或虚拟化所决定的。那些拥有传统的存储框架的企业可能不会寻求叉车和替换这些现有的框架。相反，他们可能会倾向于利用这些现有的传统框架，在一个软件定义的存储工具中添加新的功能。同样，我们也可以说，对于那些采用了企业级的应用程序，需要专用带宽共享传统的 SAN/NAS 的企业用户。使用这些技术与您的虚拟化基础设施是一种行之有效的方法。这样的企业用户需要试图找到一种成本有效的方法。存储虚拟化解决方案是独一无二的，就像其所支持的环境一样。虽然没有人怀疑虚拟化的价值，但管理程序应该驻留在何处则是一个有争议性的问题。

存储尚未如计算平台一般真正成为商品。企业用户需要评估成本、复杂性、可靠性和性能标准。

A　方案描述

通常情况下，存储解决方案首先需要选择服务器跟外部存储之间的连接方式。目前，存储端与主机端的协议连接方式主要包括 FC、iSCSI 和 NAS 三种。根据自身应用类型的特点和性能要求，客户可以选择不同的连接方式或者多连接方式组合。

三种连接方式的基本对比见表 4-7。

表 4-7　三种连接方式的基本对比

连接方式	FC	iSCSI	NAS
接口技术	FC	IP	IP
I/O 传输方式	数据块	数据块	文件
性能	高	中	低
成本	高	中	低
传输介质	光纤，铜线	双绞线	双绞线
应用	生产系统	小数据库	大量文件共享
	大型数据库	工作组应用程序	文件服务器整合
	高性能需求	测试、开发应用	良好的性能
		良好的性能	

B　方案系统组成

统一存储系统能够同时提供 FC SAN、IP SAN、NAS 三种存储架构，根据数据中心服务器的不同需要，可以进行有针对性的架构设计。对需要高性能、高带宽的服务器，采用 FC SAN 架构；对普通文件服务器采用 IP SAN 架构；对于需要进行文件共享的应用采用 NAS 架构。

C　方案优势

（1）开放的标准，适合于服务器和存储设备之间的共享。SAN 标准最早就是为了多个服务器之间通过专用的高速网络来共享存储和更加有效地管理存储设备所设计，经过近十年的发展，已经成为非常完善的标准。各主流厂商均遵循开放的观念，保证各家设备之间的互连性。在物理连接上是采用已经成熟的光纤技术实现。由于 ERP 系统规模比较大、各项应用和各种设备都比较多，SAN 的这一点优势尤为重要，在系统改造、升级中将能够很好地利旧。凭借惠普在服务器和存储方面丰富的经验和技术，惠普的 SAN 方案使用户能迅速、方便地建立、整合和管理其多平台的存储环境，让用户对其异构存储局域网拥有无限的扩展能力、管理能力和百分之一百的可用性。

（2）高性能的数据存取。SAN 采用的链路连接是通过光纤，光纤本身具有抗干扰能力强，传输距离长，传输速度快的特点，目前具有的速度是 4Gbit/s。而且最关键的是，基于 SAN 架构，服务器和存储设备之间的协议是专为数据密集型存取所设计。

（3）具有高度的可扩充性。基于 SAN 架构的存储设备，本身具有可扩充性。而且一旦 SAN 架构构建以后，可以很容易增加存储设备，并且这些存储设备均可以作为一个整体来共享，它们可以作为一个卷或多个卷来共享。在 SAN 的架构下，存储是独立于应用的。

（4）具有高度的可靠性。作为关键性应用中，设备的可靠性是必须考虑的。在 SAN 架构中，主机和光纤交换机，和存储设备之间的连接均是冗余的，冗余的通路带来的好处，在正常情况下，是带宽的扩充，实现自动负载均衡，如果某一通路出现问题，它又可以作为另一选择路径，保证系统的可用性。

SAN 的存储设备内部，本身也考虑很多系统的高可用性，如惠普磁盘通常是连接到两台光纤环路上或两个控制器上，内部的总线或连接也均是多通道的，电源、风扇等均是冗余的。

（5）基于 SAN 的备份恢复、灾难恢复等多种解决方案（图 4-5）。目前具有多种基于 SAN 架构的解决方案，比较典型的是包括远程容灾解决方案和零停机时间备份。它可以通过异地远程的两台阵列实现数据的同步，独立于操作系统和应用，一旦某地的系统出现问题，可以很快地切换到异地，保证系统的应用。数据的备份和恢复也是一个数据密集型访问的应用，如果基于 LAN，要占用企业内部大量的带宽，前台响应将极为缓慢，因此，在 SAN 的架构下，可以实现 LAN-free 的备份解决方案，Severless 的备份解决方案和零停机时间的备份解决方案。

（6）集中式管理。分布式的设备，包括主机系统、存储系统、交换机和光纤适配器等等，均可以通过一个简单的管理平台从单点管理，可采用 HP Open-View Storage Area Management 软件平台。

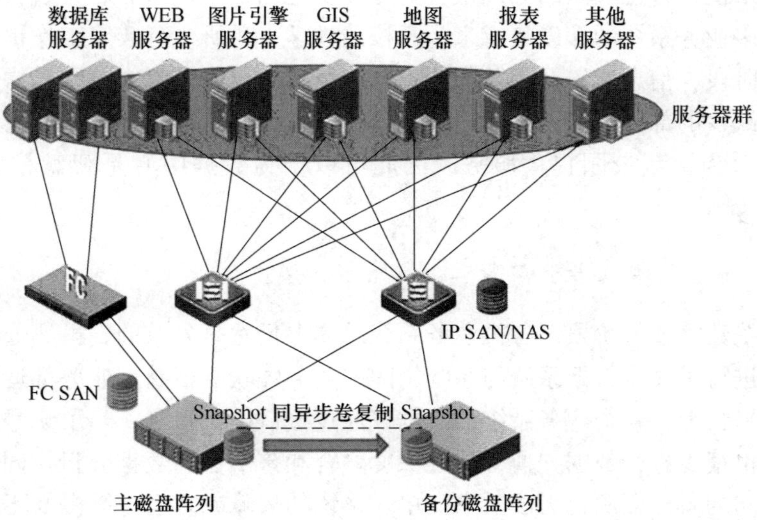

图 4-5 方案系统组成

4.3 云数据中心搭建

4.3.1 智慧校园数据中心需求概述

4.3.1.1 智慧校园的特点

智慧校园一般被认为是高校信息化的发展的必然趋势。最初高校的各类业务一般没有或者只有独立的业务系统，例如办公、教务、学工，互相之间并不关联，用户需要通过多套账号来分别使用送些系统，数据传输、交换也一般通过线下传输，导入导出等实现。由于这种方式的不便，用户开始建立共享数据中心，部署统一身份认证等系统，这一阶段称之为数字校园。在数字校园阶段，主要工作是各类业务系统的建设，如将原来线下处理的业务升级为线上处理，建立各类业务系统，实现简单的集成，例如单点登录，统一身份认证等。在这个阶段，信息化、业务系统等依旧只是校园内各类业务的辅助手段，虽然给用户带来了不少便利，但仍未到不可缺少的地步。

随着用户需求的增加，后继则发展到了智慧校园阶段。在这一阶段，则主要是以面向师生个性化服务为理念。能灵活、全面地感知环境，利用物联网、移动通信等无缝通信的网络技术，实现物与物、物与人、人与人之间的相互感知和互联互通；通过识别高校人员个体特征和学习情景，有效支持教学过程分析评价；实现智能决策的开放教育教学环境和便利舒适的生活环境。最终实现对高校教、科、研，以及生活、娱乐、交通、能耗、安防等各个方面的精细化动态管理。

简单来说，智慧校园的基础是各类业务系统如学工、教务、办公自动化。通过上述众多业务系统的深度集成来为高校的教学、科研、行政等工作提供决策支持。这一阶段，信息化以及相关的业务系统则真正成为了整个校园日常工作、生活中不可缺少的部分，融入到了日常的业务中。数据中心则作为这些业务系统的运行平台为智慧校园提供服务，因此可以认为数据中心是智慧校园的核心之一。

4.3.1.2 智慧校园数据中心需求

在传统数字校园阶段，各类业务系统总体上仍然是分散的，虽然通过单点登录等形式进行了关联，但系统与系统之间的业务关联度不高。业务都运行在分散的设备和平台上，各个业务系统的数据仅通过接口进行互联，除了账号等基础共享数据外也很少进行数据交换，缺乏深度融合和跨平台的数据分析。同时，业务和业务之间的硬件资源也无法共享。单一系统的故障或者运行缓慢并不会影响到其他业务系统乃至整个数字校园的稳定。可以认为，数字化校园虽然部分解决了业务系统层面的“信息孤岛”现象，但在数据中心层面仍然存在比较严重的“信息孤岛”。且由于信息化、业务系统在整个高校的日常运行和发展中并非那么重要，在这个阶段数据中心的重要性并不明显。

到了智慧校园阶段，不仅新增了大量的业务系统，同时各系统需要大量来其他业务系统的数据才能完成全面感知、个性分析、智能决策等智慧校园特有功能。传统数据中心模式已经无法满足智慧校园的需求，主要体现在应用数据层的数据交换、系统运行、资源共享等方面存在比较大的困难。高校也因此亟需一个基于全局的，易于维护，资源、数据可方便共享，多个业务可以较好融合的数据中心，即本书所研究的SCCDC来为智慧校园服务。

从SCCDC在智慧校园所处的位置可以看出，它起到了承上启下的作用。在底层的基础设施和上层的业务系统之间形成了一个中间层，方便上下之间的互相调用。向下，将各类基础设施包括服务器、存储、网络化及操作系统、数据库等整合起来，集中管理；向上，向各类业务系统提供服务。

因此，为满足智慧校园需求，SCCDC总体需求应当包括：

（1）能够较好地整合底层的软、硬件资源，实现资源的集中管理、调配；

（2）提供易于使用的接口供业务系统调用，资源调用可灵活变动；

（3）易于管理，方便扩展；

（4）安全、稳定、可靠。

为方便研究，可以将SCCDC需求按照模块划分为功能性需求和非功能性需求两大类。功能需求定义数据中心的功能，即其需提供的功能及服务。非功能需求则可认为是对数据中心的一些限制条件，主要是为了满足业务需求。

本书主要研究三个模块，每个模块的需求和作用如下：

（1）云存储模块。存储系统是所有数据中心的核心，不同于计算，存储设备的差异很大，存储模块需要在满足 SCCDC 的稳定性、安全性、扩展性等需求的基础上，提供一个可靠的存储系统供上层的智慧校园业务系统调用。

其中，对于 SCCDC 的管理人员来说最主要的功能是文件操作、集群节点管理和节点故障管理。文件操作的实现云存储模块的文件复制、冗余等功能，实现了文件系统的管理。集群节点管理的作用是实现基本的集群功能，而节点故障管理的作用是在分布式集群节点出现故障的情况下实现冗余，并维持正常的服务。而对于业务系统管理员即云存储模块的使用者来说，最主要的功能是文件系统接口和文件操作。前者提供了调用云存储模块的接口，后者则提供了常见的文件处理方式。

（2）网络管理模块。SCCDC 的各业务系统通过网络进行连接，一个高速、稳定、易于管理的网络模块是整个系统的基础。通过网络模块，能够实现多种网络设备的共同联动和协作，实现传统设备难实现的功能。

对于 SCCDC 管理员网络管理模块需实现的主要功能是设备的健康监测及服务状态和流量感知，以及针对业务流量突发、后端设备故障等情况的处理。前者目的分别是了解后端设备的健康、运行状态从而为后继的相应处理做准备，后者则是在前者的基础上进行相应的处理工作。作为普通业务管理员则只需要关心设备健康检测以及服务状态、流量感知功能，实现对相关业务运行情况的监控。

（3）数据处理模块。智慧校园的感知、预测功能需要对大量数据进行分析和处理，这些数据来源多，内容、格式杂，因此需要一个通用的计算模型来简化数据处理的过程，避免为每个业务系统重复开发处理功能。同时为了提高处理能力，使用了集群技术。因此需要具备比较好的集群管理能力。

使用数据处理功能面向业务系统管理员，通过将相关数据输入到数据处理模块并得出处理结果，可以比较简单的完成数据处理的业务流程。

节点和集群管理功能、数据清洗功能则主要面向 SCCDC 管理人员。前者的作用是维护数据处理集群的正常工作，调度集群的节点增、删，提供集群的监控、管理功能，并对故障进行处理。后者的作用则是将相应的非标准数据进行初步处理以满足数据处理功能的输入需求。

4.3.2 SCCDC 总体设计

本节主要对 SCCDC 的设计目标和原则进行分析，随后针对数据中心的三个主要模块进行总体设计。

4.3.2.1 SCCDC 设计原则

作为为智慧校园服务的数据中心，SCCDC 设计过程中遵循的原则包括：

(1) 整体性原则。SCCDC 的设计目标之一就是消除数据中心内部的“信息孤岛”，因此必须从高校信息化整体规划、智慧校园整体建设的角度去考虑数据中心的设计。摒弃原有的业务部门各自为阵建设系统的思路，通过统一规划、统筹考虑来设计并建设一个为全校的业务系统服务的数据中心。

(2) 可靠性原则。智慧校园的信息系统融入了高校的日常运行和管理之中，系统的运行缓慢或者故障将会直接影响到日常工作的正常开展。因此作为承载业务系统的 SCCDC 必须具备足够的可靠性，必须能够为智慧校园各业务系统提供连续不间断的可靠服务，具备良好的灾备策略，面对突发访问量高峰或者部分节点故障时也能够稳定地提供服务。即利用云计算技术，智能的处理各种故障，体现智慧数据中心的特点。

(3) 可扩展性。信息技术日新月异，投入巨资建设的数据中心应当能满足长期的需求，设备的更新换代不能影响到业务的正常运行。这就要求数据中心的设计具有较好的扩展性，能够方便扩展的同时不需要大规模的改变系统结构，原有的旧设备也能够充分利旧。扩展性可分为横向扩展和纵向扩展。横向扩展是指当前设备性能无法满足需求，或者设备故障而替换设备的情况下，新增的设备能够平滑的融入原有的数据中心并提供服务，对业务不会产生中断等影响。纵向扩展则是指对于时段敏感的业务（例如教务选课），数据中心能够提供快速的性能扩展/收敛能力，方便其应对突发流量。利用云计算技术，在业务需求变动时，数据中心可快速的扩展或收敛，满足业务需求的同时减少人力和物资的投入。

(4) 易管理性原则。SCCDC 使用多种软硬件来满足各种业务系统的需求，并且随着需求的不断增加，系统也会越来越复杂。对于数据中心的管理人员来说，需要能够便利的进行管理和日常运维。因此在设计过程中需要考虑易管理性原则。数据中心能够智能的反馈运行情况，自动化的进行大多数常规操作。对于管理人员应当能够对数据中心的全部软硬件资源方便地进行集中处理和性能、状态检测，对于故障能够及时地判断和排除，从而减轻管理人员的负担并提高数据中心的运行效率。

4.3.2.2　SCCDC 分层架构设计

传统数据中心硬件和业务是垂直分割，相互之间资源独立，也无法共享。SCCDC 则通过云计算技术，在硬件和业务之间形成了一个中间层。向下，使得硬件资源可以共享和集中管理，并具有较好的扩展性；向上，使得各业务系统之间的数据可以方便地流动和交互。SCCDC 由各类子模块组成，包括软硬件管理平台，提供存储空间的云存储模块，提供网络服务的网络管理模块，为数据分析提供支持的数据分析模块等。

SCCDC 作为中间层优势在于，对于业务系统，简化了硬件调用的难度，相关系统的维护人员无需考虑底层硬件的维护，能够更专注于软件本身的功能；利用软件技术，提供了传统数据中心实现比较困难或无法实现的一些功能：通过中间层，也方便各业务系统之间的数据交互和共享。

图 4-6 为智慧校园体系，可以看到，SCCDC 在整合底层资源的基础上，为上层的智慧校园业务服务。

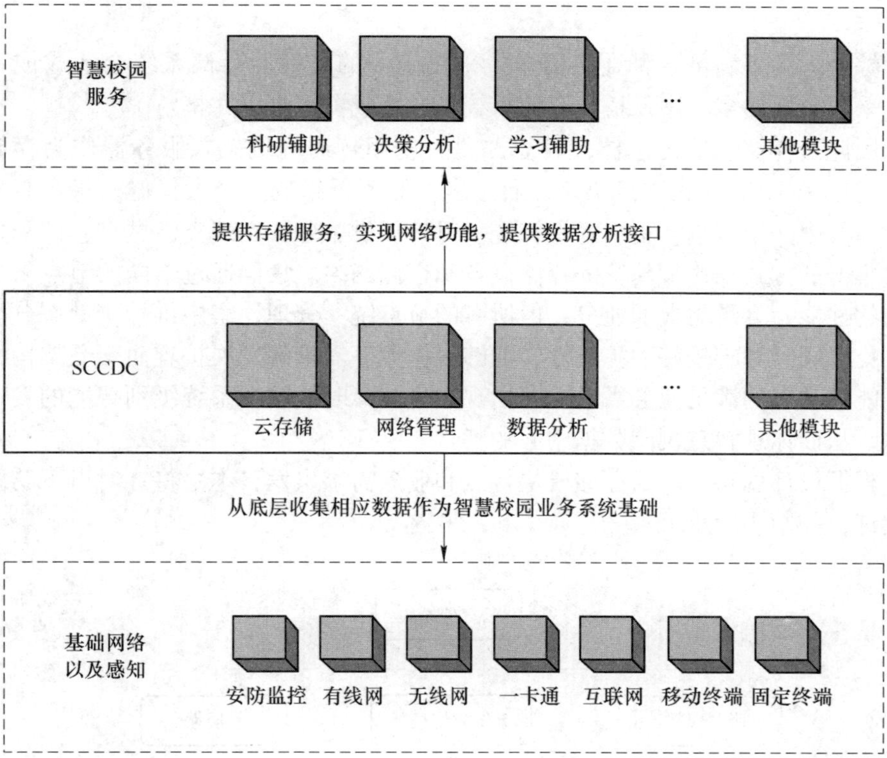

图 4-6 智慧校园数据体系

4.3.2.3 云存储模块总体设计

存储系统是所有业务系统的底层之一。由于 SCCDC 存储了整个智慧校园业务的数据，因此对于存储容量、可靠性、各种接口的要求比较复杂。既存在大容量低性能的存储需求（如视频文件备份），也存在小容量高性能的需求（如数据库、虚拟机）。

传统数据中心的存储体系虽然也能满足需求，但最主要的问题是设备难以满足智慧校园的复杂业务需求，具体包括：

(1) 直接采购高性能专用存储设备可以满足需求，但是价格昂贵，配置困难。且需要搭配专用的SAN存储网络，需要额外的投资，又造成了成本的提升。采用高低搭配的存储设备，设备和设备之间很难共享资源，又产生了孤岛现象。

（2）信息化的高速发展，很难预估业务量的需求。对于用最大容量等参数作为核心指标的专用存储设备来说，采购高档设备可能造成浪费，采购普通设备又可能未来扩容困难，处于两难境地。

（3）智慧校园业务对于性能的需求存在差异，云存储模块需要满足多种性能需求。

综上，为了满足各种业务需求，采用统一的高性能存储系统会造成成本过高，采用分散的多套高低搭配存储系统又会造成资源难以共享。

因此云存储模块的总体设计思路是，使用普通的机架式服务器作为存储节点，通用TCP/IP作为连接协议，通过多台服务器组成一个大集群，每台服务器均作为其中一个节点，集中管理，统一对外提供服务，实现资源共享，即利用分布式集群的方式来代替传统的存储设备和存储网络。集群通过不同的节点来满足不同的性能、容量需求的业务，但所有的节点统一管理，集中维护，动态分配资源。集群同时具有较好的扩展性，能够根据业务需求的发展扩容而不受架构的限制，能够动态的满足业务需求，当出现常见故障时能够在系统级别智能的发现和排除，从而体现智慧校园数据中心的特点。

根据设计思路，从云存储模块特点和业务需求出发，本书将针对以下功能进行设计，如图4-7所示。

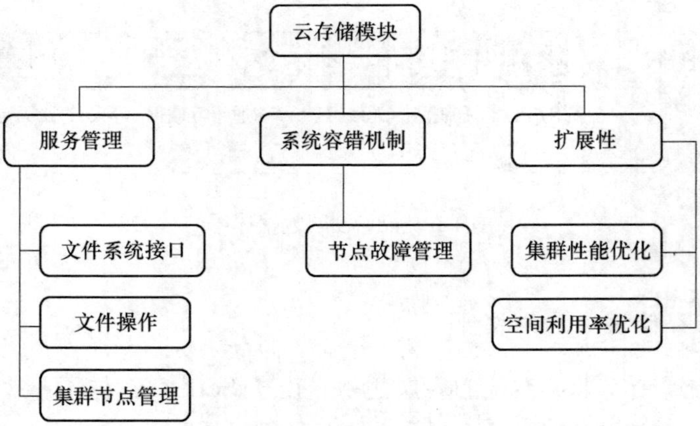

图4-7　云存储模块架构设计

云存储模块的设计分为三个部分，服务管理的作用是提供基础功能，通过服务管理设计，能够实现云存储模块的基础功能并提供服务。系统容错机制是针对硬盘、节点故障等情况进行可靠性设计，提高系统的健壮性。扩展性则主要包括集群整体性能的优化、存储空间利用率的优化等。

4.3.2.4 网络管理模块总体设计

智慧校园的业务系统绝大多数都是联网系统，因此网络模块是 SCCDC 的另一个重要功能性模块。

传统的数据中心网络由交换机、防火墙、路由器、负载均衡等设备组成。各模块的运行和管理相互独立，呈分散模式。为适应网络的不断发展和各种需求的产生，技术人员提出了越来越多的网络协议。这些协议在实现功能的同时使得网络变得越来越复杂，管理和配置更加困难。同时由于云计算技术的出现，产生了一些新的需求。这些新需求在已经非常复杂的传统网络上越来越难以实现。例如，传统网络设备只能提供服务，却无法感知到服务的具体状态，从而也无法针对服务状态做相应的服务策略优化。

SCCDC 网络管理模块使用软件定义网络的思路来进行设计。软件定义网络作为一种新兴的网络体系结构，通过数据层面和控制层面分离的方法，解决了传统网络的很多问题。它抽象了网络设备，向上提供了编程接口，大大简化了新特性的添加流程。例如，将传统的网络设备和云计算进行联动，设备和业务之间不再是独立的关系，而是相互联动，互相感知，从而方便管理，提升效率。

在网络资源模块的设计和实现中，将以业务负载均衡功能作为研究对象。业务负载均衡的主要目的是通过在服务器前端增加一台专用设备用于分发业务流量，从而提升原有业务的负载能力和安全性。传统数据中心中负载均衡功能的主要缺陷在于前后端无法联动，无法互相感知状态，在业务量变化等情况下必须要管理人员介入人工处理。

4.3.2.5 数据处理模块总体设计

智慧校园的业务系统产生了大量的数据，如上网日志、一卡通消费记录等。通过将这些业务系统日常运行的数据、信息收集起来并进行数据分析，就能够实现行为预测，辅助决策分析等相关的智慧校园功能。即数据处理模块所要满足的功能。

SCCDC 的数据处理模块的设计主要解决以下问题：

（1）提高数据处理的能力。对于数据分析、行为预测等功能，如果由于系统性能不足，过程需要消耗过多时间也就失去了意义。

（2）数据处理的来源比较复杂，需调用的业务系统也多，为了减少开发成本，需要一个通用的计算模型来满足多样化业务的需求。

因此设计也分为两部分：

一是通过多台低成本的普通服务器构建一个计算机群来满足需求。主要内容包括集群的构建，集群的可靠性和扩展性设计。由于计算需要的节点较多，集群需要智能的处理节点的增删、故障处理，减少人工干预的频次。

二是通过设计一个通用的计算模型来满足数据处理的需要。主要内容是对于数据的清洗（即预处理）功能设计和数据的实际分析设计。计算模型应当能够接受各种来源的数据并进行处理。

Apachehadoop 是一款支持数据密集型分布式应用的开源软件框架。其中包括 HDFS 分布式文件系统、MapReduce 并行计算框架等主要模块。使用该框架的应用程序可以简单地运行在上千台机器组成的集群上，并且在处理数据的过程中具有较好的可靠性和容错性。能够较好地满足数据处理模块的需求，因此在数据处理模块中，使用了 hadoop、MapReduce 作为基础。

4.3.3 SCCDC 功能详细设计

本节主要在总体设计的基础上进一步研究三个模块的详细设计，每个模块均包含基础设计和优化设计。

4.3.3.1 云存储模块详细设计

云存储模块设计的基本思路是通过分布式节点建立存储集群，对外提供多种接口的存储服务，同时集群应具有较好的可扩展性和稳定性。

传统文件在磁盘上的存储模式是将文件拆分为 n 个同样大小的块（Block），只需要知道这些块的所在位置信息（本书称为源信息），我们就可以将其重新组合起来。如果我们将这个位置扩展为多块硬盘乃至多台设备，我们就可以实现更大范围的存储集群即 RAID。我们将每个 Block 异地保存至少两份，就可以保证数据的可靠性和安全性。传统 RAID 系统使用 RAID 卡作为控制器实现磁盘组的管理和对外提供服务接口，在云存储模块中，我们则使用运行在存储节点上的软件作为控制器提供类似的功能。

综上，我们可以得出云存储模块的基础结构：在物理层面，云存储模块由自带磁盘或者外接磁盘扩展柜的服务器组成，这些服务器连接到一个高速局域网中，每台服务器可承担一个或者多个角色，所有服务器共同对外提供服务。在逻辑层面，集群中的服务器分为两种角色；Master，负责保管源信息和调度节点；Data，负责保存文件块数据。Master 和 DA 化服务器可以复用，即同时承担多个角色以提高资源利用率，并互相备份。使用云存储模块的设备，我们称之为 Client。

A　云存储模块服务管理设计

云存储模块服务管理是其最基础功能。主要包括文件系统接口设计、文件操作设计、集群节点管理设计等。

a　文件系统接口的设计

任何存储系统都是使用各种接口为上层业务提供服务的，并且大多数系统都提供工业标准的文件系统接口和足够的兼容性。因此云存储模块也必须对外提供类似的接口才能够在不改变上层业务的情况下，对业务进行平滑迁移。对于传统存储，提供文件系统接口的是机头，对于云存储模块则是通过 Master 服务器提供的。

商业产品出于销售目的必须要支持多种接口，云存储模块由于主要在 SC-CDC 中使用，因此对于接口的要求可以进行定制化。模块采用的是标准的 TCP/IP 网络，因此在云存储模块中主要提供两种接口，均通过 TCP/IP 网络实现。一种是标准的 iSCSI 协议，通过 TCP/IP 网络提供服务，客户端使用操作系统自带的功能即可实现对云存储模块的访问。另一种是私有的协议，需要在客户端上安装特定 Client 客户端方可实现，但特性更多，例如支持从 Data 服务器直接读取数据。

iSCSI 是通用协议，因此以下主要研究通过 Client 客户端的文件操作设计和实现。

b　文件操作：写入过程设计

文件块的写入过程如下：首先 Client 向 Master 服务器发送写入请求，确定有权限写入后，Master 服务器会预留存储空间地址。随后 Master 服务器检查 DA 化服务器状态空间剩余，查找到可供写入的 Data 服务器，并将这些服务器地址通知给 Client；Client 和 Data 服务器通信，确定可以写入后，利用客户端软件将需写入的文件拆分成指定大小，分别写入到可写入的 Data 服务器中，每个文件块只写入一次，此时 Client 的任务已经完成。随后 Data 服务器之间再根据配置的复制参数对保存的数据块进行复制以实现冗余。写入过程如图 4-8 所示。

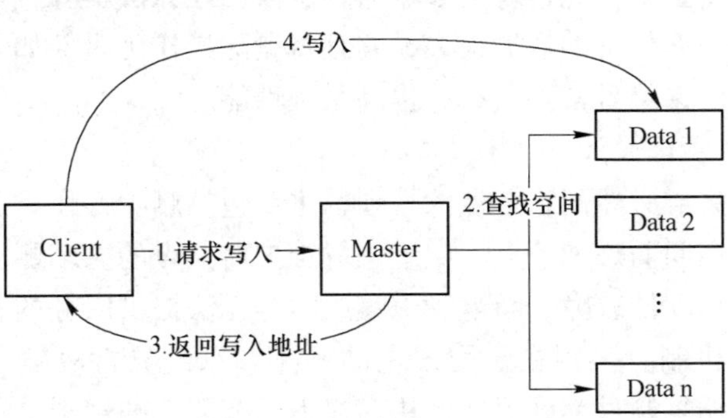

图 4-8　云存储模块写入过程

c　文件操作：读取过程设计

文件的读取过程如下：Client 向 Master 发送文件读取请求；Master 返回该文

件所有文件块所处的Data服务器位置；Client收到位置后，直接向特定Data服务器请求文件块；收到文件块之后，通过算法进行合并，得到原始文件，完成读取过程，如图4-9所示。

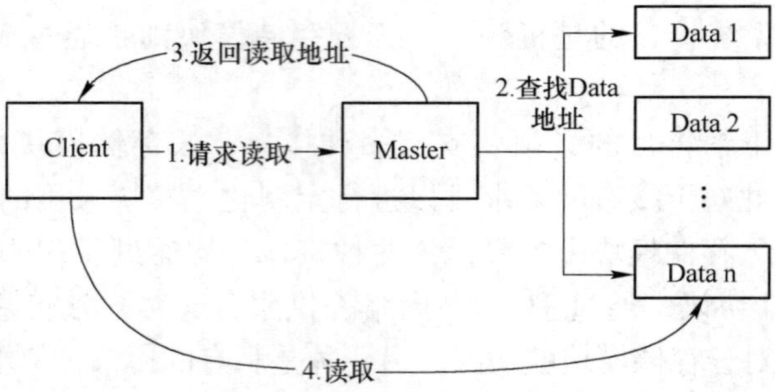

图4-9　云存储模块读取过程

d　文件操作：删除流程设计

文件删除过程和读取过程类似。Client向Master发起删除请求，Master会根据头文件记录删除所有相关的Data服务器上的文件块，包括复制的文件块，并最终清空空间。

删除流程中采用"延迟删除"的模式。即当Client发送删除请求时，Master只接受请求，但并不实时下发文件块删除操作。真正的删除操作可以设定在空闲时间定期完成，也可以设定在空间占用率达到一定程度时完成。这样只要在真正的文件块删除操作未进行前，都可以对数据进行恢复。

这一设计的主要目的是为了避免文件误操作，由于采用了分布式集群，文件块分散在多台设备上，因此传统的数据恢复手段已经无法奏效。通过延迟删除的机制可以减少误操作带来的数据损失，并且将删除操作延时例如安排在夜间空闲时间，也可以减轻系统日常的负载，提高系统性能。

e　集群节点管理设计

作为分布式集群必然面临节点的管理，主要包括删除操作。又可分为主动的增删，如为增加空间而添加节点，由于例行维护对节点的主动删除；以及被动的异常删除，如节点软件故障、断电、磁盘故障等无法提供服务的状态。增删操作仍然是依靠复制机制。区别在于用户主动操作和系统异常故障。无论是哪种操作，都必须在遵循复制过程确保文件块存在不同节点上的规则。

对于节点的主动增、删操作，需要通过Master服务器下发，因此Master会主动下发复制指令。对于增加节点操作，当Master服务器通过认证后，会将原集群中的部分文件块移动到新节点上，从而扩展原节点剩余空间，也可以在有新文件时将新Data服务器进入集群统一安排。

对于删除操作，则是反向将即将离线的节点中文件块移动到其他节点中。在Master服务器确认所有操作都完成后，节点的增删操作即可完成。而对于异常增删操作，由于是被动发生，无法预计到发生时间，因此主要通过心跳机制来实现。Master服务器会定期和Data服务器利用心跳报文来通信，当报文多次丢失之后，即认为该节点服务器存在故障。同时Data服务器对本身磁盘也具备监控功能，发现特定磁盘故障后也会将其置于故障状态。对于故障状态的节点，如果多次重试仍然不能访问，则认为其离线，Master会立刻启动复制机制，将故障节点中的数据利用其他节点中的备份进行重复制，确保集群中的文件块仍然保持冗余状态。

至此，云存储模块的服务管理设计已经基本完成。通过上述设计，云存储模块已经可以提供对外的服务。

B 云存储模块系统容错机制设计

容错机制设计的主要目的是当节点、硬盘等出现异常故障时能够及时地恢复，确保模块能够正常提供业务，数据不会产生丢失现象。又可分为为应对故障而做的冗余设计，以及当发生故障时的故障恢复机制设计。

其中，冗余设计主要是文件的块复制过程设计，故障恢复设计则包括文件块复制和节点恢复机制。

文件块复制的目的是实现冗余，因此在以下情况下会产生文件块复制流程：

一是全部文件块写入Data服务器完成后，由Master服务器启动复制流程。二是当Master服务器确认节点故障（包括Data服务器故障以及Master服务器中的磁盘故障）时，对掉线的节点中的文件块启动再复制过程以保证整体可靠。

上述两种情况的机制是类似的，都是利用Master服务器保存的头信息，确保每个文件块至少在不同的节点上保存两份。无论是节点掉线还是文件块刚写入，只要发现存在孤立的文件块，就会立刻启动复制过程，将孤立文件块的副本保存在另一个独立节点上。通过复制机制，可以确保任何一个节点的崩溃，都可从其他节点中找到崩溃节点中的丢失数据从而进行恢复。

如果对安全性的要求更高，例如在使用了不太稳定的非企业级硬盘的情况下，若在故障恢复期产生了另一次故障，则可能造成文件块的永久丢失。我们可以提高复制份数，当复制数提升到n时，集群允许n-1个节点故障而不会造成文件丢失。当然，相应的空间占用也会增大。

副本值n可以随时修改，且由Master服务器下发，由Data服务器自主运行。复制过程和Client的文件操作是异步的，因此，Client的写入和读取过程均不受影响。

同时针对每个节点，仍然可以利用硬件本身的故障排除机制来实现，例如，将每两块硬盘组成一个RAID1组，再将这一硬盘组作为云存储模块的最小单元。

这种情况下即使硬盘故障也不会影响到云存储模块，用户只需更换硬盘，节点硬件级别即可进行 RAID 重建，对云存储模块是无感知的。

C　云存储模块扩展性设计

扩展性设计包括性能的优化扩展性的优化，目的是提高云存储模块的性能和适应性，满足智慧校园各种业务的需求。

a　性能优化设计

Master 服务器的性能优化设计。Master 服务器负责调度文件的读、写等过程，并为 Client 提供服务，每一个文件块的读写操作都必须通过 Master 服务器来中转调度。当 Master 服务器因为各种原因离线后，会造成整个集群的故障，无法对外提供服务。如果访问量过大时，Master 服务器也可能无法处理对应的业务，造成数据丢失。

为了提升 Master 服务器的稳定性和性能，本书建立了针对 Master 服务器的 Active-Active 集群（即集群中每个节点都在分担负载，且能够互为备份），使用多台服务器来共同完成调度者的角色。服务器和服务器之间不仅是负载性能的分担，同时也起到了热备份的作用。

b　性能优化设计

智能分层架构设计。架构优化主要分为两个方面，一是对于节点优化设计，二是对智能分层功能的设计。

节点优化设计主要目的是避免“木桶原理”。由于采用了普通 PC 服务器，很可能整个网络上存在着多种类型的设备，性能高低层次不齐，包括服务器 CPU、内存、硬盘，而云存储模块的读写需要多个节点的共同参与，由于木桶原理，整个集群的性能可能受制于最短的那块木板。这块“木板”可能是性能最差的节点，或者负载最高的节点，也可能是遇到了网络拥塞的节点。

解决方案是在单一子集群中尽量使用性能相近的服务器、硬盘，减少最短木板的影响，避免产生高低搭配的现象。对于低性能集群，避免在其上部署对性能要求较高的应用。

智能分层功能则是进一步的提升云存储模块的扩展性。由于各种智慧校园业务对于存储系统的性能需求存在比较大的差异，如数据库要求高性能和小空间，而资源备份则相反。即存储的需求存在较大的层次化差异。

传统存储一般是通过部署不同档次的设备来满足需求，数据在设备之间难以流动。而在云存储模块中，则是将各个存储集群划分性能等级后再进行整体融合，统一对外提供服务。

在智能分层中，所有的存储资源整合后以单一接口的形式对外服务，容量是整个系统的容量。但在存储内部则进行分层设计，不同性能的存储具有不同的权重。同时，在存储接口上增加监控功能，针对业务的存储需求进行分析，智能的监控上层业务对存储的需求。综合分层和性能分析，将不同的存储内容在模块所属的磁盘、设备之间进行动态、自动的迁移，实现智慧的存储。本书的设计方法是，将一个高性能、小空间的子存储集群和一个低性能、大空间的子存储集群合并，同时利用高速 SSD 磁盘增加缓存层。集群整体对外提供服务，上层业务无需感知到底层的性能差异。对于写操作，所有的数据均首先保存在缓存中，随后写入到高性能层。

对于读操作，利用云存储模块监控相应的磁盘读写操作，当发现部分数据访问量按少时，则将这部分数据移动到低性能的分层中。若访问量增加则自动移动到高性能层。操作均在后台利用空闲时间自动完成。

云存储模块通过智能分层设计，对上层业务和用户屏蔽了节点、子集群的性能差异，在无需过多人工干预的情况下提供了较大空间，同时还能够保持较高的性能，满足智慧校园的多样化业务需求。

c　其他性能优化设计

其他优化设计包含对于网络的优化和空间利用率的优化。传统存储使用的 FC 网络仅服务于存储系统，因此针对存储协议做了很多优化，在 FC 网络中传输存储数据几乎不会遇到丢包现象。云存储模块节点之间互联则采用的是 TCP/IP 协议，作为通用网络协议，TCP/IP 使用“尽力而为”模型，丢包是正常的现象。虽然为了防止数据包丢失引入了重传等诸多策略，但也带来了性能上的损失。

对于其他使用 TCP/IP 网络的业务例如 Web 访问，丢包并非不可接受的，而存储系统一旦丢包，则会给上层业务带来很大的影响。通过分布式集群网络，可以尽量提高其性能。本书采取的方式包括：使用高速专网，即所有的云存储模块节点采用专门的网卡、交换设备，并且至少使用千兆以上的交换网络。以及对于不得不和其他网络共用设备的节点，在网络设备上设置了相应的流量控制策略来优先保证云存储模块流量的通过。

在基础设计中，为了实现云存储模块的功能，采用的是复制技术。即将文件分块后原封不动地复制一份到另一个位置从而实现安全。这种技术实现起来简单，但是更占用空间。为了存储 1 份数据，就必须提供 2 份的空间，某种程度上存在一定的浪费。

为节省空间，云存储模块使用奇偶校验技术来替代复制技术。如针对每两块数据，通过特定算法计算出一个校验块。这样只需要 3 块空间，就可以提供 2 块数据的安全存储。任意一个文件块或者校验块丢失，都可通过剩下的两个块进行恢复。在保存校验块的过程中确保两块文件块和一块校验块分别保存在至少三个节点上，就能够最大程度确保文件的安全性。

相对于原来的复制方案，增加的主要工作是奇偶校验的过程，主要包括写入文件时生成校验块的工作，以及文件块丢失时利用奇偶校验值和其中一块数据块恢复文件块的过程。文件读取时则不需要。奇偶校验计算工作需要 CPU 参与完成，因此对 CPU 也有一定的需求。但对于仅提供存储服务的 Data 服务器来说，CPU 大多数时间都是闲置的，因此这部分 CPU 消耗是可以接受的。

经上述详细设计，我们可以得出云存储模块的最终设计架构图，如图 4-10 所示。

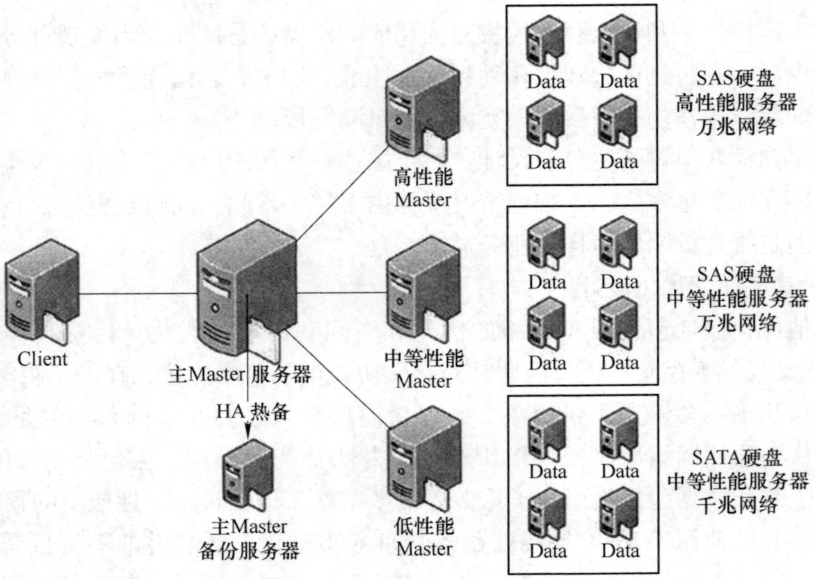

图 4-10　云存储模块架构图

4.3.3.2　网络管理模块的详细设计

网络管理模块的目的是解决传统网络管理困难以及业务之间无法互相联动、感知的问题。传统的设备由于相互之间无法获知状态，或者仅能够通过通用协议获取一些简单的状态信息，因而也无法进行一些更深层次的联动。

以负载均衡功能为例。由于软件上的限制，大多数业务都有一个单机访问量阈值，超过这个值，无论如何增加硬件配置都无法或者很难以提高访问量。在 SCCDC 中，主要包括网络考试、在线选课等。此类业务的特点是瞬时业务负载很大，但平常负载小。因此产生了服务器负载均衡设备。通过预设的负载策略，将不同的请求转发到事先配置好的相应的服务器上，并保证后端每台服务器的负载基本相同。同时在某台服务器故障的情况下还能够停止转发业务流量，实现容错。

传统模式的主要缺陷在于此类设备需要事先配置。由于前后端仅进行业务流量的处理，后端设备的实际负载仅能利用经过负载均衡设备的流量进行判断，无法得知详细的设备负载情况。前端也无法控制后端的数量，仍然可能造成低峰时的浪费和高峰时的性能不足。如果每个业务都需要人工配置，显然会带来很多繁琐的工作量。

在 SCCDC 中的设计思路是利用软件定义网络的思路，将后端的业务服务器和前端的负载均衡设备进行联动，通过云平台的管理程序，自动地在探测到后台应用服务器业务负载较高时调用虚拟机管理系统，增加应用服务器满足业务，负载较低时则删除应用服务器节省资源，由网络管理模块自动根据业务量对资源进行调用，并针对常见的故障进行自动处理，减少人工干预，提高系统的效率。

检测的手段包括 PING/SNMP 等，可以检测到服务器的状态是否正常，系统负载情况等。所增加的应用服务器可以事先制作好虚拟机模板，配置好相应的功能，供负载均衡设备进行调用。

A 网络管理模块状态感知设计

设备健康监测、服务状态及流量感知的目的是相似的，都是通过多种手段，获取到后端设备的状态。当发现后端设备出现故障时，则由负载均衡设备进行相应的处理。

传统网络中前端负载均衡设备感知后端服务器一般使用的是 ping/snmp 等手段。作为网络层手段可以简单高效地监测后端服务器操作系统的健康状态。对于一台无法 ping 通的服务器，可以简单地认为其一定存在故障。

此类监测手段的缺陷在于，服务器无法 ping 通可认为其一定无法提供服务，但能够 ping 通却不代表其一定能提供服务，即网络层的监测具有片面性。以 Web 服务为例，当提供 Web 服务的 IIS/Tomcat 等程序崩溃时，服务器本身可能并没有崩溃，此时这台服务器已经无法提供 Web 服务，但 ping 却是通的。如果负载均衡设备继续将业务流量转发到这台服务器，就会造成业务中断。

因此在网络管理模块的设计中，除了基础的 ping 等监控方式，在应用层增加更多监控的方式，具体见表 4-8。

表 4-8 服务器状态感知方式

检 查 手 段	检 查 目 的
ping/snmp	检查服务器是否稳定，操作系统是否死机
针对具体业务类型，检查相应的各业务是否可正常访问	检查应用层是否稳定
被动检查服务器是否有响应	通过服务器返回报文，被动检查服务器是否能够响应请求

相对于 ping 等方式，此类方式需要消耗更多的系统资源以及更复杂的配置方式。实际使用中需要根据后端业务情况针对性地进行组合。

上述健康监测设计可以事先对后端服务器系统状态较全面的监测，但服务的负载、性能等却无法得知。如果简单地采用轮询等方式将业务负载分担到后端，就会产生某些服务器过于繁忙而无法响应，某些服务器负载过低而没有充分发挥性能。因此，通过对服务状态及业务流量的感知，在决定流量转发对象之前先确定后端设备的业务负载，将流量转发给负载较轻的设备，就可以比较好地满足业务的需求。

负载是比较宽泛的概念，具体可以体现在操作系统负载，如 CPU、内存使用情况；应用负载，如 tp 响应时间、tp 等待队列；数据库负载，如 SQL 排队查询数量，是否有锁等。因此负载的感知手段也是多样化的，具体见表 4-9。

表 4-9　服务器负载感知手段

感知手段	感知内容
操作系统级别监控	服务器整体的负载情况
应用响应时间监控	根据后端响应时间从而判断后端的负载情况
预定义字符串	根据 HTTP 状态码等状态情况判断业务负载

在感知到后端服务器的负载情况后，负载均衡设备就可以针对性地进行负载转发，将流量选择性的转发给业务负载较轻的设备上，从而实现整个集群中的负载分担。和健康检测类似，负载感知的手段也需要结合使用。例如当某台设备的性能较好时，即使它已经处理了较多的流量，仍然可以接受更多流量。

通过上述状态感知设计，负载均衡设备即前端设备已经能够很好地掌握后端设备的运行情况，通过和后端业务的联动设计的结合，即可实现完整的网络管理模块功能。

B　网络管理模块前后端智能联动设计

前后端智能联动设计包括对突发业务流量的处理，及当后端设备故障时的处理过程设计。利用状态感知功能获取到的实时数据，通过前端负载均衡设备、后端服务器的联动，实现一些常规数据中心难以实现的功能。

在当前的设计中，负载均衡设备发现后端服务器无法响应请求时，所做的只是被动的不再转发流量到该设备，仍然需要管理人员手工去处理故障设备。

因此，在后端业务联动设计部分是通过云计算技术，增加和后端服务器联动的接口。当通过各种监控手段发现后端服务器已经无法响应请求并且持续一段时间时，负载均衡设备会认为后端服务器已经故障，通过和后端的云管理程序（虚拟机）或者主机管理程序（物理机）联动，主动重启服务器。在服务器重启之后，通过监控手段判断其已经可提供服务后，再将业务流量向其进行转发。从而减少人工干预的频率，实现自动化处理。

4.3.3.3 数据处理模块的详细设计

在总体设计中我们提到，数据处理模块主要需要解决的两个问题是节点管理和数据处理，其中节点管理主要目的是建立起计算集群，负责调度、管理硬件资源，并且能够很好地处理节点扩展和故障。数据处理则包括数据的预处理即数据清洗，和正式的数据分析。

A 节点管理功能设计

由于数据量巨大，因此人们自然想到利用多台低配、低价的普通计算设备集群，如 X86 服务器来代替少量价格昂贵的高端计算设备如小型机等。将普通的 PC 服务器通过高速的以太网互联即可形成一个硬件集群。

集群的难点在于软件层面的任务管理、资源调度、节点监控等工作。主要包括：(1) 节点的管理。首先需要解决的问题是如何管理集群中众多的服务器节点。这些服务器可能是 Windows、Linux，可能是 PC，也可能是刀片服务器。集群的目的是充分利用每一个节点的资源，但在异构的设备集群中并非易事。加之每个节点的计算能力也是不尽相同的，对高端 CPU 和低端 CPU 分配同样的任务并不是一个合理的方法，会造成快车等慢车的结果，反而是一种资源的浪费。

(2) 节点故障的管理。其次是如何处理低端设备较高的故障率。计算集群是由大量的廉价 PC 服务器（甚至是普通 PC）组成的。这些设备必然不会像高端服务器那么稳定，节点故障是一种常态。

在云存储模块中已经设计了对应的节点增删、故障处理机制，因此在数据处理模块可以重复的使用。需要区别的是云存储集群中是通过在其他设备上保留的备份数据来恢复，而计算集群分配给每个节点的是计算任务，无法简单的通过备份来恢复。

因此，在设计中增加了一个任务跟踪节点，节点会定期监测每个计算任务的状态，当发现状态异常时立刻重新将这部分任务分配给其他已完成任务的节点重新开始。如果节点频繁出现任务故障，则会将其拉入黑名单，不再分派任务，直到管理人员处理为止。整个过程应当是自动的，最大程度地减少管理人员手工介入的频率。

B 数据处理功能设计

数据处理模块主要分成两个部分，分别是数据的预处理和数据的实际处理。

a 数据预处理

预处理主要目的是进行清洗并收集、保存相应日志，作用是将各种来源复杂的数据处理为能够被数据处理模块识别的基础数据。

数据来源多种多样，例如各种日志系统、各类数据库记录等，除了少量业务系统遵循标准规则格式类似外，大多数业务系统会采用一些非标准的格式。因此数据预处理采用的主要方法包括：

如果是非标准日志，例如通过监控的图像识别来分析进入校口车辆，监控的原始记录是图片，在业务系统侧需要首先经过一次预处理处理为文字的车牌信息才能最终被使用。

如果业务系统支持标准的日志协议（如 syslog），可以通过网络将其发送到日志服务器收集，并保存到云存储模块的指定分区中。

如果是纯文本的格式，可以通过文件传输协议、网络共享等多种形式传输到云存储模块。在传输过程中为减少带宽压力可进行一次压缩。

如果是保存在相关数据库中的，需要通过数据集成工具将其转换并保存到指定的数据库中。

经过上述步骤，所有的数据应当都保存到了指定的区域，可以进行数据分析工作。预处理的最后一个步骤是将输入数据拆成一个个独立的分片来方便进行并行处理。数据处理模块需要定义单个分片的大小，方便指派处理相应分片的计算节点。总体的步骤参见图 4-11。

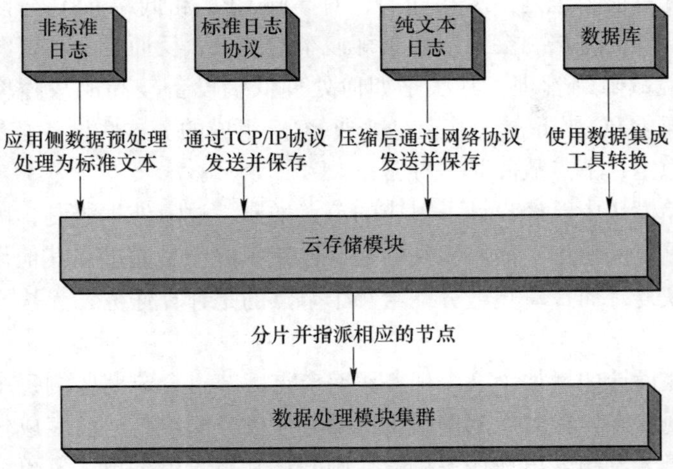

图 4-11　数据处理模块流程图

b　数据处理功能设计

在完成了数据保存后即可进行最终的数据处理过程。

MapReduce 可分为两个步骤；Map（映射）以及 Reduce（化简）。首先，Map 对多列元素组成的逻辑列表中的每一个元素进行指定的操作。Map 操作不影响原始列表而是创建多个新的列表来保存 Map 处理结果。即 Map 操作是高度并行的。Map 完成后，系统对新建的多个列表进行简单的清理、排序工作，之后会对这些列表进行 Reduce 操作，即对一个列表中的元素根据 Key 值进行适当的合并。MapReduce 的数据处理流程大致如图 4-12 所示。

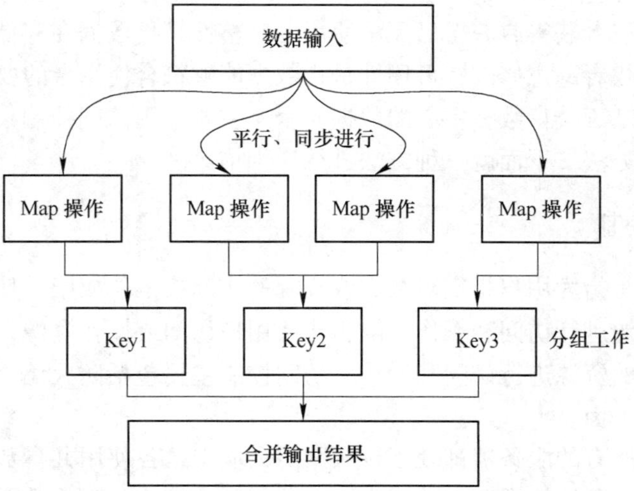

图 4-12 MapReduce 流程

MapReduce 的原理比较简单，其难度在于其任务调度以及容错机制。前文所述，在它的使用场景中存在很多不同架构、性能的设备，由于使用了低端设备，需要认为设备本身不具备非常高的稳定性。因此必须有一个良好的任务调度。

MapReduce 框架的调度机制如下：

（1）用户程序将需要处理的数据提交给 Master（即调度服务器）。

（2）Master 选择一个空闲的 worker（即计算节点），分配它 Map 或者 Reduce 任务。对于 Map 任务，对输入数据进行解析生成 Key/Value 对，针对用户的 Map 函数产生中间 Key/Value 对，并写入到磁盘，同时将中间对的磁盘位置传回给 Master。对于 Reduce 任务，worker 从 Master 获取到中向对的磁盘位置后使用远程过程调用从磁盘中读取数据。读取完所有数据后按照中间 key 进行排序，并遍历完成排序的中间数据。在将 Key/Value 对传送给用户的 Reduce 函数之后，将输出写入到对应的输出文件中。

（3）当所有的 Map/Reduce 任务都完成后，Master 通知用户程序，并返回到用户代码。

4.4 数据中心安全性研究

共享数据中心是构建信息化校园的基础，共享数据中心会存储大量的数据和信息，数据安全是需要着重考虑的问题。数据安全包括数据本身的安全和数据防护的安全。数据本身的安全主要是通过加密技术对数据进行加密处理，保证数据在存储和传输过程中的安全性。数据防护的安全则是通过存储技术对数据进行了有效备份，使得数据能够恢复到完整和正确的状态。数据安全包括机密性（Confidentiality）、完整性（Integrity）和可用性（Availability）三个要素：机密性是指数据不被未授权者获得或获得后无法使用；完整性是指数据在存储或传输时，数据不会被未授权者恶意修改；可用性是指数据能够符合使用者的要求。

为了保证基于共享数据中心的数据安全，主要采用访问控制、加密技术、数据备份这三种方法。下面就三种方法进行详细描述。

4.4.1 访问控制

访问控制是指为用户指定对数据或资源的访问或操作权限，使得用户只能对自己授权的资源进行访问和操作，防止非法用户访问或操作资源，也禁止合法用户对未经授权的资源进行访问和操作。访问控制主要包括防火墙、身份认证、用户角色划分等方面。

首先由于所有的服务器都处于校园网防火墙中，各使用共享数据中心数据库服务器的应用服务器均需要在数据库服务器的防火墙中设置允许访问的 IP 地址，对于没有注册的 IP 地址将不能访问数据库服务器，这在很大程度上保障了数据库服务器的安全。

身份认证的目的是确定系统和网络的访问者是否是合法用户，主要采用登录用户名与口令或代表用户身份的物品（如校园一卡通等）或反映用户生理特征的标识（如指纹等）鉴别访问者的身份。本解决方案对校园信息化门户用户的认证使用统一身份认证平台。统一身份认证平台使用学工号和校园卡查询密码进行登录。学生和教职工可以使用自己正确的用户名和密码进入信息化门户，非法用户不能进入信息化门户中的各个应用系统。

学生和教职工进入信息化门户后各系统会判断该用户在系统中的角色和权限，各系统都拥有各自的角色系统，角色的权限与系统本身的业务密切相关。比如公寓管理系统中，学生只能查看自己的住宿信息而不能查看其他人的住宿信息，而且学生只能在宿舍大规模搬迁时修改自己的住宿信息；公寓管理中心的高级管理员可以对宿舍信息进行修改，如添加、修改、删除宿舍等；普通管理员则不具备修改宿舍信息的权限，只能查看宿舍住宿信息以及修改学生住宿信息。用户进入系统后，系统根据用户在本系统中的角色显示相应的菜单和信息。对于合法用户对未授权和保护资源的访问，系统会判断这些错误操作或非法操作，提示操作错误。这样合法用户就只能访问自己角色可以访问的信息和资源，保证了信息的隔离和安全，保证了数据不被非法访问。

除了应用系统中对用户角色和权限的控制，数据库用户对数据库的访问和操作也拥有详细的划分和授权。共享数据中心数据库中来源于各部门数据库中的数据属于公共数据，为保证这些数据与源系统中数据的一致性、完整性以及可用性，这些数据不允许被修改和删除，对于这些数据表所有用户都只能有查询的权限。对于跨部门应用开发时新建的数据表，每个系统都有不同的用户，对于不同的用户，详细划分用户的权限和角色，为用户对每一个表或视图的查询、修改、删除以及其他操作分配权限。这样数据库用户就不能对未经授权的表或视图进行操作，在数据库级别保证了数据操作的正确性，保证了数据库中数据的安全性。

4.4.2 加密技术

加密技术是指按照某种加密算法将需要加密的数据或信息变换成无法识别的密文，避免了明文的直接存储和传输，密文在存储和传输中即使被非法获取，获取者也无法将其转换成明文信息，这样能够非常有效保护信息的安全性。

对于共享数据中心的敏感数据和需要保密的数据，如来自于校园一卡通的查询密码，使用加密后的密文存储于数据库中。一卡通数据来源于一卡通系统，系统为学校购买的产品，其中密码使用 DES 加密算法加密，由一卡通系统提供安全的第三方代理程序进行加密和解密，并且提供了加密的 API，可以使用 Socket 与第三方代理通信，使用第三方进行加密。

统一身份认证平台使用一卡通学工号和查询密码进行统一身份认证，一卡通查询密码为 6 位数字，属于弱密码，为了防止密码在用户电脑与服务器通信过程中泄露，身份认证平台使用 HTTPS（Hypertext Transfer Protocol over Secure Socket Layer）访问方式，使用户数据在传输过程中进行加密。HTTPS 是 HTTP 的安全版，是在 HTTP 下加入 SSL（Secure Sockets Layer，安全套接层）。另外，统一认证平台在用户登录成功后在与基于统一身份认证平台的应用系统通信时也使用 HTTPS 方式，这样可以很好的保护用户信息的安全。

4.4.3 数据备份

除了以上数据在存储、访问或传输过程中的数据安全问题外，威胁数据安全的因素还有很多：设备运行损耗、存储介质失效、运行环境以及人为原因造成的硬盘驱动器损坏；由于操作失误，误删系统重要文件或修改影响系统运行参数等的人为错误；电源故障导致的硬盘或存储设备的损坏；磁性物质造成的数据破坏；自然灾害造成的损毁。

为了防止数据出现意外的错误或丢失后能够恢复到未出错前的正确状态，数据中心采用了多种安全防护技术来确保数据的安全：

（1）磁盘阵列（Redundant Arrays of Inexpensive Disks，RAID）。RAID 在数据中心被广泛使用，一般使用 RAID5 存储解决方案。RAID5 的存储性能较高，存储空间的利用率也很高，且成本也较低，这是选择 RAID5 的原因。

（2）双机容错。为了保证关键服务，能够始终不间断地提供服务，数据中心对其进行双机热备。

（3）数据库数据备份。为防止意外而出现数据库错误甚至崩溃，数据备份显得非常重要。对于数据中心数据库，采用完全备份与事务日志备份相结合的方式进行备份。编写数据库备份的脚本程序，将其作为定时任务，一般 5 天进行一次完全备份，1 天进行一次日志备份，建立良好的备份体系，保证数据库系统的正常。

5 智慧校园一卡通技术及其安全性

5.1 物联网与RFID-UIM技术

5.1.1 物联网技术

5.1.1.1 物联网的定义

作为一个基于互联网、传统电信网或城域网等信息的承载体，物联网（Internet of Things，缩写IOT）是，让所有能够被独立寻址的物理对象实现互联互通的网络。物联网一般涉及无线网，物联网可能要包含一百万亿至一千万亿个物体，这是因为每个人周围的设备可以达到一千至一万个。其设计理论为，在物联网上，每个人都可以应用电子标签与真实的物体联网，都可以查找出它们的具体位置。通过物联网可以达到双重目的：一是用中心计算机对机器、设备、人员进行集中管理与控制，二是对家庭设备、汽车进行遥控，以及查找位置、防止物品被盗等。

物联网主要作用是将现实世界数字化，因此它的应用范围非常广泛，并具有十分广阔的应用和市场前景。物联网的应用领域主要包括以下几个方面：运输和物流领域、智能环境领域、健康医疗领域、个人和社会领域等。

Ashton最初的定义是：当今的电脑以及互联网几乎完全依赖于人类来提供信息。互联网上大约有50 petabytes的数据，其中大部分最初由人通过打字、扫描、拍照或录音等方式获取和创建的。传统的互联网蓝图中忽略了数量最多且最重要的节点：人。而人的时间、精力和准确度都是有限的，因此从真实世界中截获信息是有限度的。可以看出，尽管当今的信息技术如此依赖人产生的信息，想法和信息至关重要，但物质世界的本质仍然是物质，获知物质世界中各种信息，我们将能够跟踪和计量这些物质，最终目的是减少浪费、损失和消耗。我们对物品更换、维修或召回的生命周期了如指掌，清楚知道该物件是新的还是过了有效期的。我们所具备的这项能力，就是物联网技术带给我的，物联网就像互联网一样，具有改变世界的潜能。

今天，我们处在高速发展的信息社会，是新知识、新技术快速增长的时代，在这样的时代里，也许一觉醒来就有一个新概念、一个新的流行词汇诞生。在生活中，在科技领域，特别是互联网、物联网本身，各类新概念、新应用都在不断地出现。“云计算”“Web2.0”“B to B”“SNS”等在近几年，关注度越来越高，从而吸引了投资者的注意力，已经成为互联网时代信息化潮流的代表。“物联网”概念及其应用正是这流行大军中的一员，自 2009 年以来在中国受到了众人的追捧，与通信网络相关工作的人，几乎每时每刻都在关注物联网的发展。在这种情况下，我们应该知道，利益与炒作泛滥的当今社会，流行可能代表着“人云亦云”，漂亮的名词也许是看不见的泡沫，“物联网”究竟在多大程度上代表了通信网络发展的方向与趋势，是否能成为社会信息化革命中的方向，能否与大众百姓的物质精神生活需求一致，是一个急需思考的课题。同时，更关系到物联网产业能否获得持续发展的生命力，能否给技术领域带来源源不断的创新，能否创造出市场所需的应用价值和市场价值。在全局思维的基础上，探索物联网的发展道路，是本书作者研究的方向。

从本质来说，物联网技术体现了实际物理世界与虚拟数字世界相融合的趋势。随着 20 世纪 30 年代末计算机的发明，我们对信息处理的能力大大增强，信息作为独立的力量开始改变我们的生活方式和整个人类世界。20 世纪 90 年代，互联网的兴起更加强了信息的传播能力，一个信息快速产生、流通和消亡。在信息的全生命周期，我们以信息的形式参与并完成社会活动，创造价值与财富。网络对我们生活的影响是显著的，多样的交流形式，改变和打破了传统模式，缩短空间与时间的距离，深远地影响着遍及政治、文化和经济等重大领域。目前，互联网与数以十亿计的网络用户相连接，包含着海量信息，构成了庞大的虚拟数字世界。

随着互联网数量级和规模的不断持续扩大，不断增强着对现实生活世界的渗透和影响。到目前为止，虚拟世界的入口已不局限于电脑终端，人们的网络化生活方式也不只是浏览网页资讯、购物、邮件发送、聊天交流，而是成为现实世界的镜像，我们的一种生活方式。正因为如此，不断发展的互联网业务与不断增强的通信功能，是当今社会提出的新的要求。这种考虑基于如下实际需求：人们需要参与两种主要活动，一是随时随地进入信息畅通的虚拟互联网世界，二是能通过互联技术从事更多与现实世界中相对应的活动。在这种更深度的融合趋势下物联网诞生了，它既是虚拟世界继续深化扩大的媒介，也是现实世界继续信息化的必由之路。

现实世界与网络融合的最佳代表就是物联网技术，物联网技术蕴含着与信息技术融合所带来的巨大创新空间，蕴含着巨大的生产价值。物联网技术是当今信息时代的热点，也是世界各国的重大科技发展战略之一。物联网技术从根本上来说就是现实物理世界和虚拟数字世界的双向融合。两个方向相伴而生相辅相成，两者的完整融合，展现了物联网的本质含义，代表着物联网世界的价值。第一个方向是虚拟世界向现实世界的融入，物理世界中的实体通过读卡器、传感器、RFID 等网络技术被信息世界识别、感知与控制。数字世界通过对物理世界的自动识别、控制、管理、调度、应急措施等技术，创造出一个智能化的生存环境——智能化物理世界。第二个方向是现实世界与虚拟世界的融入，即现实世界通过有线、无线通信、嵌入式技术等，随时产生数字信息，通过各种方式接入通信网络，进入虚拟世界，完成信息的产生、分析、加工、存储、共享等功能，使数字虚拟世界无处无时不在——数字世界实体化。

“物联网”一词是比尔·盖茨在 1995 年所著《未来之路》一书中首次提出的，但受到计算机网络以及传感器技术等软硬件条件的时代局限，物联网概念未能引起人们的普遍关注。“物联网”的概念是美国麻省理工学院（MIT）的 Auto-ID 实验室在 1999 年明确提出的，当时利用 RFID 技术的射频识别功能，标记获取物品的相关信息，也就是“电子产品编码网络（EPC Network）”。同年，美国召开了移动计算和网络国际会议，学术界充分肯定了传感网络的重要性，会议上指出“传感网络将是人类在 21 世纪新时期所要面临的一个全新的发展机遇”。2003 年，美国《技术评论》肯定了传感器网络的地位，传感器网络被评为“对人类未来生活影响最深远的十大新兴技术的评选活动”第一名。两年之后国际电信联盟在突尼斯举办了全球信息社会世界大会，正式提出了“物联网”的概念。报告《ITU 互联网报告 2005：物联网》首次提出了物联网的概念，并对物联网给出了明确的定义：物联网就是一种通过不同的传感器设备和先进的通信技术（如传感器元件和技术、射频识别（RFID）设备和技术、全球定位设备和技术等）实时的对物品的属性和状态等进行识别与采集，同时与互联网络相结合，从而形成的一个功能更加强大与全面的新型的网络系统。物联网目的在于实现了实物与实物之间、人与实物之间，甚至所有的能够寻址的物品之间都能够通过计算机网络和通信网络进行连接，从而能够方便地达到对要监测物品的进行识别、定位和管理控制等。温家宝总理在 2009 年给出了“物联网”概念的中国特色模型“感知中国”。“感知中国”理念不止一次地在相关科技调研会议上被强调，并同时提出了我国的物联网未来产业的发展构想。该构想将物联网定性为我国五大战略性新兴产业之一，写入了我国的“政府工作报告”。社会上也对物联网非常感兴趣，一些前沿科技研究所也专门成立了物联网研究项目小组，专门进行物联网项目的应用研发。社会关注度超过美国、欧盟及其他经济发达国家。进一步，2010 年 9 月的《国务院关于加快培育和发展战略性新兴产业的决定》明确表示，物联网技术为七大战略性新兴产业之一，是抢占世界经济、科技制高点的国家发展战略。我国发展改革委员会、工信部会同多个相关的技术部门和产业部门根据该《决定》，展开信息技术研究。这些部门也联合社会力量组建了专门研究新一代信息技术的部门。国家也根据信息技术发展需求及时发布了相关的扶持政策与措施，进一步推动了我国信息技术产业的发展。

物联网形式复杂多样，是一种涵盖了通信技术、网络技术、电子技术等多种技术的综合应用。我们可以根据数据信息生成、传输、处理与应用的规律原则，把物联网技术划分成不同的层次。例如，物联网技术从架构上来看可由感知层、网络层、应用层三层组成：

（1）感知层，是物联网的最低层，实现对物品的识别与感知。感知层采用RFID阅读器、红外感应器、温度感应器、光亮感应器、监控摄像等传感器，对指定区域内的相关物体动态或环境参数进行获取并进行一定的加工并在相应网络上进行传递及深加工再利用。也就是说这一层是联系物理世界与信息世界的纽带。感知层是物联网的核心技术。主要有技术包括：对象智能标签、环境监控和对象跟踪等等。其中对象智能标签，是一种通过条码技术、磁条技术、IC卡技术、RFID技术等技术，对特定的对象进行标识的一种方法，主要用来对个体进行区分的技术与方法。

（2）网络层，是为数据传输提供一条安全、可靠、时延可控的路径。网络层处理的主要内容是信息的传送，主要功能是实现信息的传送和通信。信息的传送使用各种类的专用网络及公众网络。可以说网络层是建立在企业或行业的专用网，以及电信网、互联网等公用网络基础上的。从技术实现上来看主要有有线通信和无线通信两大类。现实应用中一般都是包含了这两大类网络的。

（3）应用层，相关行业内的专业技术的深度优化与整合都是发生在这一层上的，主要用来实现物联网。进一步应用层可细分为两个功能相对独立的小层：中间件层与应用服务层。

网络层、应用层与感知层之间既是相互独立的又有着紧密的联系。同一层次不同技术之间是相互补充的关系，它们适用于不同的环境，从而构成该层次技术的全套应对的策略。而不同层次提供的各种技术，可根据具体需求来组合与配置来构成完整的解决方案。因此，在物联网应用设计时，对使用的相关技术进行选择时，要以具体应用为导向，结合现实的具体应用需求和应用环境来选择适合当前应用的联网技术、感知技术及信息处理技术。

目前国内的物联网发展还处在初级的阶段，已进入实际应用的实用系统，也基本都处于试用阶段。物联网在的未来发展空间与趋势都有着较大的空间。

5.1.1.2 物联网的应用与技术

物联网以电子标签和EPC（Electronic Product Code，产品电子代码）为基础，目标是实现物品信息的实时共享和通讯。实物互联网络系统结构包括：服务器、信息采集系统、应用管理系统、PML（Physical Markup Language）信息服务器四部分。

实物互联网络系统工作原理：信息采集系统完成产品的识别和产品EPC码的采集及处理，数据采集后交上位机信息采集软件进行进一步的处理，主要包括执行数据校对、数据过滤、数据完整性等检查，然后进一步数据整理并为上层应用管理系统使用。服务器与 PML 信息服务器之间建立联系在各信息采集节点，完成从产品 EPC 到产品 PML 之间的映射。PML 由信息服务器根据事先制定规定的原则及规则进行产品编码，并提供产品原始信息的具体描述，利于其他节点设备的有效访问。通过信息采集软件（如 Savant）之间的接口应用管理系统获取产品 EPC 信息，并需要经过 ONS 定位 PML 信息服务器获取产品的详细信息，从而实现例如实物管理、设备管理、产品路径定位、跟踪等应用功能。

5.1.1.3 物联网应用举例

物联网为产品信息提供高效、便捷的共享管理平台，通过广域互联网与现实世界任何物理产品的互相连接，使产品或商品成为带有动态信息的“智能产品”，从而实现在世界上任何地方、任何时间可识别产品，并使产品信息流和物流同步，下面举几个应用实例：

（1）电力电网。电力电网接收传感器采集的各类信息，利用光网络交换机、无线网络构建网络传输层，实时监测电力设备的运行情况，做到分析和优化。电力电网技术突破“传统”网络的瓶颈，转向电力主动故障诊断的“智能”电网。因有此项技术，可减少停电时间、停电频率降低 30%，减少停电带来的收入损失。

（2）交通管理。依靠光网络无线交换机、路由器等设备，搭建由交通信息采集、交通信号控制、指挥分中心、非现场执法、数字视频监控、交通诱导发布六大系统组成的智能交通示范工程，同时，为智能交通系统信息采集提供一种有效手段，对路口各个方向的车辆进行实时监测，并根据监测结果，对信号控制算法改进，提高交通效率。

（3）石油环境监测。搭建物联网平台，利用无线交换机通过 WiFi 或 4G 连接摄像头，通过中央监控系统对现场进行管理，监控石油站内部及周边环境。微功耗无线传感器安装在石油站管道、阀门等设施上组建物联网传感层。网络传输层为无线传感网络，实时监测管道、阀门等设备的运行情况。管理中心掌握各类生产设施的实时情况，做到对故障或损坏情况的预报。

（4）智能家居。智能家居集成综合布线技术、通信技术、自动控制、系统设计、音视频技术等与家居生活有关的设施。智能家居可实现高效住宅设施与家庭日程事务的管理，带来安全的、艺术的、便利的、舒适的居住环境。

（5）EPC 网络。EPC 是 Auto-ID Center（麻省理工大学的自由识别中心）提出的一种产品电子编码系统，受到美国统一代码委员会（UCC）支持，目标是结合 RFID 技术与互联网技术，识别定位物品当前所处物流链中的位置。EPC 网络是物联网的雏形，是一种开放性的全球网络。EPC 运用数据库技术对相关的物品进行了 EPC 信息编码，厂商和零售商可依据权限进行查询、管理和变更相关物品的属性。当标记被贴到产品上，RFID 识别器就可以方便的读取贴有标记的产品。该技术读取了存储于标记中的相关物品的属性信息数据。EPC 系统根据 Auto-ID 中心规划，拟发展成为一种全球通用的标准。标准主要包括：识别特定的目标代码（EPC）、定义所有者（EPC 管理器）的数据、定义代码及标记其余信息、定义货物参数（如库存单元号、代码转换、目标描述、RFID 数据处理等）。RFID 技术可对企业的供应链进行透明管理，有效地降低管理成本。

5.1.2 RFID—UIM 技术

RFID 技术是依据二战时采用的技术——敌我方飞机自动识别（IFF）技术发展来的。直到 20 世纪 60 年代，才正式探索和研究 RFID 技术。1964 年，R. F. Harrington 等人对 RFID 电磁理论进行研究并发表了论文“Theory of Loaded Scatters”。商用的标签系统只能检测目标是否存在，由于携带的信息较少，无法分出被标识多个物体的差别。因此商用的标签系统主要用于杜绝偷窃。到了 70 年代，开发出了传输距离达到 5 米的被动式标签原型，该技术可适用于多种特殊场合。进入 80 年代后，大量出现更为完善的 RFID 技术。90 年代，更是一个 RFID 技术快速发展的时期。

RFID—UIM 基于 13.56 或 2.4 G 频段，与标准 UIM 卡外形一致，是一种可实现各种距离的无线通信功能的智能手机卡。RFID—UIM 无需人工辅助，只是通过射频信号发射和接收目标对象数据，适用于多种恶劣的工作环境。RFID 技术可同时识别多个标签的物体，并可识别高速运动的物体，操作方便快捷。

RFID 技术目前已可广泛应用在非接触式的 IC 卡上（例如频率 13.56 MH、读写距离小于 10cm 的非接触式卡）。根据行业需求，RFID 技术应用在 CDMA-UIM 卡上，通过叠加中央处理单元 CPU、存储器、NFC 芯片和射频天线的方案，实现芯片卡相应功能 RFID 技术在手机上的应用，拓展了手机的功能，方便了人们的生活。

5.1.2.1 RFID 系统的基本组成

最基本的 RFID 系统由三部分组成：

(1) 标签（Tag）。由耦合元件及芯片组成，每个标签具有唯一的电子编码，附着在物体上标识目标对象。

(2) 阅读器（Reader）。读取或写入标签信息的设备，可设计为手持式或固定式。

(3) 天线（Antenna）。在标签和读取器间传递射频信号。

RFID 系统电子标签是射频识别系统的数据载体，电子标签由标签天线和标签专用芯片组成。依据电子标签供电方式的不同，电子标签可以分为有源电子标签（Active tag）、无源电子标签（Passive tag）和半无源电子标签（Semi—passive tag）。有源电子标签内装有电池，无源射频标签没有内装电池，半无源电子标签（Semi—passive tag）部分依靠电池工作。电子标签依据频率的不同可分为低频电子标签、高频电子标签、超高频电子标签和微波电子标签。依据封装形式的不同可分为信用卡标签、线形标签、纸状标签、玻璃管标签、圆形标签及特殊用途的异形标签等。RFID 阅读器（读写器）通过天线与 RFID 电子标签进行无线通信，可以实现对标签识别码和内存数据的读出或写入操作。典型的阅读器包含有高频模块（发送器和接收器）、控制单元以及阅读器天线。

阅读器是 RFID 系统中最重要也是最复杂的一个组件。阅读器可实现应用系统与标签之间的数据交换，可通过网络与通讯系统连接实时获取信息和数据管理。实际应用系统软件控制阅读器和电子标签之间响应的具体工作。实际应用系统为主从结构，主动方的应用系统软件要先向阅读器发出指令执行读或写的操作，从动方的阅读器接受指令，并根据要求执行相关操作。也就是说，当阅读器接收到来自应用系统软件的动作指令后，阅读器会立刻对电子标签做出相应动作，电子标签凭借通信网络响应阅读器命令。

5.1.2.2 RFID 的工作原理

射频识别系统的基本模型如图 5-1 所示。其中，电子标签又称为射频标签、应答器、数据载体；阅读器又称为读出装置、扫描器、通讯器、读写器（取决于电子标签是否可以无线改写数据）。电子标签与阅读器之间通过耦合元件实现射频信号的空间（无接触）耦合，在耦合通道内，根据时序关系，实现能量的传递、数据的交换。

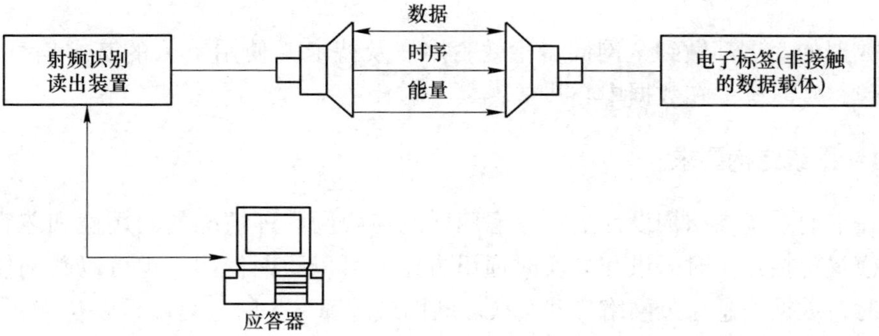

图 5-1 射频识别系统模型

RFID 的工作原理是：在某个阅读器磁场空间发现电子标签之后，在感应电流的辅助下，通过天线发送存储在芯片内的信息。无源标签（Passive tag，被动标签）和有源标签（Active tag，主动标签）可根据提供能量的不同方式而划分。解码器首先对接收的信息进行解码，再送到信息处理系统，进一步处理有关数据。

5.1.2.3 RFID 工作方式

射频识别系统的基本工作方式分为全双工（Full Duplex）和半双工（Half Duplex）系统以及时序系统。全双工表示射频标签与读写器之间可在同一时刻互相传送信息。半双工表示射频标签与读写器之间可以双向传送信息，但在同一时刻只能向一个方向传送信息。在全双工和半双工系统中，射频标签的响应是在读写器发出的电磁场或电磁波的情况下发送出去的。因为与阅读器本身的信号相比，射频标签的信号在接收天线上是很弱的，所以必须使用合适的传输方法，以便把射频标签的信号与阅读器的信号区别开来。在实践中，人们对从射频标签到阅读器的数据传输一般采用负载反射调制技术将射频标签数据加载到反射回波上(尤其是针对无源射频标签系统)。时序方法则与之相反，阅读器辐射出的电磁场短时间周期性地断开。这些间隔被射频标签识别出来，并被用于从射频标签到阅读器的数据传输。其实，这是一种典型的雷达工作方式。时序方法的缺点是：在阅读器发送间歇时，射频标签的能量供应中断，这就必须通过装入足够大的辅助电容器或辅助电池进行补偿。

5.2 一卡通业务流程与规范

建设“一卡通系统”平台，作为校园“手机一卡通”应用的管理和结算平台。所涉及的应用子系统：如考勤、消费等系统全部在该平台下管理，随着今后校园规模的扩大和卡片功能的增加，随着实现子系统增加，扩充平台的工作量较小。

数据的变更都做到全网同步生效，用户及持卡（使用）人的基本信息和电子钱包，实时统一在数据中心共享。

5.2.1 系统结构要求

一卡通系统在结构设计上，考虑到联网与脱网两种情况的两用性和兼容性。运行模式包括：实时通讯和非实时通讯方式。可以联网使用，也可以断网使用。联网时，数据信息通过网络自动交换。断网或故障发生时，终端设备仍能正常工作，通过自适应功能记录完整的交易结果。

5.2.2 系统平台

校园一卡通系统设计包括一卡通中心、卡务中心、外接设备三部分。传输网络建立在文理学院现有校园网上，一卡通中心包括：金融中心数据服务器、身份中心服务器、综合前置机三部分，与校园网的核心交换机相连；应用服务器置于管理部门，各应用服务器与数据服务器通过校园网，采用光纤传输的方式连接到核心交换机。其他外接设备如考勤机、读卡器等通过校园网交换机与系统相连接。

系统逻辑图如图5-2所示。

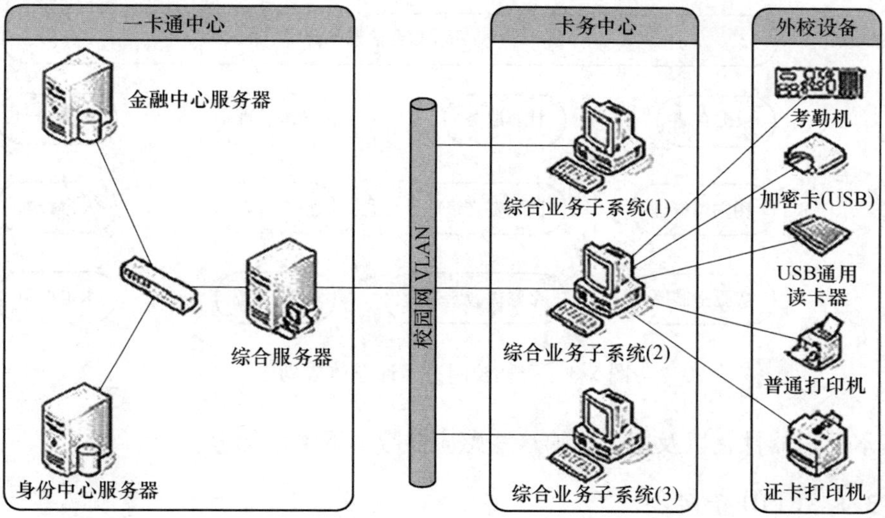

图5-2　系统逻辑图

(1) 数据服务器。由网络中心负责管理，管理一卡通系统的数据存储、备份、维护。

硬件配置：建议采用IBM X系列服务器；

软件平台：Windows/Unix，Oracle8i/9i/企业版；

应用软件：一卡通后台服务核心软件；

查询应用系统：支持提供网上查询、Web查询、电话查询以及触摸屏查询方式。

(2) 各子系统的PC服务器或PC。放在学生处、图书馆、后勤处等部门，负责教师、学生的综合业务，包括批量和个别业务，实现开户、销卡、查询等功能。

结合以上的分析，下面给出从物联网的三个层面设计的智慧校园一卡通总体规划方案，如图5-3所示。

5.2.3　感知层建设

感知层由基本的感应器件，包括读写器、RFID标签、二维码标签、传感器

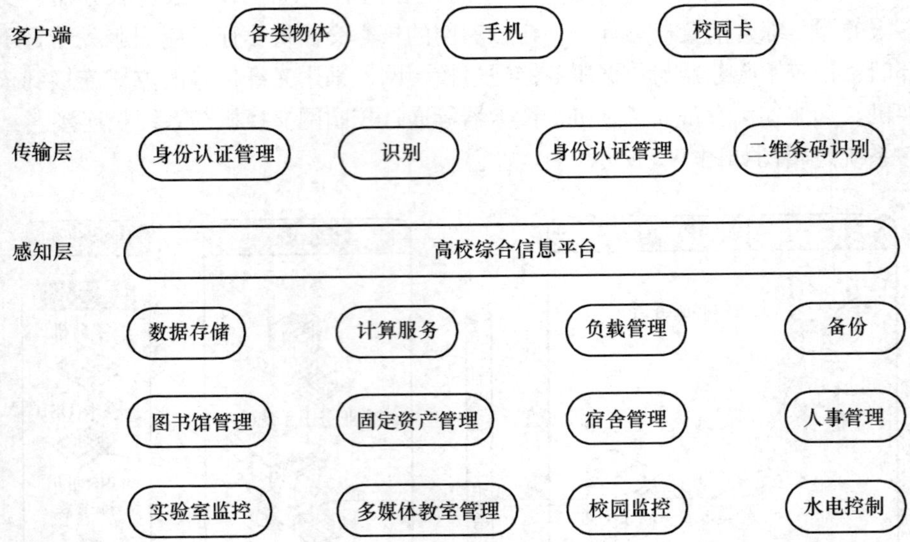

图 5-3　智慧校园一卡通总体规划图

等基本标识器件，以及用于传输这些感应器数据网络两部分。

5.2.3.1　RFID 子网

RFID 射频识别技术本质上是一种非接触式的自动识别技术，它的基本原理是通过无线电发射信号，来自动识别目标对象进而获取存储在信息载体内的相关数据的一种方法。一般来说，RFID 在使用时主要采用两个主要部件：阅读器和标签。由于 RFID 是基于全自动化的一种识别技术，因此它可以确保该技术可以在各种环境条件下适用。根据读写信息的距离远近，目前 RFID 技术可分为低频、中频、高频、超高频四大类。本书提出的方案拟采用校园卡的基本功能，并进一步附加上基于 RFID2.4GHz 频率的融合手机 SIM 卡的技术，以此为基本框架来建设校园子网。这种方法的主要思路是根据校园卡目前已在各高校内广泛使用，因此它可以作为内部 RFID 识别的基本媒介。

由于 RF-SIM 卡是可实现中短距离无线通信的手机智能卡，在结构和功能组成上，它可以非常容易地被改造成为一个集钱包、钥匙和身份证于一体的全方位服务平台。采取这种方法的原因是：RF-SIM 卡的最大优点就是根本不用更换手机，只要把原来的手机卡换成智能卡就可以具备类 NFC 功能。值得注意的是，RF-SIM 卡频率 2.4GHz，通信距离小于 5 米，可单向支持 100Mb/s 的数据广播，在实际调节是必须考虑此因素目前比较通用的标准为，RF-SIM 卡在逻辑上分为标准 SIM 功能（GSM11.11，GSM11.14）组件和模拟 Mifare One 逻辑加密卡机制。按照这种组成，RFID 的功能可以划分为：SIM 卡（用户识别模块）部分用于正常的手机移动通讯和权利鉴定，仅用来与手机物理连接。而高安全度的RFID由内置软件管理，基于Mifare One模拟逻辑加密卡、EMV电子钱包和e-credit电子信用卡等，可使用微型RF模块外部设备进行通讯并通过内置的天线。具体来说，这些技术在实现时，必须将终端结构可嵌入到POS机内，并通过RS232协议跟POS机进行通讯；同时必须通过无线传输协议Gazel将RF-SIM卡与读卡模块进行通讯。由于终端可以免除工作站的配置，并且一般统一通过TCP/IP与后台直接进行通信，因此保障终端与后台通信的有效性和实时性。

RFID子网搭建如图5-4所示。RFID子网可直接并入现有校园网结构中，这样的设计可以方便各种相关应用，也就是说，用户可以随时随地通过校园门户网站、移动电脑、手机和校园卡来使用。"手机一卡通"通过RF-SIM卡的使用来实现数据，输入和输出均可通过各类卡的媒介传输。

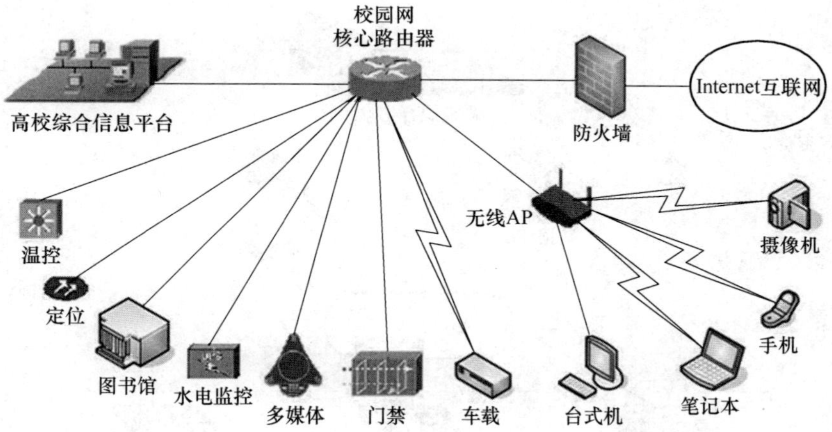

图5-4 RFID子网构建图

5.2.3.2 二维码子网

二维码在智慧校园中主要用于各类高校和科研院所的图书资源管理、校园物产管理、计算机机房设备管理等。在原理上，二维码以黑白相间的图形记录数据符号信息，在这种方法中图形用某种特定的几何形态按一定规律在平面（二维方向上）分布；在具体编码实现时，是采用若干个与二进制相对应的几何形体来表示文字数值信息编制代码的方式，进一步的信息自动处理环节是通过图像输入设备或光电扫描设备自动识读加以实现。二维条码网络构建图如图5-5所示。可以看出，在图5-5中的物理分布：其中的图书资源集中在图书馆楼；固定资产分布在全校范围内；计算机机房分布在各试验楼内。根据本书的设计思想，并考虑二维码的分散编码的问题，我们可以根据需要以物品存在房间大小、楼层距离、楼宇距离等确定数量及技术指标来选择数据采集基站的相应地址。具体来说，本书给出的二维条码在校园应用中主要有以下四个环节。首先是入库管理部分，在这一部分的设计当中，应该在入库时识别各类固定资产上的二维条码标签信息，同时将存放数据、特性数据一同存入相应数据库之中。其次是出库管理部分，在这一环节中需要在固定资产出库时扫描其二维条码信息，再次对信息进行确认，同时更改其固定资产的库存状态。再次是仓库内部管理部分，二维条码的使用主要包括存货盘点和出库备货。最后是货物配送部分，这里需要在配送前将相应配送资料下载到计算机终端中，在送到目的地后，可通过计算机终端调出相应的数据信息，然后根据使用情况挑选物品并验证其条码标签，当确认配送完一个固定资产物品后，终端会严格按照数据库信息校验配送情况，最后做出相应的操作提示。

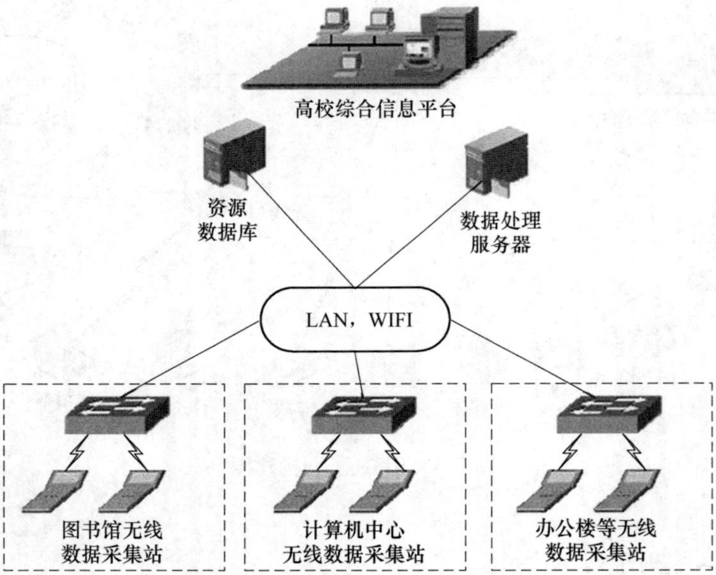

图 5-5　二维条码构建图

5.2.3.3　传感器子网

值得注意的是，虽然物联网中已经拥有了诸如二维码、RFID 这样的识别工具，基本上可以储存物品的关键数据信息。然而，一旦外部信息产生了偏差发生了改变，传感器必须能够检测出物品的实际数据，来达到重新正确识别物品信息的目的。从这里的作用可以看出传感器是全面感知自然状况的最核心元件，因此它是构成物联网不可或缺的基本条件，而物联网就是各类传感器的大规模部署和应用。总的来说，作为转换物体标识信息的重要方法，传感器技术主要体现在传感器转换非电信息灵敏度上和面对未来无线传感网络的节点传输的可靠性上。本章中传感器的使用更多地考虑是在构建校园一卡通系统中对非电信息转换后的信息处理、数据分析、数据传输、数据压缩等环节中。

本章给出的方案采用逐渐兴起的 Zig Bee 技术构建近距离无线传感器网络，在中距离及核心传输中利用已建设的校园网络、WIFI 网络等布点作为基础环节进行构建。其中的无线网络采用 Zig Bee 技术来进行通信，由于 Zig Bee 具有低功耗（发射功率仅为 1 毫瓦，仅靠两节 5 号电池就可以维持半年以上）、成本低（Zig Bee 模块的初始成本在 6 美元左右并且无专利使用费）、时延短（通信时延和从休眠状态激活的时延都非常短）、网络容量大（一个星型结构的 Zig Bee 网络最多可以容纳 254 个从设备和一个主设备，一个区域内可以同时存在 100 个 Zig Bee 网络）、安全等优点，同时也是一种高可靠的无线数传网络，类似于 CDMA 和 GSM 网络。通讯距离从标准的 75 米到几百米、几公里，并且支持无限扩展。如图 5-6 所示，校园网中的各种网关、传感器、图像采集设备等终端均可通过 Zig Bee 接入综合信息理平台。校园一卡通系统用户可以通过网络终端比如电脑或手机登录信息中心来控制传感器终端，以此达到对传感器传回的数据进行实时监控和控制的目的。在这样构建而成的系统中，各类传感器如校园环境监控、烟雾温度探测器、教室监控、实验室各类监控设备等均可通过 Zig Bee 无线方式接入校园网，高层管理者可通过无线通信控制操作。

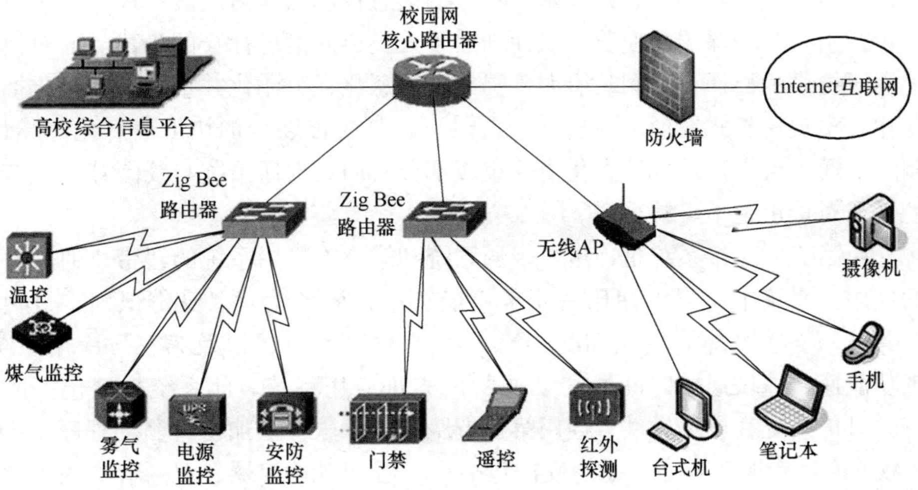

图 5-6 传感器子网构建图

5.2.4 传输层和数据处理层建设

传输层的建设主要以目前各高校已经建立起来的校园网为基础，进一步在无线传输通道的基础上，使物联网的管理和监控遍及校园的各个角落。显然，无线校园网对传输层是十分重要的，因此需要加快移动服务的构建速度。这其中的主要工作既包括 Zig Bee 路由器的部署工作，也包括普通 WIFI 路由器的部署工作。

在上述的基础之上，本书提出开展如下智慧校园的软件平台的建设方案，即通过各种类型的管理软件的使用，使校园实现管理智能化。对智慧校园的建设主要包括：首先是建设完善的身份识别系统。其中的主要工作是通过手机校园一卡通、RFID 和二维条码等，建立起的在线实时身份识别系统以完善各个部门如校园、车库、实验室、教室的门禁管理，教职工和学生的考勤等监控工作，加强校园安全管理。其次是建设校园内部管理服务系统，其中的主要工作涉及很多方面，要有统一的信息平台，涉及的系统主要包括诸如教学管理、学生管理、图书馆管理、后勤管理、固定资产等。本章提出可以借助云计算技术搭建统一的高校私有云平台，把各部门的计算力整合起来，精细化管理。为了在高校内整合移动信息化中心，可以通过无线路由方式为广大学生和工作人员提供无线网络服务，这样，任何消费都可以通过手机校园一卡通来支付，图书馆可以根据学生借阅书情况及时通知学生归还书籍，教室、机房等可以随时报告状态数据，工作人员可以随时随地通过物联网来进行各类资产的遍历，随时随地通过无线网络办公。

5.3 第三方软件接口设计

以网络通讯技术和多媒体技术为核心的信息技术的迅猛发展在社会的许多领域中正在引发各种深层的变革，从而加速了人类迈向信息社会的步伐。面对信息化浪潮所提供的机遇，我国政府明确提出要信息化、工业化并重，以信息化推进工业化，实现跨越式发展。在这样的背景下，高校也逐步加快了信息化的步伐。校园一卡通平台搭建是其信息化重要组成部分，而一卡通系统与校园其他现有系统的平滑对接也是不可缺少的。

通用第三方对接系统是连接一卡通系统和第三方应用系统的纽带，通过此系统的使用，系统中持卡人使用一张卡就能够进行商务消费、身份识别、金融服务，并且一卡通系统能集成 MIS、OA 等业务管理系统，以及第三方应用系统，实现功能通、地域通、时间通“三通”的先进应用系统。此系统软件包括通用第三方对接系统客户端软件、通用第三方服务器端软件、加密狗驱动程序、Firebird 数据库后台服务程序。系统硬件包括一卡通 USB 读卡器、双网卡（用于物理上分离校园网和一卡通专用网络）。

5.3.1 通用第三方对接系统架构

该系统架构中，双网卡、加密狗、Firebird 数据库后台服务程序和通用第三方对接系统服务器端程序均安装在学校需要对接的第三方系统服务器上（建议使用单独的服务器），一卡通 USB 读卡器和通用第三方对接客户端程序安装在学校需要对接的第三方客户端供操作员使用。

5.3.2 通用第三方对接系统业务流程

为了更加清楚的说明问题，本书以图书管理系统对接为例说明。目前大多数学校的图书管理系统与一卡通系统的对接均采用修改原图书管理系统来实现。此对接方式不仅引起了时间、人力、物力的浪费，而且极易造成原系统不稳定，当遇到图书管理系统软件提供商不能有效配合实施对接的开发人员，就不能完成与一卡通系统的对接，最终将影响图书馆管理人员的工作效率和降低管理水平。

通用第三方对接程序可以实现一卡通系统与第三方系统的耦合，如与图书管理系统进行对接，实现数据即时传输，并且不需要与第三方程序维护单位进行更多接触，工程进度可以自行控制，维护方便。

其他借书、还书操作依照原图书管理员日常操作进行，只是持卡人卡片第一次在此系统使用后，就可以完全取代旧的借书证、条码卡等。此验证方式为双向验证（一卡通后台和图书馆里系统数据库身份信息），实际操作过程中可以单向验证以便满足不同的用户需求。

5.3.3 通用第三方对接系统介绍

通用第三方对接系统是一卡通对外的门户，是连接一卡通系统与第三方应用系统的桥梁。

5.3.3.1 结算功能

（1）消费结算。通用第三方对接系统实现了持卡人到校内各应用系统进行消费时，如补考缴费、上机、借书超期付款等，可以统一使用一卡通进行商务消费活动。当第三方系统有结算需求时，通用第三方对接系统提供两种结算模式：

1）光标焦点定位到第三方系统的结算金额信息时，持卡人刷卡，然后通用第三方对接系统进行身份认证后自动弹出消费窗口，自动输入消费金额，确认后完成持卡消费结算。

2）当光标焦点无法定位到第三方系统的结算金额信息时，通过按下热键弹出通用第三方对接系统消费窗口，此时持卡人刷卡，再手工输入消费金额，确认后完成持卡消费结算。

（2）充正。充正是在结算发生错误时对账务进行充正。比如应收 20 元实收 30 元需退还持卡人 10 元。此时只需在消费模式再次刷卡弹出通用第三方对接系统的消费窗体，消费金额输入 -10 元完成消费即可。

（3）查账。当第三方系统操作员有查账需求时，操作员在通用第三方对接系统中打开查账界面，设置好相关的查账条件，即可以进行查账，可以打印或者导出查账结果。

（4）对账。当操作员需要对第三方系统和一卡通中的消费流水进行对账时，通用第三方对接系统提供完善的对账功能：首先由第三方系统提供对账文件，操作员通过第三方系统的对账文件配置好第三方系统的对账方案（系统可以根据不同的第三方系统支持不同的对账方案）。通用第三方对接系统根据对账方案将对账文件导入系统，操作员再根据对账方案设置好一卡通系统的相关对账条件，即可以进行对账，根据用户需求可以打印或者导出对账结果。

5.3.3.2 身份认证功能

（1）身份认证。当第三方系统有身份认证需求时，由通用第三方对接系统负责进行身份认证。认证内容主要为检验持卡人卡片账号的合法性和卡片账号的适用范围。通用第三方对接系统可提供按第三方系统独有信息和第三方系统与一卡通系统共有信息两种认证方式进行身份认证：

1）共有信息认证。通用第三方对接系统通过第三方系统和一卡通系统中共有的身份信息进行身份认证。

2）独有信息认证。独有信息认证必须由第三方系统提供独有信息与一卡通共有信息的对应关系，通用第三方对接系统通过此对应关系来进行独有信息的身份认证。

（2）开通。持卡人在第三方系统进行第一次身份认证时，通用第三方对接系统自动开通持卡人在一卡通中使用该第三方系统的使用标志。

（3）关闭。持卡人在第三方系统中注销身份时，通用第三方对接系统关闭持卡人在一卡通中使用该第三方系统的使用标志。

5.4 校园一卡通系统安全性设计

5.4.1 校园一卡通系统安全标准

本章提出的一卡通系统整体安全性设计，完全按照国家标准（GB 17859—1999）计算机信息系统安全保护等级划分准则进行相关探讨，其中的校园卡系统按第三级要求进行设计。

5.4.2 校园一卡通系统安全设计原则

在一卡通系统设计和建设过程中，必须充分考虑系统的安全性，因此本章通过改进管理方式，来保障系统的高效以及运行的安全。

系统安全性设计应充分考虑卡片、读卡机具、系统应用服务器、网络数据传输、中心存储数据、管理系统软件和运行管理的方方面面。另外，随着技术的发展与更新，需对系统安全行重新评估，更新安全措施，以更新、更先进、更可靠的安全技术，满足系统的安全型运行需要，提高整个系统的安全指数。

5.4.3 校园一卡通系统安全设计

5.4.3.1 校园网络环境的安全性

考虑到系统网络环境，采用在校园网上划分虚拟专网（VLAN）的方式，与原有校园网分离。同时在专网内部规划不同VLAN，并在交换机上实施MAC + IP + 端口绑定。

A 数据传输安全性设计

系统采用数字签名方式，TCP/IP通讯，Socket底层编程方式，MD5签名信道加密等方式，可保证数据发送和接收时不被更改。更严格的硬件安全措施被采用，以保证网络对数据传输与存储使用过程中的数据安全。为了保证密钥和关键的加密算法的安全性，本章提出的系统设计是将密钥和加密关键算法存放在加密卡内存上。在操作环节上，在系统上线前进行加密设置，有效地确保数据在校园网上的安全，进一步为确保与银行信用卡系统的联接安全性，也提出可采用密钥动态的形式进行加密。

在传输平台方面的设计，本章提出按照层次、区域进行细粒度的VLAN划分方式进行设计。首先，为了确保系统数据传输交换畅通、安全和可靠，各级网管部门必须给VLAN专网分配合理的流量、带宽等网络资源；其次，为了防止设备欺骗的发生，各数据平台、各类应用子系统、转账与消费终端设备都必须采用硬件加密卡将IP和加密卡MAC码绑定的建构方式。更为重要的，只要是接入一卡通系统的应用都必须采用动态密钥验证，而数据传输通过MD5数字签名防止被篡改，报文交换执行ISO 8583国际标准。以此方法保障一卡通加密体制因应用而异，实行一卡一密的分离性设计，确保所有卡密码不能重复使用。在此基础上，本书提出采用UNIX操作系统，这是因为该操作系统的稳定性和可靠性得到世界公认，并在保证数据库的访问安全控制方面取了较为成功的应用。本章提出实行主机操作系统验证、网络验证、数据库验证等三种验证机制，并通过双机容错软件的设计方式，实现在数据库服务器的数据备份与容错冗余，来保障系统24小时全天候不间断运行。为了增加冗余设计，本书提出的系统设计采用分布式数据库结构。这样，通过分布策略对系统平台的核心服务进行备份，一旦某个服务出现异常时备份服务能够保证立即启用，使得系统业务不受任何影响。与此同时，必须要求所有系统使用专业的备份软件进行实时备份，以增强发生意外或遇到自然灾难时系统的恢复能力。

B 校园卡专网的安全性设计

在网络设计方面，为进一步提高校园卡系统的可靠性安全性，本设计采用校园卡专网与校园网不同的网关，通过网关隔离校园网和校园卡专网。同时进行 VLAN 规划，屏蔽并防止网络广播。

对于接入校园一卡通系统的第三方子系统，采用代理服务器方式，这样不仅保留了各消费、图书管理等子系统原有的数据结构和逻辑结构，同时顺利实现了与校园一卡通系统的对接。在本设计中，每个应用子系统的服务器都采用单独配置双网卡的设计，并将代理服务器设置为应用网关，以此实现第三方子系统与校园一卡通系统接口应用的对接。

在对接后的系统中，应用软件分别同时在两个网段上进行实时数据传递，利用应用网关将两个逻辑网段隔离，由于网络结构是基于应用层的应用网关连接，两个网段之间的数据包不能进行直接的传递，在数据传输、交换过程中，必须通过应用软件处理，首先将数据包压缩，然后进行解压、分析，再重新打包。应用网关对应用系统中的数据包类型、格式、内容均有明确的要求，包括校园网、互联网及其他与应用系统无关或不相符的数据包，就不会被网络传递。网络传输过程中，由于应用层有效逻辑隔离校园网与一卡通专网两个网段，从而提高了一卡通网络的安全性，也保证校园网不受影响。

与传统的逻辑隔离网段的方式相比，网络层采用的安全隔离方式，要求数据包必须按照数据包的地址信息、传输信息等数据包特征设置安全传输策略，无法涉及数据包的内容信息，因此，采用网关隔离方式，在安全级别上高于传统的逻辑隔离方式。

C　与金融系统对接的安全性设计

涉及与银行金融业务对接的应用子系统，例如消费子系统、上机管理等其金融转账前置机必须为双网卡配置，在双网段上设置不同的 IP 地址与应用网关，隔离逻辑网段。

校园网内部的数据只能传输到转账前置机的网卡 1 上，其金融转账前置机转发路由功能处于关闭状态。网卡 2 可将数据传输到银行前置机上，其金融转账前置机转发路由功能处于常开状态。通过这一措施，可有效屏蔽针对校园网内部的恶意攻击。关闭学校转账前置机远程管理维护功能后，也可有效避免来自互联网上的攻击。软件防火墙技术的采用，也是提高网络安全性的有效手段。

与银行系统对接的前置机，同样也采用双网卡，在双网段上设置不同的 IP 地址与应用网关，隔离逻辑网段，确保攻击数据无法到达银行网络内部。来自校园一卡通专网数据不能通过前置机网卡进入银行网络内部。也可以采用关闭银行前置机远程登录的方式，防止非法用户远程登录前置机，来确保银行前置机对校园一卡通网络规定好的转账交易的安全。具体措施如下：

（1）采取隔离网段和访问控制的管理方式。即在一卡通系统与银行系统之间部署银行转账前置机的结构设计，并在两个逻辑网段用带有加密功能的双网卡加以隔离。进一步为防止非法远程登录，采用关闭转账前置机的 IP 转发路由功能并避免对其攻击，同时关闭远程管理维护功能。为了实现对用户访问的严格控制，可在银行端路由器加装防火墙，滤掉非法数据包。

（2）在网络设计中支持金融数据加密机和网络加密机。采用金融业标准的 MAC 对学校转账前置机与银行前置机之间的数据进行校验运算和反复验证，通过动态密钥对数据传输加以安全性考察，主要采用 MD5 数字签名对敏感数据加密处理，来达到防止数据被篡改的目的。同时使用 PSAM 卡进行 PIN 的持卡人银行卡密码加密处理，以此达到防止密码外泄的目的。

5.4.3.2 主机系统的安全性设计

A Unix 操作系统

为提高系统的安全性，本章采用在服务器上安装 Unix 操作系统，其安全等级可以达到 C2 级，从根本上保障数据传输、文件管理、操作的安全。Unix 系统的安全性被业内人士所公认，作为多用户操作系统，它在用户控制和文件访问控制方面的管理，是其他操作系统无法比拟的，对应用软件病毒的防患与控制能力比较高。

B 数据库系统

数据库的访问控制采用三种方式：主机系统验证、网络验证、数据库验证。

根据不同用户，设置数据库不同的访问权限控制，并提供多种数据库数据备份模式，采用在线数据备份，可以保证一卡通系统数据安全运行；同时可以实现数据库系统的灾难快速恢复，保证数据的可靠性。

在数据库数据模型的设计方面，本章提出在数据库表设计时，把重要的数据和普通的数据分别存放在不同的数据表中；并将重要的数据库、表使用电子签名方式加密，以防止管理员故意篡改数据库中重要数据；同时建立数据库视图，隔离重要数据，开放数据库的日志跟踪模式。

C 数据库安全策略

SQL 数据库认证：成功存取 SQL Server 的第一步是认证。本系统中 SQL Server 2005 支持 Windows 和混合的认证方式。基于数据库安全因素，微软公司特别推荐使用 Windows 操作系统下的认证方式。在这种认证方式下，安全检查是针对活动目录进行的；但是，对于编程设计者来说，用户和数据库服务器必须驻留在相同的活动目录域内，这是一个缺陷。

当使用 SQL Server 混合认证方式时，登录授权证书由 SQL Server 负责处理。这种配置在某些使用的时候就非常重要；但是，活动目录、验证信息底层安全架构无法使用，这是一个缺陷。

当我们在使用 Windows 认证模式时，它能够对认证过程的口令字和注销策略进行管理。可以管理账户约束、加强口令字或终止日期等。但是必须注意，这些功能相应的 API 在其他 Windows 平台上是无法使用的，只有在 SQL Server 2005 安装到 Windows 2003 Server 上时才能使用这些特性。

使用下列限制为一个账户设置口令：

账户口令的长度必须设置至少 6 个字符（SQL Server 支持从 1 到 128 个字符的口令长度）。

用户设置账户口令，必须使用不同类型的字符，大写、小写、数字、特殊的符号等。

口令中不能出现“Admin”“Administrator”“Password”或者“sysadmin”这样的关键字符或文字。

除这些以上限制外，任何一个口令字不能为空字符。

新的登录建立完成后，通过 T-SQL 语句 CREATE LOGIN 数据库使用扩展的 CHECK_EXPIRATION 和 CHECK_POLICY 来实现的部分功能。CHECK_EXPIRATION 能调节登录的终止日期，而 CHECK_POLICY 可激活口令的策略机制。MUST_CHANGE3 能在第一次登录时提供改变口令的选项。

列表 1 使用的部分代码：

列表 1CREATE LOGIN Paul；

WITH PASSWORD ='P@ ssw0rd1'；

MUST_CHANGE；

CHECK_EXPIRATION = ONC；

HECK_POLICY = ONSQL。

终点认证以确保 SQL Server 在通过 Windows Server 2003 或 Windows Server 2008 平台上的 http. sys 对外提供 XML Web 服务，进行实时的安全通讯。

授权：SQL Server 成功认证用户后，SQL Server 得到授权来决定该用户在数据库上的权限。

（1）用户和模式的分离。模式作为容器，能够在容器其中对存储过程、表、视图等数据库对象进行逻辑分组管理。这与 windows soft. NET 框架基类库是同样的命名空间。由于 SQL Server 中的一个模式同时可能拥有多个所有者，所以，可以指定一个给定模式中的每个对象都拥有一个相同的所有者，SQL Server 中的最大缺陷是给定模式中的对象必须使用完全限定名（schema. objectname）；当编程时，将一个表从数据库中删除时，该表中对象的完全限定名会随之发生改变。因此，面对数据库的改变，客户端也会相应地查询到，有时这样的改变代价是高昂的。在 SQL Server 2005 数据库中，模式改变成为数据库中一个独立的拥有名字和拥有者的本机对象。

SQL Server 2005 在数据库中删除和添加新用户而不需要修改软件（客户端和数据库端都不需要）。同时，数据库还将把权限赋给一个指定的模式，来实现对该模式中对象的存取。

列表 2 展示了 SQL Server 2005 中的模式用法。

列表 2

```
USE master
GO——建立数据库登录
CREATE LOGIN Paul WITH PASSWORD = 'p@ ssw0rd1'
CREATE LOGIN Mary WITH PASSWORD = 'p@ ssw0rd1'
USE Test Database
GO
CREATE USER Paul FOR LOGIN Paul
CREATE USER Mary FOR LOGIN Mary
——创建一新模式
CREATE SCHEMA Sales Data
——在模式“Sales Data”中创建一新表
CREATE TABLE Sales Data. Sales Promotion
(ID int, [Name] varchar (255))
GRANT ALL ON Sales Data TO Paul
ALTER USER Paul WITH DEFAULT SCHEMA = Sales Data
GRANT SELECT ON SCHEMA:: Sales Data TO MARY
```

（2）执行上下文。SQL Server 2005 允许编程者执行上下文程序，通过改变程序的存储过程。通过 EXECUTE AS 语句可改变执行上下文，通过控制这些数据库对象的用户身份来执行。

（3）密钥管理。SQL Server 2005 为管理用户密钥提供两个选项：

一是用户自己分配管理密钥；

二是 SQL Server 数据库管理密钥；

本系统设计采用由 SQL Server 管理密钥方式，通过用数据库主键加密实现：

```
CREATE ASYMMETRIC KEY My Key Name AUTHORIZATION User1
WITH ALGORITHM = RSA_512
WITH Subject'My Subject'
```

非对称密钥存储在表 sys. asymmetric_keys 中。在创建该密钥后，能使用函数 Encrypt By Asm Key 来加密数据，而用 Decrypt By Asm Key 来对被加密数据进行解密操作。

5.4.3.3　数据的安全设计

A　数据加密

为保证数据的安全性，本章提出在校园一卡通专网转账前置机与银行前置机之间数据传输，采用国际金融业标准的 MAC 方法进行校验运算。其中的密钥采用动态密钥 DES 加密运算，并由银行系统在前置机当天签到时进行动态分配密钥，并采用加密传输密钥，对重要的金融数据进行加密处理。本章还提出采用 DES 加密运算方式，对校园内部自助转账终端与学校转账前置机之间的数据传输进行动态加密。

B　密钥的安全性设计

校园一卡通系统设计由用户自行输入并保管种子密钥，用户可以通过 PSA-UIM 卡对密钥二次分发及授权，充分保证密钥的安全性，提升管理水平。由合作商业银行保管金融密钥，每日签到时在银行前置机上获取，各类消费设备的加密算法由商业银行自行设定。

C　系统纠错能力设计

根据上述设计，校园一卡通系统在正常运行情况下，系统内部的消费记录回传到数据中心，在消费终端以及商务网关上，同时保存有交易记录，并将这些后台数据中心数据和交易记录进行对比。当出现校园一卡通网络发生故障时，系统交易记录将暂时被保留在商务网关中，由于消费终端中同时保存交易记录，能够进行实时与数据中心对账。因此，当网络故障恢复后，系统会将消费记录自动传回至数据中心。

系统如采用 485 总线网络组网方式，每台消费终端都可以进行脱机消费，相应的交易记录实时保存在消费终端上，当网络恢复后，系统将数据正常回传数据中心对账。当消费设备发生故障或损坏，同时交易记录没有回传数据中心时，本章提出将一卡通系统实现挂账机制，以此保障校园内、外部合作商家和师生消费者的利益不受损失，同时保证账务系统对账数据的准确性。

当出现交易消费记录没有正常的回传，一卡通系统采用卡库对账机制，交易消费记录由用户卡号、卡账户余额、卡消费额、消费日期、消费时间等相关的信息组成，若系统在规定的时间内，系统能将丢失的流水回传数据中心，自动补充这笔交易，并在数据库余额中自动消去这笔交易。若丢失的消费没能及时回传，系统将自动生成一笔交易记录，并在库存余额中减掉差值，该金额会存入过渡账户。上述情况都没有按照计划执行时，即做过对账处理后，丢失的记录又被传回来，这时候采用管理人员手工调账的方式，从过渡账户中将相应的金额划到对应的商户账户中。

D 数据容错策略

采用大数据集中的模式，必须保证数据中心与各应用子系统数据的一致性。本系统确定以中心服务器的公共信息为基准，把所有应用子系统实时接收数据中心服务器下传的变更消费信息进行备份，做到信息的同步传输和使用。

(1) 系统实时更新。在数据库内设置高速缓冲引擎，以此保证系统商务消费网关、身份识别网关、白名单、自动充值表等数据的实时传输，并且实现更新。

(2) 系统自动对账。建立自动对账机制，从消费 POS 设备到应用网关，从应用网关到中心数据服务器，相互之间的消费都采用不同的交易流水号，与数据中心进行自动对账。

(3) 数据库与卡片的一致。采用卡库对账机制，使卡片与数据库的金额同步，确保持卡人在消费 POS 脱机时与联网时上混合使用的数据具有一致性，保证用户利益。

5.4.3.4 校园卡及设备的安全性设计

A 卡片内的安全管理

(1) 一卡通卡片的安全原则设计。对系统内卡片采用管理分类，根据不同用户需求，授予不同权限和功能，增强安全性。

(2) 数据区密钥的管理方式。对卡片内不同的数据区采用不同的密钥，每扇区密码控制卡片的原则，将数据区分为校园卡数据区和其他系统数据区两类。在采用卡片注册时，校园卡系统数据区生成的密钥进行读写控制；对于其他系统数据区，公司设置出厂密码，在建立数据区后可更改控制密码。同时根据高校要求，对各类密码进行更改。校园卡系统密钥生成原则，可直接接入校园卡系统。

(3) 第三方负责升级。通过密钥更换，更改读写密码的方法，第三方产品为子系统专用读卡器提供最终密钥，该卡的读写权限由读卡器控制。本章提出全部由第三方控制读写，采用一卡一密、一区一密的加密机制、有效防止被盗滥用。加入专用标识，采用专用算法技术后有效地防止伪卡。公共、独立的信息共享区，统一而又分而治之的数据管理策略。采用 DES 混合算法，形成一套系统化的卡片密钥管理机制。

B 发卡流程设计

卡片原始数据设置的目的是防止伪造卡在校园一卡通网内的非法使用。在此环节中，用户在获取校园卡时根据卡片生产厂家代码、学校标识和代码、卡号信息等通过加密算法生成卡片原始出厂密钥。

防止校园卡注册流程中不同高校间的校园卡系统之间的滥用。卡片在校园卡系统注册时，首先验证出厂密码，然后根据卡片厂家代码、卡号、院校代码等信息，自动生成校园卡密钥，然后一卡通系统自动根据加密算法，将卡片的读写控制密钥写入卡内。

种子密钥的自动生成：管理单位在发卡前通过密钥系统管理软件生成系统的种子密钥，并根据用户需求进行下发。

C　卡片读写控制

对于窗口机可以在获取贷方账户时通过读取商户卡读取院校代码，记入本地，从而完成密钥的校验。对于子系统读写器，可以直接从开机卡中获取院校代码。

D　持卡人安全设计

（1）系统实现。杜绝恶性透支，挂失实时生效，实时更新黑白名单功能，最大限度保证持卡师生的安全性。

（2）密码限额设置。启用个人大额消费密码。

（3）脱机消费限额。当卡片脱机消费时，根据不同需求分别采用不同的限额，启用个人密码、禁止消费，使丢失但来不及挂失的卡造成的损失降到最低。

（4）个人密码保密。在系统上的操作员无法看到持卡人的个人密码，保障持卡人的权利不受损失。

E　设备的安全

消费终端在进行完分组后，在没有商户卡的情况下是不能够被删除或者更换用户组的，只有通过商户卡，才可以进行相关的操作。防止出现设备重复，每一台消费终端设备在出厂的时候都具有唯一的 ID 号，另外，在消费终端投入使用的时候，必须经过商户卡进行 POS 机分组，并且连通系统后，定义相应的编号，获得相应的密钥才能够投入使用，否则无法进行使用。而商户卡是分别由每个商户所掌管，并且商户卡是有密码保护的，这样可以保障设备的安全使用。

对于各个子系统设备的接入，通过加密卡来进行安全保障，系统在断电后，如果想在接入系统，在重新启动后，必须通过向综合前置机签到取得相应的密钥后才能沟通如使用。在圈存机、POS 机中有中国人民银行认可的 PSAM 卡或 DS5002P 加密模块，它具有防跟踪防破坏功能。对于读卡终端机具，支持中国人民银行 PSAM 卡规范。保障数据安全可靠。

PSAM 加密卡具有两种模式，对于台式计算机提供 PCI 方式的 PSA-UIM 卡，对于便携式计算机提供 USB 方式的 PSA-UIM 卡加密卡。对于接入系统的关键用途的计算机终端，通过安装 PSA-UIM 卡加密卡来保障数据的安全，通过它来对数据加密解密。

计算机终端的 PSA-UIM 卡卡密钥是通过提供给学校的证书卡加密程序，由学校自己生成，可以自行地进行证书卡的制作。所有接入校园卡系统的终端必须要经过系统注册后才能够接入到校园卡系统中使用。

5.4.4　校园“手机一卡通”安全策略

一卡通应用过程中，不仅存在安全、监控体系管理不集中问题，而且由于多部门多人管理，各类人员对信息管理缺乏标准化策略，信息中心和信息系统实施管控难度较大。

（1）培训。校园“手机一卡通”系统真正做到了校园内资源的有效共享，解放了劳动力，合理利用了校园内的各类信息资源，真正适应学校在手机一卡通方面的管理应用。为了充分发挥校园卡中心的管理职能，对相应的管理和操作人员必须进行严格的系统培训，使其能熟练掌握校园卡系统的原理、操作规程和方法，以保证系统的顺利运行。整个培训工作贯穿于整个项目的安装、调试及售后服务全部过程中。

安装系统之前，向学校和电信系统管理人员进行岗前理论培训，使之对“手机一卡通”系统有个整体概念。让系统管理人员参与“手机一卡通”系统的全部安装过程，使之熟悉每个技术细节。安装之后调试过程中，集中对所有系统管理人员和操作人员进行岗前实战培训，并进行严格考核，择优上岗，从而保证“手机一卡通”系统安全运行。

（2）管理。采用科学、严谨的管理方法使信息安全隐患降到最低，在应用过程中，更需要注意信息安全管理。我们与校方共同协商，进行组织机构的调整，优化管理资源，由卡务中心负责与校方各部门之间的协调沟通，确保“手机一卡通”业务的顺利开展。

（3）信息安全管理。经过与校方职能部门沟通，找到校园一卡通系统的薄弱环节，提高系统的整体安全程度与等级，同时加强设备物资管理、系统物理安全管理、人员安全管理等。

校园一卡通系统的开通和运行，必然会引起管理制度上的变革，为加强信息化，同时促进各项管理工作，提高执行效率，建设上层决策需要设置相对应的管理部门，对各部门应有明确的分工，确定职能部门的任务，各岗位考核的办法及规章制度。

5.4.4.1　校园卡管理与结算中心

成立校园卡管理与结算中心（以下简称“校园卡中心”），协调院内学生处、财务、后勤、网络中心等部门，统一负责“校园一卡通”系统项目建设方案、组织整体项目的实施、后端的运行维护、师生手机卡的管理，与合作方咨询技术与信息服务工作，各级单位或部门必须按照学校的规定，配合各项建设、扩容、维护等工作，完成“校园一卡通”系统的各项运行管理工作，保证一卡通系统发挥应有的作用。

5.4.4.2　卡片的管理方案

校园卡能否准确、及时地发放到广大师生员工的手中将直接关系到校园卡系统的成功与否，结合实际情况，我们制定了如下详细的发卡方案：

手机卡的发卡流程：

(1) 学校把需要发卡学生的所有信息，按照电信要求的格式整理成文件。

(2) 电信按照学生的信息集中制作学生的手机卡。

(3) 电信把学生的手机卡拿到学校在一卡通系统进行注册开通校园卡功能。

5.4.4.3　卡片撤户方案

(1) 当学生临近毕业时，校园卡管理中心根据学生信息，在业务子系统上进行操作，完成批量撤户工作。

(2) 校方一卡通管理中心，将撤户金额、持卡人银联卡账号等信息传送到银行相关业务部门，一卡通系统产生批量撤户文件。

(3) 在收到批量撤户文件后，银行部门进行批量转账业务，撤户金额将转到持卡人的银联卡账户中，持卡人的银联卡中直接接收到金额，完成撤户任务。

5.4.4.4　财务结算方案

为了实现学校财务系统集约管理，便于学校财务的集中管理、资金统一调配、使用控制，提高资金的使用效率，必须为财务集中管理提供一条多功能结算通道。该财务结算方案应具备安全、高效与便捷性。

6 智慧校园云数据基础通知服务

6.1 通知服务相关技术分析

6.1.1 移动推送

推送技术是一种将数据从服务器主动推送到客户端的技术。移动推送即指将数据从服务器主动推送到移动客户端上。同传统主动请求数据的方式相比，移动推送更及时、便捷。用户无需主动访问数据，而是等待数据自动推送。

移送推送可采用轮询 SMS、持久连接等方式实现。轮询方式需要客户端按一定频率主动从服务器拉取数据，来模拟达到服务器推送的效果，但实时性不高，而且将消耗大量的带宽和电量。SMS 方式需要服务器通过运营商短信通道主动向客户端推送数据，实现了真正的主动推送，但此方式成本较高。持久连接方式则通过使服务器端与客户端保持持久连接来达到实时推送的目的。

在移动互联网之前，移动推送的主要手段是短信。随着移动设备的增多，移动互联网开始普及，安卓 IOS 等主流移动操作系统服务商开始制定自家的移动推送机制。如安卓平台的 GCM（Google Cloud Messaging）推送机制，IOS 平台的 APNs（Apple Push Notification Server）推送机制。其主要使用的推送技术是持久连接方式。

近年来，由于 Google 退出中国市场，GCM 的推送机制不再可用，针对安卓平台的第三方推送服务便开始普及，如个推推送、极光推送、百度推送等，可为国内开发者提供免费或商用的推送解决方案，并且普遍支持安卓和 IOS 系统的同时推送，大大方便了开发人员使用移动推送技术进行数据推送。除官方推送平台和第三方平台外，开发者还可以使用基于 MQTT 协议或 XMPP 协议的开源推送方案自行搭建移动推送服务，来满足更多需求。

6.1.2 队列服务

队列是一种基础数据结构，又称先进先出表，即先进入队列的元素，先从队列中取出。利用队列的机制可以对数据进行异步的处理和存储，即将处理较慢的、不影响主程序运行的执行逻辑从正常逻辑中取出，放入异步执行队列，进行异步处理，此机制可以有效加速主程序运行响应速度，防止主程序堵塞。如短信发送、电子邮件发送等耗时较长的操作，将其执行过程放入执行队列中，既不影响主程序继续运行、提高主程序响应速度，又能对队列中的执行程序进行监控，提高程序执行稳定性。

队列服务即提供队列功能的服务，此服务可以是第三方云服务，如亚马逊阿里云提供的消息队列服务，又可以是自己搭建的服务，如基于 beanstalkd 或 HTTPSQS 实现的轻量级队列服务。随着互联网行业的发展，越来越多的开发者需要使用队列服务来满足其各种需求，主流的开发框架也开始集成队列服务，比较典型的就是基于 php 的提供 Queue 队列服务的 Laravel 框架，其支持 Redisdatabase、甚至 Amazon SQS 等多种队列驱动器，使开发者能够方便快捷的体验队列服务给程序带来的响应速度及稳定性上的提升。

图 6-1 为典型的队列服务原理图，一个发送邮件的 Web 请求在执行过程中将邮件发送任务压送至队列，并及时对请求进行响应。队列服务从队列中取出最先进入队列的任务并执行，完成邮件发送任务。

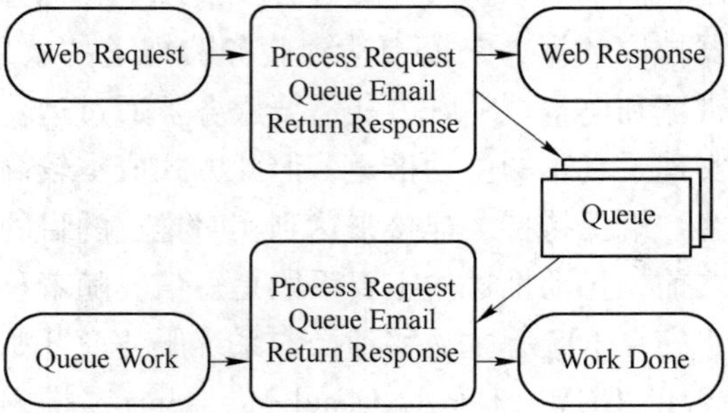

图 6-1　队列服务原理图

6.1.3　定时任务

对于一些需要按指定时间或周期运行的程序，需要设置定时任务来实现程序的定时执行。定时任务的实现机制很多，很多系统和服务也都提供了定时任务的功能，如 Windows 下的定时任务 Linux 下的 Cron 定时服务，阿里云 ACE 提供的定时任务、百度 BCE 提供的服务器监控功能，访问量大的网络服务或时间精准度要求不高的情况下也可以使用用户的访问行为来完成任务的定时执行。

综合来看，Linux 平台下的 Cron 服务可在自建服务器上运行，具有较高稳定性，在定时要求比较严格或执行频率较高的情况下推荐使用。通过连接 Linux 的命令行模式，输入 crontab – e 即可对定时任务进行编辑，典型的内容形式如下：

00 * * * * lynx-dump https：//www. yourdomain. com/script. php

此段代码由两部分组成，前部分表示具体执行时间，后半部分表示具体执行内容。执行时间由空格隔开的 5 部分组成，分表代表分、时、日、月、周，如

“00 * /2 * * *”表示在每 2 小时的 0 分钟执行，“ */1 * * * *”表示每分钟执行一次，“008 * * *”表示每天 8 点 0 分执行一次。执行部分可以直接执行某段 php 代码，或访问某网址，即需要定时执行的任务。

6.1.4　数据抓取

数据抓取指将互联网中非结构化数据通过抓取程序获取并进行结构化，处理成可进一步使用分析的数据。搜索引擎、舆情系统等是数据抓取的典型应用场景。有时为了与其他系统集成也会采用数据抓取技术，通过模拟用户访问行为，获取集成所需数据，或帮助用户自动化完成操作。

针对普通数据抓取需求，可以使用各种采集系统协助完成。但针对特殊系统的特殊需求，需要自行编写数据抓取程序，如 python 下就有各种协助网站数据抓取的模块，通过 urllib 模块可以模拟各种请求，通过 HTMLParser 或 Beautiful Soap 模块可以对抓取的 HTML 数据进行解析，通过 file 或 db 相关模块对数据进行存储。

6.1.5　RESTful API

随着智能设备的普及，用户使用的前端设备越来越多，如手机、平板、笔记本桌面电脑等。然而每种设备的屏幕大小、性能及操作系统都不尽相同，开发人员不得不为其中几种或每种设备同时开发客户端程序，以满足不同用户群体的需求。为方便不同前端设备与后端服务程序进行通讯的需求，需要有一种机制，来统一后端的接口。RESTful API 即是目前较为流行的可以满足以上需求的互联网应用程序接口设计规范。

RESTful API 推荐使用 HTTPs 作为通讯协议，将 API 部署在专用域名下，如：

https：//api. example. com

并将版本号放入域名，如：

https：//api. example. com/v1/

在 RESTful API 规范中，每个 api 接口均表示一种资源，因此接口链接中应全为名词，不能出现动词，且名称应该用复数形式，如获取所有用户信息的路径为：

https：//api. example. com/v1/users

对于资源的操作，用 HTTP 动词表示，常用的见表 6-1。

表 6-1　常用 HTTP 动词

动词名称	描　述
GET	从服务器获取一个或多个资源

续表 6-1

动词名称	描　述
POST	创建一个资源
PUT	修改一个资源
DELETE	删除一个资源

如删除某用户的接口为：

DELETE https：//api. example. com/v1/users/1

请求应返回正确的返回码及相关数据，常见的返回码见表 6-2。

表 6-2　常见返回码

动词名称	描　述
200 OK	服务器成功返回用户请求的数据
201 CREATED	新建或修改数据成功
201 NO CONTENT	删除数据成功
400 INVALID REQUEST	用户请求出错
401 Unauthorized	授权出错
403 Forbidden	禁止访问
404 NOT FOUND	未找到相关资源
500 SERVER ERROR	服务器出错

对于返回数据格式，应采用 JSON 避免使用 XML 对于数据内容，GET 操作返回资源列表或资源对象，POSTPUT 操作返回资源对象，DELETE 操作返回空即可。

如果请求出错，应返回错误字段及提示内容，如｛error：true，message："db error"｝。

6.1.6　OAuth 认证

OAuth 是一个关于授权的开放网络标准，很适合开放平台等需要用户授权认证的情景，当前最新标准是 2.0 版本。

OAuth 在客户端和服务提供者之间提供一个用户授权的中间层。客户端不能直接向服务提供者请求授权，而是通过中间层进行授权，成功后获取 token 令牌，以后便可通过此令牌向服务端请求资源，而此令牌的权限和时效范围可由服务提供者控制。

OAuth2.0 主要实现流程如图 6-2 所示。

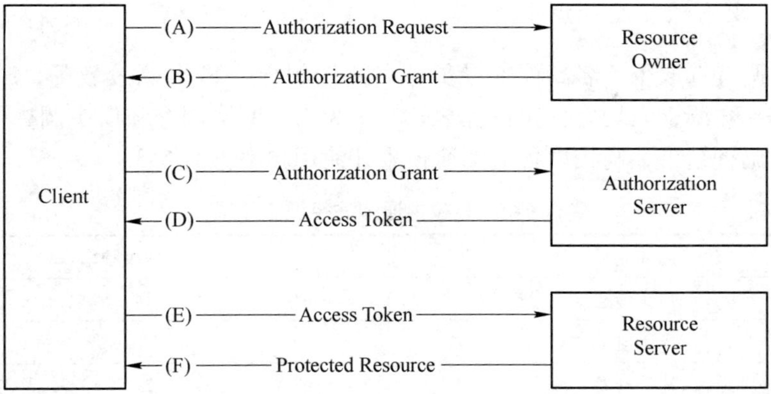

图 6-2　OAuth2.0 主要实现流程

用户打开客户端后，客户端通过 A 过程向服务端请求授权许可，服务器通过 B 过程许可客户端进行授权申请，客户端通过 C 过程使用 B 过程得到的授权许可向授权服务申请授权，授权服务器认证通过后，通过 D 过程发送授权令牌给客户端，客户端便可使用令牌通过 E、F 过程获取服务端资源。

而过程 B 是授权流程的关键，服务端可通过以下模式向客户端发送授权许可：即授权码模式、简化模式、密码模式和客户端模式。其中授权码模式最完整，也是主流使用的授权模式，其主要思路是在客户端请求授权认证后，将用户导向授权服务器页面，用户提交用户名密码等授权信息，授权服务器认证通过后再将页面重定向回客户端页面，并附带授权码。

6.2　多途径通知自适应策略研究

作为高校内的基础通知服务，通知下发策略是最基础的、最影响最终服务体验的环节。本书将通过分析研究提出多途径通知自适应策略，以达到现有通知途径下的最优下发策略。

6.2.1　高校内可用通知途径调查分析

目前高校内用于通知的主要途径有：口头传达通知、人工电话通知，短信群发通知，邮件群发通知，QQ 群、微信群等社交软件通知，校园网站通知，校园广播通知。

在实际的通知过程中，单一的通知途径往往达不到快速下达通知的需求，通知发送人需要人工统计通知接收情况，并综合多种通知途径，才能得到较高的通知下达率。而且针对不同的通知群体、通知需求，主要使用的通知途径也往往有很大不同。

6.2.1.1　现有通知途径调查

本次调查选取了 5 名高校辅导员 5 名高校领导、20 名高校教师、50 名高校学生干部，被调查人均匀分布在各学院、年级，以网络调查和口头调查的形式进行。根据调查结果，高校内各通知途径累计使用频率见表 6-3。

表 6-3　高校内通知途径调查结果

通知途径	累计使用频率
口头传达	14
人工电话	26
短信群发	23
邮件群发	31
社交软件	65
校园网站	8
校园广播	4

综合来看，高校内主要的通知途径为邮件通知和社交软件通知，人工电话通知短信通知也占有很大使用比重，口头传达通知依旧在使用，校园网站通知和校园广播通知也有其特定的应用场景。

6.2.1.2　潜在通知途径可行性分析

除了现有通知途径外，高校内可使用的潜在通知途径还有：自动语音电话通知，微信服务号通知，定制客户端推送通知。通过业内专家使用专家打分法对以上通知途径分别进行可行性分析，可得到表 6-4 所示的可行性分析结果。

表 6-4　潜在通知途径专家打分表

通知途径	C1	C2	C3	C4	C5
自动语音电话	9	10	10	10	10
微信服务号	9	9	8	10	10
客户端推送	9	8	7	10	10

注：C1 为高校师生对潜在通知途径的可接受度；
C2 为潜在通知途径用户总数；
C3 为潜在通知途径在线人数；
C4 为潜在通知途径用户属性与高校师生属性相符度；
C5 为潜在通知途径的技术可行性。

可以计算出高校内语音电话通知，微信服务号通知、定制客户端推送通知三种潜在通知途径的可行性分别为 98%、92%、86% 均达到了较高的可行性。

6.2.1.3 各通知途径对比分析

通过对现有通知途径的调查、潜在通知方式的可行性分析，现已归纳出校园内的主流可用通知途径。下面对各种通知途径进行对比分析，以便进行进一步的研究实践。

一次成功的通知需要在最低的人工成本下，在最短的时间内，将通知需要表达的含义让所有被通知人准确无误的获取，并将下达情况准确及时地反馈给通知人。下面将从通知下达时间、下达覆盖面、下达准确度、回复及时性，时间成本和发送费用六个角度，对现在高校内主流的通知途径进行横向对比，最终对比结果见表6-5。

表6-5 各通知途径对比分析表

通知途径	下达时间	下达覆盖面	下达准确度	回复及时性	时间成本	发送费用
口头传达	长	广	高	差	高	低
人工电话	中	广	高	好	高	高
短信群发	中	广	中	中	中	高
邮件群发	中	广	中	中	中	低
社交软件	中	中	高	差	低	低
校园网站	长	窄	中	差	低	低
校园广播	长	广	中	差	低	低
自动语音电话	短	窄中	中	中	中	低
客户端推送	短		中	中	中	低

6.2.2 高校内通知途径满意度调查

6.2.2.1 现有通知途径满意度评价方法

通过对不同学院、年级、身份的通知人进行现有通知途径的满意度评价，可得出通知人对各通知途径的满意程度，可为下面通知下达策略的研究提供理论基础。

通知途径满意度评价模型的建立需根据通知人对通知途径满意度为模型评价指标，其中评价时考虑通知人学院、年级、身份等参数，建立的通知人对通知途径的满意度评价公式：

$$P1 = Q1/Q$$

式中 P1——通知人对某通知途径满意程度；

Q1——通知人对某通知途径的满意累计人数；

Q——调查通知人总数。

6.2.2.2　现有通知途径满意度调查分析

依据通知途径满意度评价模型，对通知人进行了现有通知途径满意度问卷，得出表6-6所示结果。

表6-6　高校内通知途径满意度调查结果

通知途径	满意度
口头传达	44%
人工电话	30%
短信群发	76%
邮件群发	74%
社交软件	46%
校园网站	22%
校园广播	12%

由表6-4可看出，通知人对短信群发通知和邮件群发通知的满意度较高，对校园网站通知、校园广播通知的满意度较低，对口头传达通知、人工电话通知和社交软件通知的满意度一般。此结论与表6-1结论基本一致。

6.2.3　多途径通知自适应策略

6.2.3.1　多途径通知自适应策略的提出

上文对高校内现有通知途径及潜在通知途径进行了总结，并对各通知途径的用户满意度做了调查分析，通过结果可看出，任何一种单一通知途径都不能达到较高的用户满意度。下面将在此基础上，提出多通知途径自适应策略。

“多途径”即在一次通知发送过程中，运用多种不同的通知途径进行混合发送的策略，然而若一次将同一通知通过多种通知途径同时发出，将对用户体验产生极大的影响，因此需要控制不同通知途径的发送顺序。

“自适应策略”即针对不同用户，系统采用不同的通知途径及发送间隔进行通知发送，以便达到最优的通知下达率，即通知用户的自适应，通知途径的自适应和通知延迟间隔的自适应。

要达到多途径通知的自适应，首先需要对不同的通知途径针对特定用户设置不同的发送权重，假设不同的通知途径针对特定用户的发送权重为 Wi（$i=1$，2，3，4，5，6），通知延时系数为 I 可通过公式得出各通知途径发送延迟 Ti：

$$Ti = \frac{\max(wi) - wi}{Wi} I \quad (i = 1,2,3,4,5,6)$$

其中，不同通知途径针对特定用户的发送权重可通过用户对历史通知的回复途径进行计算得出，并通过为不同通知途径设置初始权重，解决冷启动问题。假设针对某种通知途径，用户通过此途径回复的所有历史通知与当前时间时间差为 Tj（$j=1, 2, 3, \cdots, m$）权重计算系数为 J 通知途径的初始权重为 Wis（$i=1, 2, 3, 4, 5, 6$）。

6.2.3.2 多途径通知自适应策略的实施

由于基础通知服务中通知自动化的需求，需在高校内现有通知方式和潜在通知方式中，去除不能进行自动化通知的通知途径，其中包括口头传达通知、人工电话通知，QQ 群、微信群等社交软件通知，校园广播通知。最终可用的通知途径为：短信群发通知、邮件群发通知、微信服务号通知、自动语音通知、定制客户端通知和校园网站通知 6 种通知途径。通过组成 10 人的测试小组，对以上 6 种单一途径通知策略及多途径通知自适应策略进行下达率的测试，可得表 6-7。

表 6-7 各通知策略下达率统计

通 知 途 径	下 达 率
短信群发	60%
邮件群发	40%
微信服务号	40%
自动语音通知	80%
定制客户端通知	60%
校园网站	10%
多途径通知自适应策略	90%

通过表 6-7 的测试结果及策略本身可知，多途径通知自适应策略能够有效提高通知下达率。并随着用户使用次数的增多，通知将更具适应性，提供给用户更好的使用体验。

6.3 通知自动化研究

在高校智慧校园的建设中，信息化系统占据了十分重要的角色，基础通知服务的自动化是指通知服务不单单提供给通知人使用，而同时提供给高校内的各信息化系统使用，人与系统之间进行联动，达到自动化通知，进而达到信息化系统间相互协作的目的。

6.3.1 高校内信息化系统调查分析

6.3.1.1 现有信息化系统调查

以某大学为例，学校数字化建设已相对完善，但还未步入智慧校园的行列。通过走访各部门相关负责人、部分老师同学，得出校园内现有信息化系统的概况，情况见表6-8。

表6-8 某大学信息化系统概览

系统名称	数量
本科教务系统	2
研究生教务系统	3
图书管理系统	1
毕业答辩管理系统	1
学校门户	1
各学院门户	若干
各学院内部管理系统	若干

通过统计，各系统中，60%的系统使用.net相关技术实现，30%的系统使用java相关技术实现，10%的系统使用php相关技术实现。各系统间用户独立，数据独立。除图书管理系统提供RSS订阅接口外，其他系统均未对外提供数据接口。

如此繁多而又孤立的信息化系统，是未来智慧校园建设中不容忽视的阻碍。

因此现阶段对于基础通知服务的研究要兼顾现实情况，在满足现有信息化系统通知自动化的基础上，逐渐过渡到智慧校园的通知服务场景。

6.3.1.2 潜在信息化系统分析

通过对智慧校园的解读及相关实践的参考，未来智慧校园中潜在的信息化系统见表6-9。

表6-9 潜在信息化系统

系统名称	数量
校园安全预警系统	1
校园生活助理	1
信息通知门户	1

智慧校园中的信息化系统更注重系统与系统，系统与物，系统与人的互动，因此更加需要自动化的基础通知服务做好系统之间的协作。

6.3.1.3 通知自动化场景概述

在传统的信息化系统中，主要是以使用者主动查询的方式获取、使用信息。然而实践上很多需求都可以通过系统主动通知的方式来得到满足。

下面列举几种常见的通知自动化场景：

（1）会议通知。无论是班级、社团，还是部门、办公室，都会定时不定时召开各种大小会议，而会议的时间地点都需要通过通知的方式让每个人知晓。传统的会议通知过程，通知人需通过各种途径发放通知、统计回复结果，造成了巨大的人力成本浪费。自动化通知可通过构建会议通知服务，根据被通知人设置的通知途径，结合多途径自适应通知策略，自动将通知进行多途径下发，并对回复结果进行统计。

（2）上课通知。每学期开始同学和老师们都要去教务系统查看课表，并且每天查阅今天的上课时间地点。自动化通知可将教务系统与基础通知服务相集成，学期初自动将本学期课表通过通知服务推送到师生手中，并在每天上课前自动进行上课提醒。

（3）监考通知。每学期期中、期末，大部分教师都要承担考试监考任务，一旦错过监考将导致重大教务事故。因此教师需要每天查阅有无自己的监考任务。自动化通知可将教务系统中的考试安排与基础通知服务相集成，每天自动将监考任务通过通知方式推送至教师手中，教师可直接回复存入日历，并设置提醒时间，在监考前进行再次接收通知提醒。

（4）还书提醒。高校图书馆拥有大量图书可供师生借阅，然后很多师生都忘记过归还借阅的书籍，不仅自己经济、信誉受到影响，也给其他师生带来不便。自动化通知可将图书借阅系统和基础通知服务相集成，自动将即将到期提醒以通知的形式告之师生，师生可直接回复续借进行续借或前往图书馆还书。

6.3.2 通知服务集成方式研究

通过上文对某大学现有信息化系统的调查和潜在信息化系统的分析，可以看到，现有信息化系统使用技术各不相同，也很少有系统主动对外提供接口。针对这些系统，可以使用轮询技术，让待集成平台接收被动轮询，在特定条件下调用基础通知服务提供的接口，达到通知自动化的目的。而对于潜在的信息化系统，可以直接通过基础通知服务提供的接口服务为其提供基础通知服务。

6.3.2.1 待集成系统被动接受轮询

此方案不需要待集成平台做任何改动，适合现有信息化系统与基础通知服务的集成，但需要待集成系统和基础通知服务之间建立轮询中间层程序，用来数据采集解析、设定轮询任务、判断通知条件、进行通知等操作。

下面以还书提醒场景为例，做简要说明。还书提醒的实现需要程序每天采集用户的图书借阅记录，然后根据借阅时间、期限判断是否应该归还，对于需要归还的图书在到期之前一定时间给予用户提醒：

（1）确定轮询系统。一个通知场景所需要的数据可能在多个系统中都存在，需要综合数据完整度集成难度、系统访问速度、可扩展性等多种因素，综合评价后选择最优的系统进行集成。

还书提醒场景中，所需的图书借阅记录仅存在于图书借阅系统中，因此确定轮询系统为图书借阅系统。

（2）确定信息采集页面或接口。同样，在某一系统中，通知场景所需数据可能存在于不同页面或接口中，开发人员需要综合数据获取难度、数据解析难度等因素选择最优的页面或接口进行信息采集。

还书提醒场景中，图书借阅信息可以在用户借阅列表获取，也可以在图书管理系统提供的订阅 RSS 源中获取。用户借阅列表需要获取用户访问权限后才能访问到，而且需要对抓取数据进行解析，而 RSS 源只需在首次获取时进行登录，以后的轮询采集则不需用户访问权限，而且数据格式为常见的 xml 格式，方便进行数据解析，所以选择从 RSS 源进行数据采集。

（3）设计开发采集程序。确定采集页面或接口后，需要设计开发特定程序对数据进行采集、解析，对于满足特定条件的数据，调用基础通知服务的通知接口向用户发送通知。其中需要用到 Fiddle 等工具分析页面或接口的 http 请求，并使用程序对用户访问进行模拟。达到采集数据的目的。

还书提醒场景中，首次获取用户借阅图书的 RSS 源地址需要用户登录授权，因此需要用户提供图书管理系统的登录信息，采集程序用此信息去模拟用户登录行为，访问并获取存在 RSS 源地址的页面，解析出此用户的 RSS 源地址。

以后的数据采集过程中，采集程序只需访问此 RSS 源地址，获取用户借阅记录并进行解析，判断是否存在将要到期的图书借阅记录，若存在，则调用通知接口通知用户哪些书即将过期，以达到还书提醒的目的，若不存在，则不做任何处理。

（4）设置轮询任务。采集程序开发完成后，需要根据通知场景设定轮询周期，设置轮询任务，具体可由 Linux 系统的 Crontab 程序，或 windows 的定时任务实现。

还书提醒场景中，用户图书借阅期限是以天为单位进行计算的，因此轮询周期设定为 1 天，即 1440 分。轮询任务采用 Linux 系统的 Crontab 程序，设置每天固定时间访问采集程序即可。

6.3.2.2 待集成系统主动请求

对于可以进行更改或潜在待开发的信息化系统，可以通过主动请求的形式集成基础通知服务。此时，基础通知服务只需提供服务接口即可。

目前主流的服务接口规范有 Web Server 规范和 RESTful API 规范。Web Server 采用 SOAP 协议，可采用 HTTP 协议 SMTP 协议或 TCP 协议进行通讯，数据格式采用 XML 规范。RESTful API 采用 HTTP 协议通讯，数据格式采用 JSON 规范。由于 HTTP 协议较为流行以及 JSON 更高的可读性和解析效率，基础通知服务使用 RESTful API 规范提供接口服务。

待集成系统在用户注册或初始化时，将用户及联系方式注册在通知服务中，在需要使用通知服务时，调用通知接口即可将指定内容发送给指定用户。

下面以会议通知场景为例，做简要说明。假设在智慧化校园建设中，为师生提供了会议通知模块。师生使用此模块即可发送会议通知，查看自己的发送的通知详情、回复结果统计情况等。并且此模块会对达到一定回复比例的会议通知，通过基础通知服务反馈给通知发送人，使通知人不用一直关注回复情况，浪费不必要的时间：

（1）创建用户。智慧化校园建设中，往往集成了统一用户认证服务，这种情况下，系统使用基础通知服务时，可省去创建通知用户的步骤。基础通知服务可通过统一用户认证服务获取用户信息。对于没有统一用户认证服务的情况，待集成系统需要首要通过用户创建接口将用户数据及联系方式注册至基础通知服务，以便获取唯一的通知用户 ID，以后便可通过此 ID 对用户发送通知。

创建用户接口具体定义如下：

1）接口名称：用户创建接口。

2）请求方式及路径：POST/api/v1/user。

3）接口描述：第三方系统通过此接口创建通知用户，调用通知接口时直接提交此接口获取的用户 ID 即可。会议通知场景中，如需创建通知用户，则需在用户注册或初始化时，将用户数据通过以上接口发送给基础通知服务，并将返回的用户 ID 与用户相关联。

（2）创建通知。当待集成系统有通知发送需求时，首先需调用通知创建接口，基础通知服务创建通知后将会将通知 ID 返回给请求程序，请求程序可根据此 ID 进行通知发送或查看通知回复统计情况。

通知创建接口具体如下：

1）接口名称：通知创建接口。

2）请求方式及路径：POST/api/v1/inform。

3）接口描述：第三方系统通过此接口创建通知。

会议通知场景中，当用户创建会议通知后，程序可通过调用此接口来完成通知的创建，并将返回的通知 ID 与会议通知相关联，以便进行后续通知发送、关闭等操作。

（3）发送通知。当待集成系统调用通知创建接口创建好通知后，可通过此接口将通知进行发送。将创建与发送接口分开可实现定时发送等高级使用场景，待集成系统可连续调用通知创建和发送接口实现通知的即刻发送。

通知发送接口具体定义如下：

1）接口名称：通知发送接口。

2）请求方式及路径：PUT/api/v1/inform/{id}/send。

3）接口描述：第三方系统通过此接口将创建好的通知进行发送。

请求参数无。

会议通知场景中，当用户创建会议通知后，程序可通过调用此接口来完成通知的发送，用户便可通过各种途径收到会议通知并按照通知创建时定义的回复项进行回复。

（4）其他。待集成系统除了调用以上接口进行基本的通知外，还可以调用用户修改、通知关闭等接口进行更多操作。

6.3.3　通知服务接口安全研究

待集成系统使用基础通知服务过程中，无论是采用被动轮询方式，还是主动请求方式，都需要通过基础通知服务提供的接口进行集成，而这些接口又是以 HTTP 请求的方式存在，因此接口安全至关重要。

对于采用 RESTful API 规范的接口服务，主要从身份认证，授权，敏感数据加密等几方面考虑其安全性。

身份认证常见机制有 HTTP Basic，HTTP Digest，Oauth2.0，JWK 等。HTTP-Basic 较简单，单独使用安全性也较低，其做法是在 HTTP 请求的 header 中加入 Authorization：Basicxxx 的头部信息，xxx 是经过 base64 转码的用户账户密码信息。此方法由于其较低的安全性，很少用于实际生产环境。HTTP Digest 认证通过加入 nonce 机制，安全性有所提高。OAuth2.0 作为一种第三方用户认证规范，其安全性和可靠性都很高，但常用在开发平台等需要用户授权的场景下。JWK 是 JSON Web Token 的简称，是一种基于 token 的认证方案，常用在云服务提供接口时的安全认证。基础通知服务需要将接口以云服务的形式提供给校园中的其他信息化系统使用，因此选择 JWK 认证规范作为安全认证规范。

若采用 JWK 作为认证规范，用户授权则仅需根据认证的用户身份，限制其获取及更改资源的范围即可。如在用户和通知的查看接口中，限制其只可获取自己创建的资源，无权查看其他第三方系统创建的用户或通知。

在 HTTP 协议上进行数据传输，数据很容易被中间路由获取，尤其对用户密码等敏感数据的加密至关重要。数据加密可分为对称加密和非对称加密，其区别是用于加密和解密的密钥是否一致。对称加密由于所用密钥唯一，一旦泄露任何人都可以对加密数据进行解密，非对称加密采用公钥私钥机制，只提供给数据提供方公钥进行数据加密，而解密所需私钥自己保管。HTTPS 协议为了传输数据安全采取了类似机制，但使用需要申请购买 SSL 证书，基础通知服务可以使用 HTTPS 协议或自行模拟公钥私钥机制进行数据加密。

6.4 通知情景化研究

在高校生活中，有些时候我们不希望受到通知的打扰，例如开会、上课、休息期间；有些时候我们又希望能够及时收到通知的提醒，例如还书、上课、考试等提醒。因此在基础通知服务的构建中，除了通过下发策略的研究提高下达率，通知自动化的研究使基础服务与现有或潜在系统进行集成，还需要解决何时、何地进行通知发送的问题，即通知的情景化。

6.4.1 情景感知技术

情景感知是一个跨越计算机科学、认知科学、心理学和语言学等多学科的研究领域。其中“情景”一词在人工智能和普适计算的领域中被定义为“所有与人机交互相关，用于区分标定当前特殊场景的信息”。

1994 年，B. SCHILIT 等提出 context-aware 将情景信息 context 定义为 3 个类别：

（1）计算情景，如网络的可用性、连接带宽、附近的设备（打印机、显示器 PC 等）；

（2）用户情景，如用户配置、位置、附近的人、姿势行为、社会关系等；

（3）物理情景，如温度、光线明暗、噪音大小、交通状况等。

2000 年，Dey 等人在其论文中指出“情景信息是可以用来描述实体情形的任何信息。所谓实体是指人、位置或其他和用户及应用交互相关的物体，包括用户和应用本身。”而情景感知正是获取这些情景信息，并对情景中的信息进行处理的技术。1994 年，B. SCHILIT 等把情景感知定义为系统感知情景并做出相应的调整。Dey 等人认为无论是用桌面计算机还是移动设备，普适计算环境中使用情景的应用，都称为情景感知。

6.4.2 校园情景分析

情景是指所有与人机交互相关，用于区分标定当前特殊场景的信息。在校园中，这些情景可以按时间、位置、用户、活动以及设备进行分类。

其中，时间情景是指对用户所处时间的描述。为了根据情景数据进行情景化通知，需将时间处理成图书馆是否开馆、是否在假期、是否在考试等布尔类型的情景数据。

位置情景是指对用户所在位置的描述。为了根据情景数据进行情景化通知，需将位置处理成是否在食堂、宿舍、教室、图书馆、操场、实验室、校外等布尔类型的情景数据。

用户情景是指对用户自身属性的描述。为了根据情景数据进行情景化通知，需将位置处理成是否是本科生、研究生、教师、职工等布尔类型的情景数据。

活动情景是指对用户进行的活动的描述。为了根据情景数据进行情景化通知，需将位置处理成是否在跑步、睡觉、走路、运动等布尔类型的情景数据。设备情景是指对用户使用及相关的设备的描述。为了根据情景数据进行情景化通知，需将位置处理成是否在用手机、电脑，是否有电 WIFI 网络等布尔类型的情景数据。

6.4.3　情景数据的采集与处理

（1）时间情景数据的采集与处理。时间情景数据的采集较为容易，直接采用服务器当前时间即可。但把当前时间处理成有意义的情景数据则需要其他数据的配合，如教学日历、用户课程表、用户日程表、用户起居用餐时间、学校各场馆开放时间等。

（2）位置情景数据的采集与处理。位置情景数据的采集主要依靠移动设备提供的 GPS 数据和 WIFI 热点数据。同样，配合校内各场所的 GPS 位置坐标以及 WIFI 信号的分布情况，可以把数据处理成有意义的位置情景数据。

（3）用户情景数据的采集与处理。用户情景数据的采集主要来源于用户注册时的身份数据，这里直接把数据处理成有意义的用户情景数据。

（4）活动情景数据的采集与处理。活动情景数据的采集主要来源于移动设备的陀螺仪等传感器数据，通过对传感器数据的分析，可以判断出用户的活动情况，进而处理成有意义的活动情景数据。

（5）设备情景数据的采集与处理。设备情景数据的采集主要来源于用户请求服务器的设备信息，这里直接把数据处理成有意义的设备情景数据。

6.4.4　通知情景化的实现

通过情景化数据的采集与处理，可以得到若干用于通知情景化的布尔型数据。通过对这些数据的组合判断，即可得出是否应该发送通知的结论。假设某情景化通知发送所需为真的情景化数据为 Bi（$i=1, 2, \cdots, m$）其是否可发送为 B 则由以下公式可知此通知是否可发送：

$$B = \prod_{i=1}^{m} Bi \quad (i = 1,2,\cdots,m)$$

例如：当“某同学预约图书已到”“图书馆正在开放期间”“此同学在图书馆附近”三项条件都满足时，通知服务便可以提醒其去图书馆取书。要实现此情景化通知，首先需要了解到此用户是否有已到预约图书，此数据可以通过与图书馆借阅系统集成得知，若存在已到预约图书，则在发送提醒通知时加入情景化判定条件，即时间情景数据 Is_library_open 为真，位置情景数据 Is_around_library 为真。加入情景化判定的通知根据判定条件发送通知即可。

6.5　云数据通知服务总体设计

6.5.1　总体设计

6.5.1.1　系统框架

通过对基础通知服务的下发策略、自动化、情景化的研究，现将基础通知服务分为通知接口模块、情景感知模块、数据存储模块、通知发送模块四大模块，并通过与信息化系统、情景数据采集终端、通知接收终端的数据交互，完成最终基础通知服务的功能。基础通知服务系统框架如图 6-3 所示。

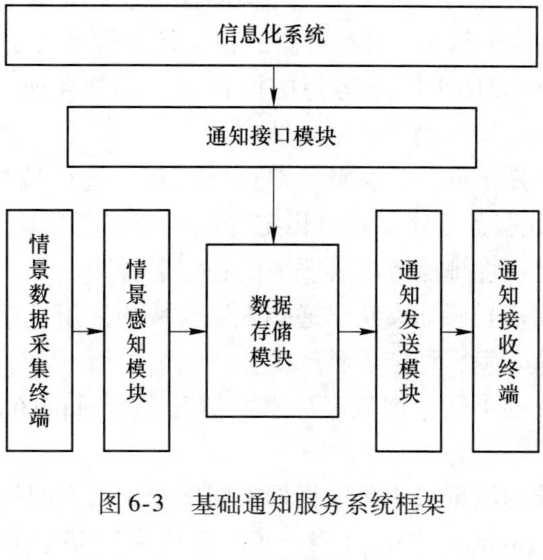

图 6-3　基础通知服务系统框架

其中，信息化系统指通知自动化过程中集成的高校内的各种信息化系统，如教务系统、图书馆管理系统等。信息化系统是基础通知服务的主要通知来源，采用被动轮询或主动调用的方式与通知接口模块进行对接。

通知接口模块是基础通知服务的必要模块，为各信息化系统使用服务提供稳定安全的接口服务。此模块所有数据均流入数据存储模块。

数据存储模块为基础通知服务提供数据存储功能，包含但不限于用户数据、通知数据、情景数据等的存储，是基础通知服务的必要模块。数据主要来源于通知接口模块和情景感知模块，被通知发送模块获取并用于通知服务。

情景数据采集终端指能够采集各种情景数据的终端设备，如手机、电脑及手环等可穿戴设备。通过在终端设备中运行数据采集程序，可将情景数据采集至情景感知模块进行处理。

情景感知模块是基于情景感知技术实现通知情景化的主要模块。此模块会将采集的情景数据进行分析处理，并将处理结果数据存入数据存储模块，供通知发送模块使用。

通知发送模块是基础通知服务的必要模块，此模块通过轮询服务或调用，结合用户数据、通知数据、情景数据，按多通知途径自适应策略进行通知的发送。

通知接收终端即通知发送途径对应的通知接收端，如短信、语音、客户端、邮件、微信等。接收终端除接收通知外，还可进行通知的回复。最终回复数据会流入数据存储模块，由通知接口模块对信息化系统提供回复统计等数据。

6.5.1.2　技术路线

通知基础服务的运行平台为阿里云的云服务器，具有强大灵活的配置扩展能力以及完备的数据容灾能力。测试生产环境的操作系统为基于 linux 内核的 Ubuntu Server 相比于 Windows Server 具有更高的稳定性及性能优势，以及更低的维护运营成本。使用 Docker 作为服务运行虚拟容器，具有高速、节省资源的特点，通过虚拟容器可保证开发、测试环境的统一。

测试生产环境采用 nginx 作为服务端反向代理，进行端口映射及负载均衡。采用 apache 作为 web 服务程序，具有稳定开源的特点。采用 supervisor 进行服务端各服务进程的看守，保证服务端各服务的稳定运行。

通知接口模块、情景感知模块、通知发送模块均采用基于 php 的 lumen 框架进行开发，具有快速开发、稳定优雅的优势。

面向信息化系统的中间轮询程序可根据情况采用 phppython 等任意语言及环境开发。

情景数据采集端的数据采集程序根据不同终端采用不同技术实现。如安卓系统采用基于 java 的 Android SDK 开发，IOS 系统采用基于 Object-C 的 IOS SDK 开发。

通知发送模块的轮询服务采用 Linux 系统下的 Crontab 服务，发送队列服务采用 lumen 框架下的队列服务配合 Redis 缓存服务进行。各通知途径的发送接口均对接现有主流云通知服务平台。

通知接收端的回复程序采用 html 实现，具有简单灵活的特点，一次开发便可用于各接收端。

数据存储模块主要采用 mysql 进行持久化存储，配合 Redis 进行数据缓存。既保证了数据的安全稳定，又能有效保证程序执行速度，进而提高通知的稳定性。

6.5.2 主要模块的设计与实现

6.5.2.1 通知发送模块的设计与实现

通知发送模块是基础通知服务的核心模块，是多途径通知自适应策略的主要实现模块。其主要实现框架如图 6-4 所示。

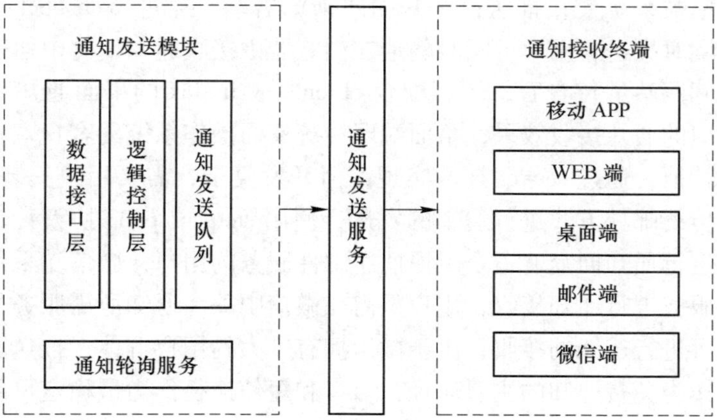

图 6-4 通知发送模块实现框架

其中，数据接口层主要负责数据交互，实现数据的增删改查操作，主要包括：通知详情、通知人详情、通知回复选项、通知途径、情景条件的获取，通知发送队列数据的存储，通知状态的改变。

逻辑控制层主要负责通知发送的逻辑处理，是通知轮询服务主要轮询对象。主要进行数据重组存储、通知发送、进行接口响应等操作。此层程序首先获取可发送通知，组合通知详情、通知人、回复项、通知途径、情景条件等数据，并根据多途径通知自适应策略判断何时通过何种途径进行通知发送，最终将通知数据压送至通知发送队列，并根据发送情况更新通知发送状态。

通知发送队列的存在主要为了保证程序的相应速度及通知的稳定性。由于通知发送服务采用第三方云服务，存在不确定性，为了保证每次轮询任务的执行时间在可控范围内，故将通知发送程序压送至队列，及时完成轮询操作。压送至队列的通知发送任务会按照进栈顺序依次执行，对于执行成功的通知任务，改变通知发送状态为已发送，对于执行失败的通知任务，则记录错误日志，以便及时发送解决通知故障。

通知轮询服务可以使延时发送的通知及具有情景条件的通知准时发出，若不存在则只能发送即时通知，多通知途径自适应策略以及通知情景化的实现也无从谈起，因此至关重要。

通知发送服务指各种第三方通知云服务，如邮件服务、短信服务 IVR 外呼服务微信公众平台通知服务、客户端推送服务。由于各平台技术实现各不相同，具体发送接口也各不相同，因此每种通知服务的对接都需单独编写队列任务。

通知接收终端即各种通知发送途径。移动 APP 端即智能移动设备上运行的软件程序，通过推送服务进行通知发送，具有及时、灵活、便捷的特点，可通过自定义推送栏内容实现通知在推送栏的直接回复，但只能在有网情况下使用，并且有一定概率被系统禁止推送；Web 端即浏览器端，通过 Web Socket 技术即可实现通知的实时推送，用户可随时随地在浏览器中接收通知，此中通知方式需要用户主动打开网站进行查看，但若配合 chrome 或 firefox 的桌面通知功能即可实现桌面端类似的通知接收效果；桌面端即传统桌面操作系统的客户端程序，具有稳定实时的特征，通过 socket 技术实现，但开发复杂，需要用户安装指定程序；邮件端采用传统邮件方式进行通知的发送，使用 smtp 或 pop3 协议传输，可通过邮件中链接进行通知回复，适合习惯使用邮件服务的用户；微信端采用微信公众平台的通知服务进行通知接收，用户只需在微信中关注通知所需服务号，进行账号绑定，即可进行通知的接收，由于微信拥有广大的用户群体，推送服务较为稳定，因此可作为免费通知的主要途径；语音和短信途径作为最稳定可靠的通知途径，可保证通知的下达，以及通知的及时性，但由于其可定制性较差，通知回复流程比较复杂，短信途径需打开短信中链接，语音则无法直接回复，收到通知后只能主动通过其他途径进行回复。

通过发送模块的实现主要有：数据接口层实现、逻辑控制层实现、通知发送队列实现、轮询服务实现。下面以通知发送队列实现和轮询服务实现为例说明：

（1）通知发送队列实现：

1）队列驱动配置及依赖安装。在 lumen 框架下进行队列驱动配置，如使用 Redis 则需在项目根目录下的 . env 文件中添加 QUEUE_DRIVER = Redis 并通过 composer 安装 predis/predis ~1. 0 依赖。

2）构建队列任务。在 lumen 框架下，队列任务默认在 app/Jobs 目录中部署，基础通知服务需要的队列任务主要为各通知途径的发送程序，即与各云服务的接口进行调用的程序，如语音通知发送接口调用。

3）推送任务至队列。

4）进行队列监听。linux 的 shell 下执行 phpartisan queue：listen 即可进行队列监听，一旦有任务被推送至队列即可执行。若保证队列服务稳定性，需将此监听服务放置 supervisor 的守护列表。

5）失败任务记录。对于队列中的执行失败的任务，需进行记录。

成功创建此表后，lumen 队列服务会自动将失败任务存至此表。

（2）轮询服务实现：

1）编写轮询脚本。轮询服务本身支持 shell 脚本，也可使用其他脚本进行编写。

2）配置轮询服务。

6.5.2.2　通知接口模块的设计

通知接口模块作为基础通知服务的必要模块，对外提供通知接口服务，其可用性、安全性直接影响通知服务的质量。通过对通知自动化的研究，已得出 RESTful 形式的接口设计规范，本模块按照此规范进行设计，其主要实现框架如图 6-5 所示。

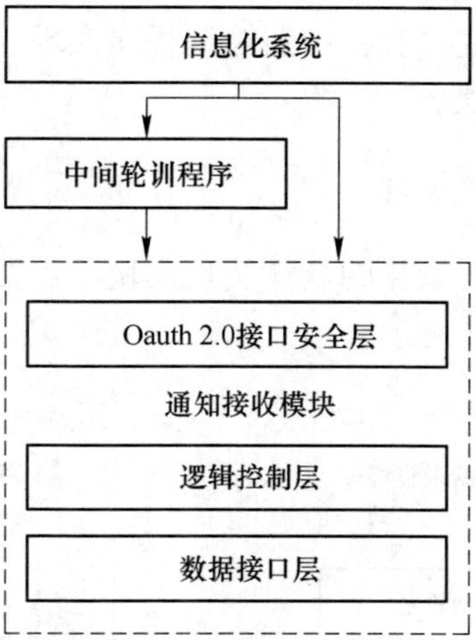

图 6-5　通知接口模块实现框架

其中，接口安全层主要负责接口的认证授权，存在通知接口模块最外层，直接面向信息化系统或为其提供被动轮询服务的中间轮询程序。接口安全层采用 JWT 协议完成。接入方需申请 app_key 及 app_secret 方可接入，此层会根据此 app 分配的权限授予其对应权限。通知基础服务中，提供给第三方接入程序的权限主要有：认证和授权权限、用户的增删改查权限、通知的增删改查权限、通知的发送关闭权限。

逻辑控制层主要实现了对外接口的业务逻辑实现。主要包括传输数据的验证调用数据接口层功能进行数据组合存储、按照接口规范返回数据。如在用户增加接口中，首先需要对用户基本数据按照接口规范进行有无、格式验证，如手机、邮箱格式是否正确，对于不符合规范的请求，直接返回错误信息，数据验证无误后，进行基本用户数据的创建，然后将用户手机、邮箱、微信号等通知方式与用户进行关联存储，并对通知方式的顺序进行定义，以便通知发送时按照自适应策略发送，最后按照接口规范返回数据。通知创建接口中，首先需要对通知基本数据按照接口规范进行有无、格式验证，如标题是否存在，用户是否存在等，验证对于不符合规范的请求，直接返回错误信息；数据验证无误后，进行基本通知数据的创建，然后将通知回复项、通知发送途径、通知发送人等数据进行关联存储，最后按照接口规范返回数据。

数据接口层主要负责数据交互，实现数据的增删改查等基本操作，主要包括：用户列表获取、用户详情获取、用户创建、用户修改、用户删除、通知列表获取通知详情获取、通知创建、通知修改、通知删除、通知发送、通知删除。

中间轮询程序通过被动轮询的形式将基础通知服务与信息化系统进行集成。可根据信息化系统进行自由定制和扩展。

通知接口模块的实现主要有：中间轮询程序实现、接口安全层实现、数据接口层实现、逻辑控制层实现。

6.5.2.3　情景感知模块的设计

情景感知模块是通知情景化的具体实现模块，主要负责情景数据的获取解析与存储，具体框架如图 6-6 所示。

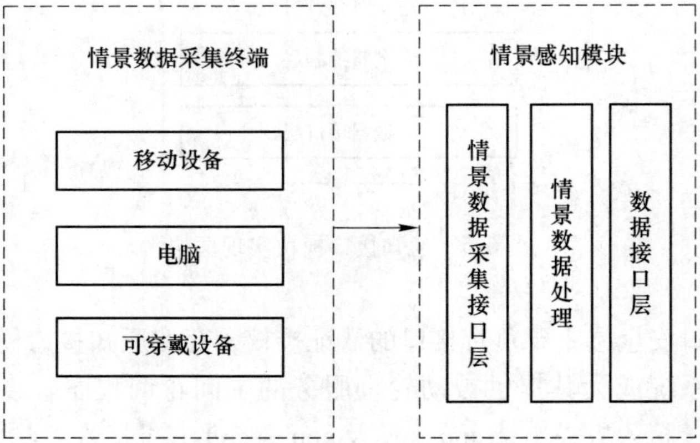

图 6-6　情景感知模块实现框架

其中，情景数据采集接口层面向情景数据采集终端，主要提供情景数据的提交接口。

数据提交接口具体定义如下：

（1）接口名称：情景数据提交接口。

（2）请求方式及路径：POST/api/v1/situation/data。

（3）接口描述：数据采集终端可通过此接口将采集数据提交至服务器。

此接口面向采集终端，接口认证机制同样采用 JWK 认证机制，即带有数字签名的 token 认证机制。客户端将提交数据与 token 按照规定逻辑进行编码生成数字签名，然后将此签名与数据一同提交。接口端将签名按编码逻辑进行签名认证即可有效判断来源数据是否真实可靠。

情景数据处理层负责将采集终端提交的情景数据处理成可被通知服务使用的布尔型数据，如手机将 GPS 收集的位置情景数据｛x:，y:｝提交至数据采集接口，处理层将其与校园内各主要场所的位置进行距离计算，对于符合一定范围内的距离即认为此用户在此场所附近，将对应字段进行布尔类型数据的赋值。情景数据的处理和最终数据列表可根据情景化的需要进行自由定制和扩展，以满足更多的情景化通知需求。

数据接口层主要负责数据交互，实现情景数据的存储操作。

7 智慧校园教育资源平台

7.1 云平台下教育资源概述

7.1.1 教育资源的概念及重要地位

教育资源及平台建设是一项基础性工作，是智慧校园得以运行的物质基础和保障。离开教育资源，智慧校园乃至整个教育信息化的发展将沦为无本之木、无源之水。《国家教育事业发展第十二个五年规划》明确指出：“推动优质资源、的开发、集成与共享”“加快数字教育资源开发，启动建设国家优质教育资源中心。支持、引导、激励各级各类学校和社会机构开发优质教育资源，建立覆盖各级各类教育所有课程的教育资源库和公共服务平台”。《国家中长期教育改革和发展规划纲要（2010～2020年）》也旗帜鲜明地将教育信息化单独列出，且将“加强优质教育资源开发与应用”作为教育信息化建设的重要内容，明确指出“建立开放灵活的教育资源公共服务平台，促进优质教育资源普及共享。”可见，教育资源及平台建设已被提升至关系到教育长期发展的战略地位。

随着教育理念、实践及技术的发展，教育资源的基础性地位和作用也日益突出。教育资源的内涵也在不断更新和发展。广义的教育资源是指为教育服务，促进教育发展的一切要素。包括环境资源、人力资源和信息资源。环境资源指构成教育教学系统的各种硬件设备，如计算机设备、网络设备、通信设备等，以及维持教育教学系统正常运行的各类系统软件、应用软件、工具软件、教学软件等。人力资源包括教育教学机构人员、任课教师、教辅人员、行政管理者，以及能通过互联网等现代通讯工具联系到的各个领域的专家、学者。信息资源通常指信息技术环境下的信息资源，主要指以文字、图形、图像、声音、动画和视频等形式储存在一定的载体上并可供利用的信息。包括数字视频、多媒体教学软件、教育网站、电子邮件、在线学习管理系统、计算机模拟、在线讨论、数据文件、数据库等。狭义的教育资源一般指教育信息资源。

7.1.2 教育信息资源及平台的发展

在我国教育信息化发展的进程中，以各个时期资源建设的主要内容和资源库的表现形式为划分标志，有学者将我国教育信息资源的建设与发展概括为三个典型阶段：“早期（2003年前）以教学素材库和学科资源库为主的建设阶段；中期

(2008 年前）以学科教与学资源网站、研究性学习和专题学习网站为主的建设阶段；再到近几年（2008 年后）以网络教学课程（如魔灯 Moodle 课程）、教育视频库和教育教学博客、微博为主的建设阶段。”随着教育实践的发展、理念的转变及技术的进步，教育信息资源建设也在发生着清晰而深刻的转变。首先，资源建设理念开始从“助教资源”转向“助学资源”其次，资源、结构开始从封闭状态转向半封闭半开放状态；第三，资源的生成模式开始从“各自作战，静态生成”转向“合作共建，动态生成”；第四，资源的表现形式开始从“离散型教学素材”转向“结构化的主题式教学资源”；最后，资源的技术模式开始从“演播式”转向“交互式”。

教育资源的存储、共享和应用，离不开资源平台建设。科学合理的教育资源平台的规划与建设，还是缓解优质资源匮乏，优化资源配置，促进教育公平的重要手段。随着云计算、人工智能、内容图像检索（CBIR）等技术的发展，教育资源平台建设的技术模式进入一个崭新阶段，建设理念也正在发生根本性的转变。资源平台的发展趋势主要体现在：第一，资源平台的建设理念正在从产品层次上升至服务层次，资源平台建设的中心任务正在从技术平台的搭建转向服务体系的构建；第二，平台功能正在从单纯的资源存储与管理转变为融知识获取、存储、共享、应用与创新于一体的知识管理平台；第三，在运作机制上，Web2.0 时代的以用户为中心的理念正在逐步体现，各种有效的社会化驱动和信息聚合机制正在逐步引入，资源、平台的建设和应用绩效逐步提升；第四，在技术模式上，正在从传统的数字化向智能化方向转变。

7.2 云数据资源平台建设

7.2.1 资源及资源、平台建设面临的主要问题

近年来，国家和地方政府投入大量人力、物力、财力进行教育信息资源内容建设和平台建设，取得了巨大成效。为缓解我国，特别是部分偏远地区教育信息资源匮乏，提升教育质量与效益，促进教育公平，推进教育现代化进程等起到了至关重要的作用。但总体来看，资源建设只有量的改变而没有质的突破。教育信息资源特别是基础教育信息资源建设依然面临较大压力，问题重重。纵观多年来我国教育资源建设与发展发现当前我国教育信息资源及平台建设的共性问题主要集中在以下几个方面：

（1）资源规模与质量问题。经过多年持续建设，我国已基本建成覆盖各学段的教育信息资源、体系，已形成国家、区域（省市）、校本资源三级资源服务体系。从一定程度上缓解了教育信息资源匮乏的历史问题。但相对于日趋成熟的教育信息化硬件基础建设“有锅无米”的现象依然存在，教育资源的供需矛盾依然突出。与资源规模相比，更为突出的是资源质量问题。由于缺乏统一的规划

和有效的技术模式，导致大规模的低水平重复建设现象依然严重，资源质量难以满足要求，优质资源不足，特色教育资源匮乏。

（2）资源均衡配置问题。近年来，国家和各级地方政府通过多方努力，大力推进城乡教育均衡发展，通过“班班通”“校校通”“农远工程”等为教育资源、共享、资源优化配置奠定了良好的硬件基础。但由于历史原因和人为因素，教育资源配置的地区差异仍然显著，教育均衡发展问题仍然突出。

（3）信息孤岛与资源共享问题。由于当前教育信息资源建设过程中，缺乏统一规划，各自为政的现象依然存在。资源建设技术与标准不统一，数据异构，资源共享困难，资源整合成本过高。另外，由于缺乏资源共建、共享的长效机制，各资源建设主体往往忽视或不愿进行资源共享。导致各资源平台各自独立，形成信息孤岛，大大降低了资源的使用效益，造成了极大的浪费。

（4）资源建设的标准化问题。在教育信息建设的进程中不少教育信息化的管理者、研究者，信息化系统及资源的建设者，对标准的认知不足，对遵从标准的重要意义认识不到位。在一项关于我国教育信息化标准调研分析的研究报告中，有关数据显示，只有38.71%的调查对象在教育信息化的建设和应用中使用了教育信息化标准，41.94%的调查对象表明他们没有使用教育信息化标准的原因是不知道该标准规范。在关于学习资源建设的标准化调研中，大约51.61%的调查对象使用了《基础教育教学资源元数据应用规范（CELTS-42）》，51.61%的调查对象使用了《教育资源建设规范（CELTS-41）》。此外，我国教育信息资源及资源平台建设标准基本上套用LOM标准和SCORM标准，国家制订的几个标准也只是将其作适当修改后加以利用，没有真正意义上的标准。资源建设没有遵从统一标准，给资源的检索、整合、共享和应用带来极大的困难。

（5）资源结构问题。现有的教育信息资源中，应用比较普遍的还是基于传统概念上的各自独立的、离散的媒体素材以及集中于文本和图像素材。资源结构单一、封闭。独立、离散的文本及图片素材很难承载完整的教学理念和教学设计，对促进教学，特别是教师专业成长及学生的自主学习没有实质意义。当前，我们需要开发基于主题的，整合各类媒体素材、完整承载教学理念与教学设计的，互动性、生成性教育资源，且资源结构应该是开放的，便于优化、完善与整合。

（6）资源平台的运作机制问题。目前，各级各类资源库的建设机制基本上都是政府主导，联合有关企业进行平台建设。各级教育行政部门负责统筹、管理和维护，并组织一线教师以行政指派、立项建设、资源评比等形式进行资源内容建设。或联合相关企业开发或直接购买。这种模式在初始阶段政府需要较大投入，可在短期内汇集大量教育信息资源。但这种机制是自上而下的，与Web2.0时代的开放、共享，以用户为中心的核心理念是相违背的。由于缺乏长效机制，无法有效吸引用户的广泛参与，资源平台的运营难以长期保持活力。与此相对，知识类网站、社会化网站、电子商务网站等社会化平台异常活跃，对人们的学习、工作、生活方式产生了重要影响。这类社会平台所提供的服务、内容、用户与教育资源平台在很大程度上存在一致性。我们可以大胆、合理借鉴社会化平台的运作机制来优化教育资源平台的运营，构建教育资源平台的长效运营机制。

（7）资源平台的用户体验问题。首先，现有资源库系统的资源分类不规范。相当一部分资源库系统仍然按照传统的媒体类型进行分类，部分资源库虽然按照学科年级进行资源分类，但分类粒度过大，再加上资源的元数据不合规范，导致难以进行资源的精确检索；其次，由于资源组织结构松散，难以进行资源汇聚与深度检索，资源检索效率低下；再次，系统缺乏对用户使用风格的学习与分析，难以进行有效的资源及服务推送；最后，缺乏资源订阅、个人信息、界面、服务整合及定制等个性化服务。

（8）注重“库”的建设，忽视“平台”理念的植入。在教育信息化发展的进程中，在很长一段时间内，甚至时至今日，资源的匮乏一直是制约教育信息化进程的重要“瓶颈”之一。提供海量的资源一直是教育信息资源建设所要解决的首要问题。因此，资源“库”的概念已深入人心。“库”的概念强调的是资源的汇集、存储，还停留在技术和产品层次，已无法适应当前的教育需求。而“平台”的理念不再将资源库系统仅仅作为一个资源存储与检索的工具。它将“社区”的理念，“服务”的理念整合进来，更加关注用户体验，更加突出分享协作，更加强调用户的主体性，共同参与系统的建设与完善。从而将资源平台打造成为能自我循环，长效运营的“资源生态系统”。

（9）资源平台与其他教育信息化系统相隔离。教育是一个复杂的系统，各业务间有着紧密联系。然而由于建设理念滞后于技术的发展，现有的绝大部分资源平台是独立建设的，在规划和设计之初并没有考虑与其他信息化系统特别是教学系统和备课系统有效整合与对接。这样就会产生两个突出问题。首先是使用不便。用户往往要将相关资源先行下载，再到其他系统（如备课系统）中进行二次编辑、整合，才能应用。其次是系统封闭。由于资源平台独立设计、开发，与其他系统隔离，各系统间缺乏信息流通渠道。一方面造成资源难以实时更新，动态生成，对教学过程中动态生成的信息无法及时捕获、入库。另一方面，难以满足课堂教学对资源的实时需求，难以支持动态、灵活、开放的课堂教学。资源、平台并没有成为教学过程中的必要元素，其应用效益和生命力将大打折扣。

（10）资源应用效益问题。教育信息资源的根本目的和本质属性是为教育教学服务。然而，由于上述种种原因，这些花费巨大、耗时费力建成的数量庞大、种类繁多的教学资源（库）在实际教学中的应用情况却并不乐观。很大一部分教育管理者、教师对教育信息资源及资源平台的认知和理解还停留在较浅的层次，资源的使用还处于较低水平。大量教育信息资源主要被作为备课素材使用。基于资源的教师专业发展、协同创新，基于资源的学生协作、探究的自主学习等深层次应用还远未普遍形成。

7.2.2　资源平台建设的设计理念与核心需求

7.2.2.1　设计理念

为缓解资源平台建设的上述问题，我们提出以下设计理念。

(1) 基于知识管理理念构建"社区式"的教育资源平台。知识管理可通俗的解读为，实现信息向知识转化，促进显性知识和隐性知识相互转化，优化知识创新与应用的理论与实践。知识管理涉及知识获取、创造、分享、应用与创新等完整流程。在资源平台的设计中，可引入知识管理理念，在资源平台中整合知识管理工具，构建一个集知识获取、创造、分享、应用与创新于一体的支撑平台，打造教师、学生、家长间交流、协作、分享的学习社区，促进隐性资源的转化与积累。

(2) 合理借鉴电子商务网站的相关理念优化教育资源平台的运作。近年来，电子商务网站的成功有目共睹。教育资源平台和电子商务网站一样，同样有商品(资源) 的提供者和购买者（下载者)，建设资源平台的目的也是和电子商务网站一样，希望以便捷的方式让更多的人来购买（下载）以产生效益（社会效益)。虽然教育资源平台在其本质目的、社会环境、建设模式等方面都与电子商务网站有很大的不同，但电子商务网站中极致的用户体验、商品推荐、信誉等级、评价机制、激励机制、个性化服务等方面均值得我们借鉴。

(3) 引入知识类网站、社会化网站的相关机制，强化用户体验。社会化网站（SNS)，即社会性网络服务，旨在帮助人们建立社会性网络的互联网应用服务。SNS 是以人际关系链为基础构建网站系统的服务体系，Facebook 是其典型代表。知识类网站是以知识链为基础，兼具社会化网站的协同、互动特征，以提供知识、经验、见解等知识性内容为主要服务的互联网应用服务。其代表性产品如国外的 Quora、Aardvark 等，国内的知乎、百度文库等。知识类网站正在改变着用户对知识、资源、信息的获取、存储、管理、共享的习惯和方式。知识类网站与社会性网站在提供的服务、内容、用户等方面与教育资源平台具有高度的一致性。其开放的内容共建模式、高度结构化的知识链条、有效的资源评价及质量保证机制、便捷的知识共享途径、长效的运作管理机制、个性化的资源推介及良好的用户体验，对教育资源平台的构建均具有重要的借鉴意义。

(4) 一体化的解决方案，与其他教育信息化子系统无缝集成。传统意义上的教育信息资源是静态的，有形的。但事实上，很多在教育教学过程中所形成的生成性信息、动态信息，如学生的课堂反映、课堂练习反馈、教师突发的教学灵感、教师在课堂上对教学材料所进行的实时更改、补充、批注等都是宝贵的生成性资源，蕴含了丰富的教育内涵。教育资源平台应提供相应的手段，对此类信息进行捕获、收集。

资源平台的规划设计应与其他子系统统筹考虑，统一数据规范，统一技术模式，提供开放的接口标准。从而实现系统的动态扩展，提供各子系统间的数据流通渠道。便于从其他子系统捕获相关信息资源，实现资源动态扩容。同时能为各子系统提供资源支撑，方便用户使用，提高资源平台的应用效益。

（5）基于 SOA 构建教育资源平台，实现界面、数据和服务的整合整个智慧校园系统是基于 SOA 架构体系进行构建，各子系统进行单点登录，实现了用户界面、数据和服务的整合。根据不同的用户角色分类，将各类用户的常用功能在同一页面集中呈现，简化用户操作流程，并且用户可根据自己的需求对各子系统的功能、服务进行定制。

7.2.2.2 核心需求

通过广泛的需求调研和深入的文献分析，我们认为智慧校园的教育资源平台应着重满足以下几个方面的需求：

（1）提供海量优质教育学资源，满足日常教学需求。教育资源特别是优质资源短缺仍然是一个突出问题。提供海量优质资源仍然是教育资源平台的基本功能。为此，我们与相关企业联合，进行合作开发，并在政府主导下，联合一线教师进行资源共建。提供包括备课素材、课堂实录、习题库、试题库在内的海量优质教学资源。

（2）与备课系统无缝整合，实现资源智能汇聚，提高资源检索与利用效率。项目中的教育资源、平台与备课系统无缝整合。将备课系统嵌入资源平台，教师可在线启动备课软件，在检索资源的同时，即可完成备课。同时资源、平台将资源粒度细化到知识点，实现了基于知识点的智能资源汇聚，并可进行资源在线编辑。极大地提高了资源的检索与利用效率。

（3）与讲课系统无缝整合，支持动态、灵活、开放的课堂教学。教育资源平台同时实现了与讲课系统的无缝整合。教师在讲课时可通过讲课软件直接进入资源平台，进行资源检索，实时扩展授课内容，调整教学进度。实现了课堂教学的动态化、灵活性和开放性。

（4）实时捕获各类教学信息，实现资源的动态生成、扩容与更新。一方面，教师可将在课堂上对教学课件、资源所做的更改实时存入资源库。同时，也可将学生所完成的小组作业、课堂练习、评测结果等过程性信息存入资源平台。实现了资源库的动态扩容和实时更新，也为后续的综合测评、学生学习情况分析提供了数据支持。

(5) 实现各类教学信息的分类存储、统计与分析。资源平台为全面收集教学过程信息，汇集成果材料，以档案袋的形式对老师和学生的各类学习过程信息及成果材料，加以分类存储，并能进行统计、汇总、分析。为学生的综合测评，教师的考核、评优、晋升提供数据支持。

(6) 支持学生基于资源的协作、探究的自主学习模式。传统的以“助教”为主的零散的静态素材资源已很难适应教与学方式的转变。为此，一方面要提供以“助学”为主的主题式、结构化的学习资源；另一方面要在资源平台中整合交流、协作、互动、答疑的工具，支持学生开展基于资源的协作、探究的自主学习。从而有效转变资源应用模式，提高资源的应用效益。

(7) 支持教师基于资源的校本研修及教师专业发展。资源平台不能仅仅作为教师的备课素材库，还应该成为教师之间进行教学观摩、经验交流、教学反思的专业成长社区。为此，资源平台一方面要提供大量的视频课例、教学反思、教学设计等“研修”资源；另一方面还要构建促进教师分享、交流、反思的机制；再一方面是要提供辅助教师进行分享、交流、反思的工具。这样，教育资源的应用才能上升到新的层次，教育资源的价值才能真正得以发挥。反过来，教师交流、反思的结果又会成为新的宝贵教育资源的一部分。

7.3 基于云计算的教育资源库系统构建技术

7.3.1 分布式计算（Map/Reduce）

分布式计算是一个宽泛的概念，在这里，它狭义的指代，按 Google Map/Reduce 框架所设计的分布式框架。在 Hadoop 中，分布式文件系统，很大程度上，是为各种分布式计算需求所服务的。我们说分布式文件系统就是加了分布式的文件系统，类似的定义推广到分布式计算上，我们可以将其视为增加了分布式支持的计算函数。从计算的角度上看，Map/Reduce 框架接受各种格式的键值对文件作为输入，读取计算后，最终生成自定义格式的输出文件。而从分布式的角度上看，分布式计算的输入文件往往规模巨大，且分布在多个机器上，单机计算完全不可支撑且效率低下，因此 Map/Reduce 框架需要提供一套机制，将此计算扩展到无限规模的机器集群上进行。

在 Map/Reduce 框架中，每一次计算请求，被称为作业。在分布式计算 Map/Reduce 框架中，为了完成这个作业，它进行两步走的战略，首先是将其拆分成若干个 Map 任务，分配到不同的机器上去执行，每一个 Map 任务拿输入文件的一部分作为自己的输入，经过一些计算，生成某种格式的中间文件，这种格式，与最终所需的文件格式完全一致，但是仅仅包含一部分数据。因此，等到所有 Map 任务完成后，它会进入下一个步骤，用以合并这些中间文件获得最后的输出文件。此时，系统会生成若干个 Reduce 任务，同样也是分配到不同的机器去执行，它的目标，就是将若干个 Map 任务生成的中间文件汇总到最后的输出文件中去。经过如上步骤，最终，作业完成，所需的目标文件生成。整个算法的关键，就在于增加了一个中间文件生成的流程，大大提高了灵活性，使其分布式扩展性得到了保证。

7.3.1.1 基本架构

与分布式文件系统类似，Map/Reduce 的集群，也由三类服务器构成。其中作业服务器，在 Hadoop 中称为 Job Tracker，在 Google 论文中称为 Master。前者告诉我们，作业服务器是负责管理运行在此框架下所有作业的，后者告诉我们，它也是为各个作业分配任务的核心。与 HDFS 的主控服务器类似，它也是作为单点存在的，简化了负责的同步流程。具体的负责执行用户定义操作的，是任务服务器，每一个作业被拆分成很多的任务，包括 Map 任务和 Reduce 任务等，任务是具体执行的基本单元，它们都需要分配到合适任务服务器上去执行，任务服务器一边执行一边向作业服务器汇报各个任务的状态，以此来帮助作业服务器了解作业执行的整体情况，分配新的任务等。

除了作业的管理者执行者，还需要有一个任务的提交者，这就是客户端。与分布式文件系统一样，客户端也不是一个单独的进程，而是一组 API，用户需要自定义好自己需要的内容，经由客户端相关的代码，将作业及其相关内容和配置，提交到作业服务器去，并时刻监控执行的状况。

同作为 Hadoop 的实现，与 HDFS 的通信机制相同，Hadoop Map/Reduce 也是用了协议接口来进行服务器间的交流。实现者作为 RPC 服务器，调用者经由 RPC 的代理进行调用，如此，完成大部分的通信，具体服务器的架构，和其中运行的各个协议状况，参见图 7-1。从图中可以看到，与 HDFS 相比，相关的协议少了几个，客户端与任务服务器，任务服务器之间，都不再有直接通信关系。这并不意味着客户端就不需要了解具体任务的执行状况，也不意味着，任务服务器之间不需要了解别家任务执行的情形，只不过，由于整个集群各机器的联系比 HDFS 复杂得多，直接通信难以维系，所以，都统一由作业服务器整理转发。与分布式文件系统相比，Map/Reduce 框架的还有一个特点，就是可定制性强。文件系统中很多的算法，都是很固定和直观的，不会由于所存储的内容不同而有太多的变化。而作为通用的计算框架，需要面对的问题则要复杂很多。作为 Map/Reduce 框架而言，一方面要尽可能的抽取出公共的一些需求，实现出来。更重要的，是需要提供良好的可扩展机制，满足用户自定义各种算法的需求。Hadoop 是由 Java 来实现的，因此通过反射来实现自定义的扩展，显得比较小菜一碟了。在 JobConf 类中，定义了大量的接口，这基本上是 Hadoop Map/Reduce 框架所有可定制内容的一次集中展示。在 JobConf 中，有大量 set 接口接受一个 Class < ?

extendsxxx >的参数，通常它都有一个默认实现的类，用户如果不满意，则可自定义实现。

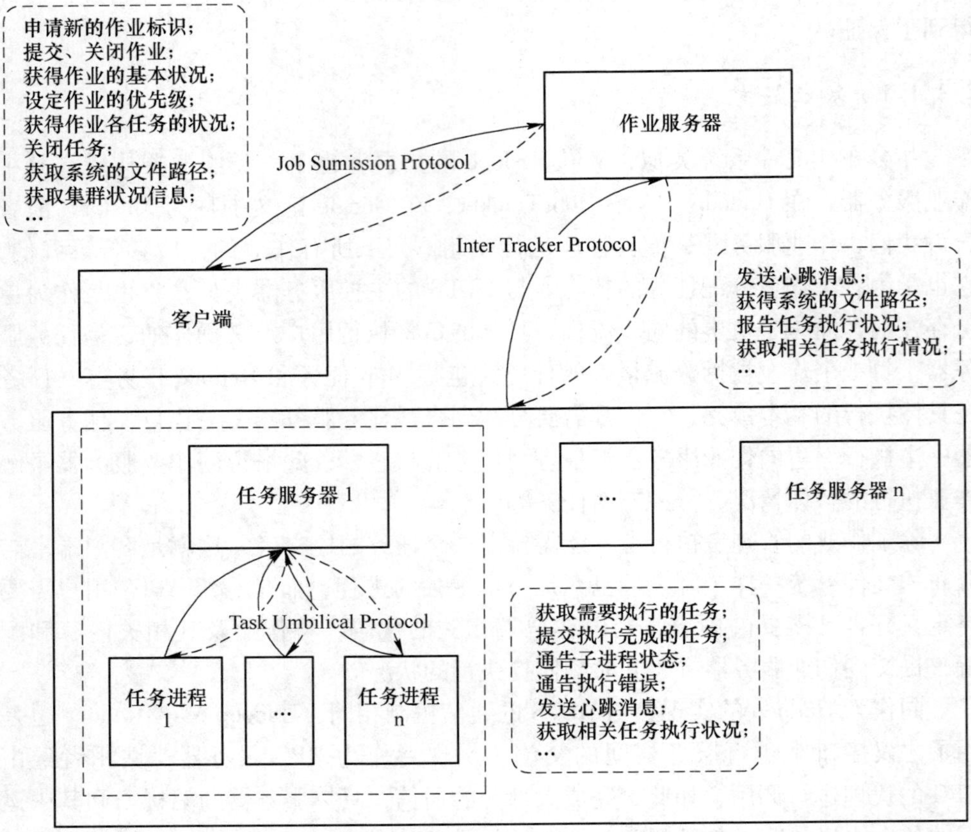

图 7-1　Map/Reduce 框架

7.3.1.2　计算流程

如果一切都按部就班地进行，那么整个作业的计算流程，应该是作业的提交→Map 任务的分配和执行→Reduce 任务的分配和执行→作业的完成。而在每个任务的执行中，又包含输入的准备→算法的执行→输出的生成，三个子步骤。沿着这个流程，我们可以很快的整理清晰整个 Map/Reduce 框架下作业的执行。

A　作业的提交

一个作业，在提交之前，需要把所有应该配置的东西都配置好，因为一旦提交到了作业服务器上，就陷入了完全自动化的流程，用户除了观望，最多也就能起一个监督作用，惩治一些不好好工作的任务。用户在提交代码阶段，需要做的工作主要是这样的：

首先，书写好所有自定的代码，最起码，需要有 Map 和 Reduce 的执行代码。在 Hadoop 中，Map 需要派生自 Mapper < K1，V1，K2，V2 > 接口，Reduce 需要派生自 Reducer < K2，V2，K3，V3 > 接口。这里都是用的泛型，用以支持不同的键值类型。这两个接口都仅有一个方法，一个是 map，一个是 reduce，这两个方法都直接受四个参数，前两个是输入的键和值相关的数据结构，第三个是作为输出相关的数据结构，最后一个，是一个 Reporter 类的实例，实现的时候可以利用它来统计一些计数。除了这两个接口，还有大量可以派生的接口，比如分割的 Partitioner < K2，V2 > 接口。

然后，需要书写好主函数的代码，其中最主要的内容就是实例化一个 Job Conf 类的对象，然后调用其丰富的 setXXX 接口，设定好所需的内容，包括输入输出的文件路径，Map 和 Reduce 的类，甚至包括读取写入文件所需的格式支持类。

最后，调用 Job Client 的 run Job 方法，提交此 Job Conf 对象。runJob 方法会先行调用到 Job Submission Protocol 接口所定义的 submit Job 方法，将此作业，提交给作业服务器。接着，run Job 开始循环，不停地调用 Job Submission Protocol 的 get Task Completion Events 方法，获得 Task Completion Event 类的对象实例，了解此作业各任务的执行状况。

B Map 任务的分配

当一个作业提交到了作业服务器上，作业服务器会生成若干个 Map 任务，每一个 Map 任务，负责将一部分的输入转换成格式与最终格式相同的中间文件。通常一个作业的输入都是基于分布式文件系统的文件（当然在单机环境下，文件系统单机的也可以），因为，它可以很天然的和分布式的计算产生联系。

当一个作业，从客户端提交到了作业服务器上，作业服务器会生成一个 JobIn Progress 对象，作为与之对应的标识，用于管理。作业被拆分成若干个 Map 任务后，会预先挂在作业服务器上的任务服务器拓扑树。这是依照分布式文件数据块的位置来划分的，比如一个 Map 任务需要用某个数据块，这个数据块有三份备份，那么，在这三台服务器上都会挂上此任务，可以视为是一个预分配。

关于任务管理和分配的大部分的真实功能和逻辑的实现，JobIn Progress 则依托 JobIn Progress Listener 和 Task Scheduler 的子类。Task Scheduler，顾名思义是用于任务分配的策略类（为了简化描述，用它代指所有 Task Scheduler 的子类）。它会掌握好所有作业的任务信息，其 assignTasks 函数，接受一个 Task Tracker Status 作为参数，依照此任务服务器的状态和现有的任务状况，为其分配新的任务。而为了掌握所有作业相关任务的状况，TaskScheduler 会将若干个 JobIn Progress Listener 注册到 Job Tracker 中去，当有新的作业到达、移除或更新的时候，Job

Tracker 会告知给所有的 JobIn Progress Listener，以便它们做出相应的处理。

任务分配是一个重要的环节，所谓任务分配，就是将合适作业的合适任务分配到合适的服务器上。不难看出，里面蕴含了两个步骤，先是选择作业，然后是在此作业中选择任务。和所有分配工作一样，任务分配也是一个复杂的活。不良好的任务分配，可能会导致网络流量增加、某些任务服务器负载过重效率下降等。不仅如此，任务分配还是一个无一致模式的问题，不同的业务背景，可能需要不同的算法才能满足需求。因此，在 Hadoop 中，有很多 Task Scheduler 的子类，像 Facebook，Yahoo，都为其贡献出了自家用的算法。在 Hadoop 中，默认的任务分配器，是 Job QueueTask Scheduler 类。它选择作业的基本次序是：Map Clean Up Task（Map 任务服务器的清理任务，用于清理相关的过期的文件和环境）→Map Setup Task（Map 任务服务器的安装任务，负责配置好相关的环境）→Map Tasks→Reduce Clean Up Task→Reduce Setup Task→Reduce Tasks。在这个前提下，具体到 Map 任务的分配上来。当一个任务服务器工作得游刃有余，期待获得新的任务的时候，Job Queue Task Scheduler 会按照各个作业的优先级，从最高优先级的作业开始分配。每分配一个，还会为其留出余量，以备不时之需。举一个例子：系统目前有优先级 3、2、1 的三个作业，每个作业都有一个可分配的 Map 任务，一个任务服务器来申请新的任务，它还有能力承载 3 个任务的执行，Job Queue Task Scheduler 会先从优先级 3 的作业上取一个任务分配给它，然后再留出一个 1 任务的余量。此时，系统只能在将优先级 2 作业的任务分配给此服务器，而不能分配优先级 1 的任务。

确定了从哪个作业提取任务后，具体的分配算法，经过一系列的调用，最后实际是由 JobIn Progress 的 find New Map Task 函数完成的。它的算法很简单，就是尽全力为此服务器分配且尽可能好地分配任务，也就是说，只要还有可分配的任务，就一定会分给它，而不考虑后来者。作业服务器会从离它最近的服务器开始，看上面是否还挂着未分配的任务（预分配上的），从近到远，如果所有的任务都分配了，那么看有没有开启多次执行，如果开启，考虑把未完成的任务再分配一次。

对于作业服务器来说，把一个任务分配出去了，并不意味着它就彻底解放，可以对此任务可以不管不顾了。因为任务可以在任务服务器上执行失败，可能执行缓慢，这都需要作业服务器帮助它们再来一次。因此在 Task 中，记录有一个 Task AttemptID，对于任务服务器而言，它们每次跑的，其实都只是一个 Attempt 而已，Reduce 任务只需要采信一个的输出。

C　Map 任务的执行

与 HDFS 类似，任务服务器是通过心跳消息，向作业服务器汇报此时此刻其上各个任务执行的状况，并向作业服务器申请新的任务的。具体实现，是 Task

Tracker 调用 Inter Tracker Protocol 协议的 heartbeat 方法来做的。这个方法接受一个 Task Tracker Status 对象作为参数，它描述了此时此任务服务器的状态。当其有余力接受新的任务的时候，它还会传入 accept New Tasks 为 true 的参数，表示希望作业服务器委以重任。Job Tracker 接收到相关的参数后，经过处理，会返回一个 Heartbeat Response 对象。这个对象中，定义了一组 Task Tracker Action，用于指导任务服务器进行下一步的工作。

当 Task Tracker 收到的 Task Tracker Action 中，包含了 Launch Task Action，它会开始执行所分配的新的任务。在 Task Tracker 中，有一个 Task Tracker. Task Launcher 线程（确切地说是两个，一个等 Map 任务，一个等 Reduce 任务），它们在痴痴地守候着新任务的到来。一旦等到了，会最终调用到 Task 的 create Runner 方法，构造出一个 Task Runner 对象，新建一个线程来执行。对于一个 Map 任务，它对应的 Runner 是 Task Runner 的子类 Map Task Runner，不过，核心部分都在 Task Runner 的实现内。Task Runner 会先将所需的文件全部下载并拆包好，并记录到一个全局缓存中，这是一个全局的目录，可以供所有此作业的所有任务使用。它会用一些软链接，将一些文件名链接到这个缓存中来。然后，根据不同的参数，配置出一个 JVM 执行的环境，这个环境与 Jvm Env 类的对象对应。

接着，Task Runner 会调用 Jvm Manager 的 launch Jvm 方法，提交给 Jvm Manager 处理。Jvm Manager 用于管理该 Task Tracker 上所有运行的 Task 子进程。在目前的实现中，尝试的是池化的方式。有若干个固定的槽，如果槽没有满，那么就启动新的子进程，否则，就寻找 idle 的进程，如果是同 Job 的直接放进去，否则杀死这个进程，用一个新的进程代替。每一个进程都是由 Jvm Runner 来管理的，它也是位于单独线程中的。但是从实现上看，这个机制好像没有部署开，子进程是死循环等待，而不会阻塞在父进程的相关线程上，父线程的变量一直都没有个调整，一旦分配，始终都处在繁忙的状况了。

真实的执行载体，是 Child，它包含一个 main 函数，进程执行，会将相关参数传进来，它会拆解这些参数，并且构造出相关的 Task 实例，调用其 run 函数进行执行。每一个子进程，可以执行指定个数量的 Task，这就是上面所说的池化的配置。

D Reduce 任务的分配与执行

比之 Map 任务，Reduce 的分配及其简单，基本上是所有 Map 任务完成了，有空闲的任务服务器，来了就给分配一个 Job 任务。因为 Map 任务的结果星罗棋布，且变化多端，真要搞一个全局优化的算法，绝对是得不偿失。而 Reduce 任务的执行进程的构造和分配流程，与 Map 基本一致。

Reduce 任务与 Map 任务的最大不同，是 Map 任务的文件都在本地隔着，而 Reduce 任务需要到处采集。这个流程是作业服务器经由此 Reduce 任务所处的任务服务器，告诉 Reduce 任务正在执行的进程，它需要的 Map 任务执行过的服务器地址，此 Reduce 任务服务器会于原 Map 任务服务器联系（当然本地就免了），通过 FTP 服务下载过来。这个隐含的直接数据联系，就是执行 Reduce 任务与执行 Map 任务最大的不同。

E　作业的完成

当所有 Reduce 任务都完成了，所需数据都写到了分布式文件系统上，整个作业才正式完成了。在执行的过程中，只要有人太慢，或者失败，就会增加一次尝试，以此换取最快的执行总时间。一旦所有 Map 任务完成，Reduce 开始运作，对于每一个 Map 任务来说，只有执行到 Reduce 任务把它上面的数据下载完成，才算成功，否则，都是失败，需要重新进行尝试。

7.3.1.3　Reduce 任务详情

Reduce 任务的整个执行流程要比 Map 任务更为繁琐一些，因为它需要收集输入文件，然后才能进行处理。Reduce 任务主要有三个步骤：Copy、Sort、Reduce（参见 Reduce Task 的 run 方法）。所谓 Copy，就是从执行各个 Map 任务的服务器那里收罗到本地来。拷贝的任务，是由 Reduce Task. Reduce Copier 类来负责，它有一个内嵌类，叫 Map Output Copier，它会在一个单独的线程内，负责某个 Map 任务服务器上文件的拷贝工作。远程拷贝过来的内容（当然也可以是本地了），作为 Map Output 对象存在，它可以在内存中也可以序列化在磁盘上，这个根据内存使用状况来自动调节。整个拷贝过程是一个动态的过程，也就是说它不是一次给好所有输入信息就不再变化了。它会不停地调用 Task Umbilical Protocol 协议的 getMap Completion Events 方法，向其父 Task Tracker 询问此作业个 Map 任务的完成状况（Task Tracker 要向 Job Tracker 询问后再转告给它）。当获取到相关 Map 任务执行服务器的信息后，都会有一个线程开启，做具体的拷贝工作。同时，还有一个内存 Merger 线程和一个文件 Merger 线程在同步工作，它们将新鲜下载过来的文件（可能在内存中，简单的统称为文件），做着归并排序，以此，节约时间，降低输入文件的数量，为后续的排序工作减负。

Sort，排序工作，就相当于上述排序工作的一个延续。会在所有的文件都拷贝完毕后进行。经过这一流程，一个崭新的、合并了所有所需 Map 任务输出文件的新文件诞生了。而那些千辛万苦从其他各个服务器网罗过来的 Map 任务输出文件，很快地结束了它们的历史使命，全部删除。Reduce 任务的最后一个阶段正是 Reduce 本身。它也会准备一个 Output Collector 收集输出，与 Map Task 不同，这个 Output Collector 更为简单，仅仅是打开一个 Record Writer，collect 一次，write 一次。最大的不同在于，这次传入 Record Writer 的文件系统，基本都是分布式文件系统，或者说是 HDFS。而在输入方面，Reduce Task 会从 Job Conf 那里调用一堆 getMap Output Key Class、getMap Output Value Class、get Output Key Comparator 等之类的自定义类，构造出 Reducer 所需的键类型和值的迭代类型 Iterator(一个键到了这里一般是对应一组值)。具体实现颇为拐弯抹角，建议看一下 Merger. Merge Queue，Raw Key Value Iterator，Reduce Task. Reduce Values Iterator 等之类的实现。有了输入，有了输出，不断循环调用自定义的 Reducer，最终，Reduce 阶段完成。

7.3.2 P2P 技术

7.3.2.1 P2P 技术的概念

P2P 是英文单词 peer-to-peer 的缩写形式，我们可以称为对点技术或者对等网。P2P 其实就是网络模型的一种，我们在这种网络模型中需要知道，在这当中的所有节点都是对等的，通常称为对等点。不需要依靠中式服务器和资源，在对等点之间可以通过直接互联共享信息资源以及处理资源和存储资源。在传统的客户端/服务器的网络模式中，网络控制的核心就是服务器，然而在 P2P 模式当中，P2P 模式中的节点有自治性以及随意性较高的特点。这就使得 P2P 模式与客户端/服务器的网络模式有着明显不同。由于计算机共享应用程序受到广泛的应用，这就使得 P2P 技术引起了人们更多的关注目光。现代互联网整体架构的基础就是 tcp/ip，客户端和服务器的概念不存在于 tcp/ip 中。几十年前，由于受到带宽和处理能力的约束，导致人们在沟通中出现了一些不必要的步骤，比如中间服务器以及导航网站和第三方信息交易平台。其实，在三十多年前很多公司的计算机结构就是现在的 P2P 技术。现如今，由于计算能力廉价以及较强的网络通讯能力和较强的 pc 计算机存储能力，使得这项技术的发展较为迅速。

7.3.2.2 P2P 技术的特点

（1）可扩展性。随着用户的不断加入，在 P2P 网络模式下，对服务的需求有了提高，资源的占用以及服务能力的提高使得系统的容量开始增加，这就能较为容易的满足用户的实际需求。由此可见，整个系统是全分布，没有瓶颈的存在。所以，从理论上来说，P2P 网络模式的扩展可以无限的增加。

（2）健壮性。耐攻击和高容错是 P2P 架构产生时就具备的优势。因为，各个结点之间的服务是分散进行的，所以，如果结点以及网络受到破坏，那么对其他的部分产生的影响是较少的。

（3）非中心化。由于在 P2P 网络模式下，资源以及服务都是分散在不同的结点当中，所以信息之间的传输以及服务都是在结点之间进行的。不需要中间环节以及服务器的帮助，这就避免了可能产生的瓶颈问题。正是由于 P2P 非中心化的特点，使得 P2P 模式有可扩展性以及健壮性等方面的优势。

(4) 性能以及性价比都较高。人们广泛关注 P2P 技术的一个重要的原因就是性能优势，我们在使用 P2P 架构的时候，可以使得互联网中分散的普通的结点得到有效的利用。

(5) 负债均衡。在 P2P 网络模式下，每个节点既是客户端又是服务器，降低了传统的客户端/服务器对计算机能力以及存储能力的要求。使得资源能够分布在不同的节点，使网络的负载均衡得以实现。

(6) 隐私保护。由于在 P2P 网络模式下，信息的传输分散在各个结点之间进行的，并不需要经过其他的步骤，所以用户的隐私信息被泄露以及窃听的可能性较小。

7.3.2.3 P2P 技术分析

在 P2P 架构中，千万台彼此连接的计算机都处于对等的地位。网络中的每一台计算机既能充当网络的请求者，又能对其他计算机的请求做出响应，提供资源和服务。这种计算机模式充分利用了每一台计算机带宽和资源。由于制造多台性能较平均的计算机的成本远低于制造一台高性能的计算机的成本，所以这种计算机模式比传统的计算机模式经济得多。

P2P 网络所特有的非中心化，可扩展性、健壮性、高性能价格比、隐私保护及负载均衡等特点引发了世界上各个研究机构的兴趣，大量的 P2P 应用不断增加。

(1) 文件共享类 P2P 系统。P2P 网络在文件共享应用方面具有非常突出的优势文件共享类系统可以说是当前 P2P 应用最深入人心的领域。最早出现的 P2P 软件和使用最广泛的 P2P 软件几乎存在于该领域，而目前文件共享系统类 P2P 软件也是品种和数量最多的 P2P 软件。这类软件的执行方式多种多样，一个重要的特点是集中化的程度。其中，Napster 被认为是最集中的，而 Gnutella 则是一种非常分散的结构。

(2) 即时通信类 P2P 系统。最早的即时通信系统可以说是从 ICQ 开始的。1996 年成立的 Mirablilis 公司出了第一个即时通信软件-ICQ。从此，即时通信软件在全球流行，应用比较广泛的有 MSN、雅虎通、QQ、AIM 和 Skype 等。

7.3.2.4 P2P 系统

(1) 流媒体系统。随着信息网络技术的发展，流媒体的需求也逐渐增大。传统的流媒体主要是采用客户端/服务器模式，服务器以单播的形式和每个客户建立连接。由于流媒体服务具有高带宽、持续时间长等特点，随着客户数目的快速增加，服务器的资源很快就会被消耗完，成为系统瓶颈。P2P 网络的出现为流媒体系统提供了新的解决方案。在 P2P 中，每个节点既是服务的提供者，又是服务的享用者，将服务器的负载分散到每一个节点中，从而有效地减轻了服务器的负载和网络带宽费用，极大地提高了系统的可用性。

（2）搜索引擎。P2P 技术的另一个优势是可以开发出强大的搜索工具。P2P 技术使用户能够深度搜索文档，而且这种搜索无需通过 Web 服务器，也可以不受信息文档格式和宿主设备的限制，可以达到传统目录式搜索引擎无可比拟的深度。以 Gnutella 进行的搜索为例：一台 PC 上的 Gnutella 软件可将用户的搜索请求同时发给网络上另外 10 台 PC，如果搜索请求未得到满足，这 10 台 PC 中的每一台都会把该搜索请求转发给另外 10 台 PC，这样，搜索范围将以几何级数增长，几分钟内就可搜遍几百万台 PC 上的信息资源。可以说，P2P 为互联网的信息搜索提供了全新的解决之道。

（3）网络计算。网络计算就是通过互联网来共享强大的计算机能力和数据存储能力。采用 P2P 技术的分布式计算，正是把网络中的众多计算机暂时不用的计算机能力连接起来，使用积累的能力执行超级计算机的任务。任何需要大量数据处理的行业，如天气预报、动画制作、基因组的研究等，在采用网络计算机技术后，就可以取消或降低对超级计算机的依赖。

7.3.2.5 P2P 网络结构形式

目前，P2P 网络结构有着很多种形式，大致可以分为集中式 P2P 网络、完全分布式非结构化 P2P 网络、完全分布式结构化 P2P 网络、异构式 P2P 网络四种：

（1）集中化 P2P 网络。集中式 P2P 网络形式上有一个中心服务器来负责记录共享信息以及回答对这些信息的查询。每一个对等实体对它将要共享的信息以及进行的通信负责，根据需要下载它所需要的其他对等实体上的信息。这种形式具有中心化的特点，但是它不同于传统意义上的 C/S 模式。集中式 P2P 网络则是所有网上提供的资料部分都分别存放在提供该资料的客户机上，服务器上只保留索引信息，此外服务器与对等实体以及对等实体之间具有交互能力。

（2）完全分布式非结构化 P2P 网络。它是一种纯 P2P 网络。这种网络不需要有中心服务器和中心路由器，其中的每一个 Peer 都作为对等实体，地位是完全平等的。

（3）完全分布式结构化 P2P 网络。它和完全分布式非结构化网络一样，也是一种纯 P2P 网络，只是在网络拓扑结构上有所不同。这类网络中每一个节点被分配一个虚拟地址，同时用一个关键字来表示其可提供的共享内容。

（4）异构式 P2P 网络。它结合了集中式和分布式两种形式的优点，在设计思想和处理能力上都进行了优化。它在分布式网络的基础上，将用户节点按能力进行分类，是某些节点承担特殊的任务，这些节点成为超级节点。超级节点分担了网络中大部分的检索、路由和扩展功能，使普通节点的负载下降。Skype 即时通信软件就是用了它。

7.3.2.6　P2P 技术的核心算法

P2P 技术真正投入使用的技术要点，在于快速的搜索和路由算法。

目前，运营商在如何控制和治理 P2P 流量方面已经积累了一定的经验，各种流量控制技术更是层出不穷。但是，不管治理手段如何翻新，“赌”不能成为解决矛盾的最终办法，业内也正在探索一条让 P2P 畅通无阻的同时，不影响其他业务流量的“疏通”方式。但是也应该看到，它也给运营商带来了心得发展机遇。比如 P2P 流媒体技术、分布存储技术等，都为流量的消费者带来了大量的需求。因此只要进行合理利用，P2P 技术将带给互联网一次质的飞跃。

7.3.2.7　P2P 网络面临安全问题

由于 P2P 网络采用的是分布式的结构，这就使得 P2P 模式有着较强的扩展性以及灵活性的同时，安全问题受到了一定的挑战。主要面临的安全问题有以下几点：

(1) 路由受到攻击。这里的路由攻击是指，攻击者作为 dht 查找系统的参与者并随着正常的节点，把通过节点的进行查找的请求转发到不存在或者不正确的节点中去。与此同时，还能破坏其他节点的路由表，这是由于它能向其他的节点发送不正确的路由信息，使得路由受到节点不正确的操作。

(2) 存取攻击。攻击者对外界拒绝提供数据，导致节点上无法得到数据，但是又对外界宣称它保存了这些数据。

(3) 行为不一致攻击。攻击者对网络当中距离比较近的节点表现出一切正常的状态，对距离较远的节点进行攻击。

(4) 目标节点过载攻击。攻击者为了消耗目标节点的处理能力，对特定的目标节点发送了大量的垃圾分组信息。

(5) 穿越防火墙。由于防火墙受到 P2P 软件的特殊调整，使得内外网用户能够建立相应连接，这就导致内网暴露在不安全的外部网络环境当中。

针对这些问题的解决方案如下

首先，我们需要将关键字分配给已经进行过认证的节点，并让其他的节点能够识别路由去更新消息的真假情况，并在节点转发的时候，对目标节点方向进行检测查找，我们要使每个节点都有一定的跟踪查询能力。

其次，采用系统存储层对数据进行的方法，以此来解决的存取攻击的问题。还应对攻击者的邻居节点，采取远方节点给其发送信息。

最后，想要 P2P 系统能够有较强的稳定性，那么 P2P 系统就需要有比较好的容错机制来保证，不仅如此，P2P 系统还需要相应的机制来维护。

教育资源库系统的构建是分布式计算和点对点 P2P 技术的融合。它将由网络互连的大规模的数据中心或计算机集群整合成资源池，进行统一管理和调度。用户通过网络以按需易扩展的方式获取各类服务和应用。云计算本质上是一种服务和应用的交付和使用模式。其技术实质是将计算、存储、服务器、应用软件等 IT 软硬件资源虚拟化，实现基础设施即服务（IaaS）、平台即服务（PaaS）、应用即服务（SaaS）的三层服务体系。云计算机技术的应用可以解决当前教育资源库建设中的众多突出问题：

第一，大大降低了用户的硬件购买及维护费用。用户所需的高负荷的检索、计算及存储服务均可由云服务器完成，无须再购买昂贵的服务器及高配置的终端设备，只需交付相应的租用费用。

第二，可以节省大量的软件维护和升级费用。各类应用软件统一部署于云端，由云服务提供商统一的升级和维护，用户只需交付十分低廉的费用。

第三，提供了安全、可靠的数据存储。各类教育资源统一存储于云端，由云服务提供商统一提供专业的数据安全和防护，极大地降低了用户将数据存储在个人计算机上所带来的风险。

第四，由于各类信息和教育资源统一存储于云端，进行集中管理，为教育资源的充分共享、打破信息孤岛现象提供了有效支持。

第五，借助云端的强大的计算能力，可实现海量数据的快速检索、智能汇聚，大幅度提高资源使用效率。同时基于海量数据挖掘，可进行更为深入的教育应用。

7.4 基于 RSS 的信息聚合技术

Web2.0 的核心理念是用户体验。Web2.0 时代互联网的本质是参与与分享。在 Web2.0 时代，人人都是网络资源的贡献者。面对海量的信息资源，Web2.0 通过信息聚合技术，实现了网络服务模式由 Web1.0 时代的人找信息转变为信息找人。信息聚合技术是对各网站的最新信息、资源按照用户的个性化需求进行抓取、分类，并推送至用户个人界面，快速形成用户个人门户。信息汇聚技术极大地提高了互联网中信息检索和使用效率，满足了用户的个性化需求，优化了用户体验。

RSS（简易信息聚合，也叫聚合内容）是一种描述和同步网站内容的格式。RSS 可以是以下三个解释的其中一个：Really Simple Syndication，RDF（Resource Description Framework）Site Summary，Rich Site Summary。但其实这三个解释都是指同一种 Syndication 的技术。RSS 目前广泛用于网上新闻频道，blog 和 wiki，主要的版本有 0.91，1.0，2.0。使用 RSS 订阅能更快地获取信息，网站提供 RSS 输出，有利于让用户获取网站内容的最新更新。网络用户可以在客户端借助于支持 RSS 的聚合工具软件，在不打开网站内容页面的情况下阅读支持 RSS 输出的网站内容。

7.4.1 RSS 的起源

RSS 实用的思想最早要追溯到 1995 年，那时 RamanathanV. Guha 和苹果电脑公司高级技术组的其他人员开发了测试内容框架（Meta Content Framework）。

RDF 网页概述是最早版本的 RSS，他最早于 1999 年 3 月在网景公司由 Guha 创建使用。

1999 年 7 月，网景公司的 Dan Libby 开发了一个新的版本，于是就产生了 RSS 0.91。

1997 年—Dave Winer 开发出 scriptingNews。RSS 由此诞生。

1999 年—Netscape 开发出 RSS 0.90（由 scriptingNews 支持的）。这是带有一个 RDF header 的简单的 XML。

1999 年—Dave Winer 在 UserLand 公司开发出 scriptingNews 2.0b1（包含了 Netscape 的 RSS 0.90 的特定）。

1999 年—Netscape 开发出 RSS 0.91。在此版本中，他们删除了那个 RDF header，但是包含了大多数来自 scriptingNews 2.0b1 的特性。

1999 年—UserLand 摆脱了 scriptingNews，而仅仅使用 RSS 0.91。

Netscape 停止了 RSS 的研发

2000 年—UserLand 发布了正式的 0.91 规范

2000 年— 一个由 Rael Dornfest 领导的团队在 O'Reilly 开发出 RSS 1.0。此格式使用了 RDF 和命名空间。此版本常被混淆为 0.91 的新版本，不过它是完全不依赖 RSS 0.91 的新格式。

2000 年—Dave Winer 在 UserLand 公司开发出 RSS 0.92。

2002 年—Dave Winer 在离开 Userland 之后开发出 RSS 2.0。

2003 年—正式的 RSS 2.0 规范发布。

7.4.2 RSS 的发展

RSS 是一种起源于网景的推广技术，将用户订阅的内容传送给他们的通讯协同格式（Protocol）。

RSS 这个缩写在英文中可以有几个源头，并被不同的技术团体做不同的解释。既可以是“Rich Site Summary”，或“RDF Site Summary”，也可以是“Really Simple Syndication”。

IE4 刚刚推出来的时候有一个有趣的功能，那就是新闻频道。这个新闻频道的功能与 Netscape 推出的新闻频道是很相似的（当时 Netscape 还是市场上领先的浏览器)。为此 Netscape 定义了一套描述新闻频道的语言，这就是 RSS，只不过 Netscape 自当时起每况愈下，所以最终也没有发布一个正式的 RSS 规范（只发布了一个 0.9 版本)。而微软也在当时推出了支持自己 IE 的 CDF（Channel Definition Format）数据规格，与 RSS 非常接近。微软试图用新闻频道的功能把“推”(Push）技术变成一个应用主流，并与 Netscape 抗衡。不过出乎预测的是，“推”技术自始至终没有找到合适的商业模型，而且伴随着其他各类网络特性的出现，也日益无法显现自身的优势。新闻频道在浏览器中的地位最终日暮西山，最后也在 IE 的后续版本中消失了。

新闻频道的确进入了低谷，但是 RSS 并没有被业界人士所抛弃。过去两年，博客从一个专业群体开始，逐步成为了网络上最热门的新话题。而 RSS 成为了描述 Blog 主题和更新信息的最基本方法。于是 RSS 这项技术被著名 Blogger/Geek 戴夫 · 温那（Dave Winner）的公司 UserLand 所接手，继续开发新的版本，以适应新的网络应用需要。新的网络应用就是 Blog，因为戴夫 · 温那的努力，RSS 升级到了 0.91 版，然后达到了 0.92 版，随后在各种 Blog 工具中得到了应用，并被众多的专业新闻站点所支持。在广泛的应用过程中，众多的专业人士认识到需要组织起来，把 RSS 发展成为一个通用的规范，并进一步标准化。一个联合小组根据 W3C 新一代的语义网技术 RDF 对 RSS 进行了重新定义，发布了 RSS 1.0，并把 RSS 定义为“RDF Site Summary”。这项工作并没有与戴夫 · 温那进行有效的沟通，而戴夫则坚持在自己设想的方向上进一步开发 RSS 的后续版本，也并不承认 RSS 1.0 的有效性。RSS 由此开始分化形成了 RSS 0.9x/2.0 和 RSS 1.0 两个阵营，也由此引起了在专业人群中的广泛争论。

因为争论的存在，一直到今天，RSS 1.0 还没有成为标准化组织的真正标准。而戴夫 · 温那却在 2002 年 9 月独自把 RSS 升级到了 2.0 版本，其中的定义完全是全新的模式，并没有任何 RSS 1.0 的影子。这引发了网络上进一步争议，究竟让一个越来越普及的数据格式成为一个开放的标准，还是被一家公司所定义和控制，成为了争议的焦点。戴夫 · 温那并没有为自己辩解，他的观点是 RSS 还需要进一步发展，需要专业人士更明确的定义，不过恐怕这种轻描淡写不能消除人们对 RSS“被一家商业公司独占”的担心。

7.4.3 RSS 的用途

(1) 订阅 Blog。可以订阅工作中所需的技术文章，也可以订阅与你有共同爱好的作者的 Blog，总之，对什么感兴趣就可以订什么。

(2) 订阅新闻。无论是奇闻怪事、明星消息、体坛风云，只要你想知道的，都可以订阅。只要将你需要的内容订阅在一个 RSS 阅读器中，这些内容就会自动出现在你的阅读器里，你也不必为了一个急切想知道的消息而不断地刷新网页，因为一旦有了更新，RSS 阅读器就会自己通知你。

其实订阅 RSS 新闻内容要先安装一个 RSS 阅读器。然后将提供 RSS 服务的网站加入到 RSS 阅读器的频道即可。具体步骤如下：

(1) 选择有价值的 RSS 信息源。

(2) 启动 RSS 订阅程序，将信息源添加到自己的 RSS 阅读器或者在线 RSS。

(3) 接收并获取定制的 RSS 信息。

(4) 取消定制的 RSS 信息。

7.4.4　RSS 阅读器

目前，RSS 阅读器基本可以分为三类：

第一类大多数阅读器是运行在计算机桌面上的应用程序，通过所订阅网站的新闻供应，可自动、定时地更新新闻标题。在该类阅读器中，有 Awasu、FeedDemon 和 RSSReader 这三款流行的阅读器，都提供免费试用版和付费高级版。

第二类新闻阅读器通常是内嵌于已在计算机中运行的应用程序中。例如，NewsGator 内嵌在微软的 Outlook 中，所订阅的新闻标题位于 Outlook 的收件箱文件夹中。另外，Pluck 内嵌在 Internet Explorer 浏览器中！

第三类则是在线的 WEB RSS 阅读器，其优势在于不需要安装任何软件就可以获得 RSS 阅读的便利，并且可以保存阅读状态，推荐和收藏自己感兴趣的文章。提供此服务的有两类网站，一种是专门提供 RSS 阅读器的网站，例如国外的 Google Reader，国内的鲜果、抓虾；另一种是提供个性化首页的网站，例如国外的 netvibes、pageflakes，国内的雅蛙、阔地。

RSS 文件：一个 RSS 文件就是一段规范的 XML 数据，该文件一般以 rss，xml 或者 rdf 作为后缀。

其优点如下：

(1) 可以看到没有广告和图片的标题或文章的概要阅读，这样不必阅读全文即可知文章讲的一个意思是什么，为您节省时间。

(2) RSS 阅读器会自动更新你定制的网站内容，保持新闻的及时性。要订阅新闻，可以直接点击 seo 博客上的 XML 图标，或到专栏作者点击订阅文章，即完成订阅，每天你就可以打开 RSS 阅读最新文章，而不必打开网页了。

(3) 使用 RSS 可以根据你自己的喜好定制多个 RSS 提要，这样做的好处是从多个新闻来源搜集，然后整合新闻到单个数据流当中。

(4) RSS 提交给 RSS 网站后，不但容易带来网站流量，而且能加快搜索引擎收录与信息的推广。

智慧校园资源库系统数据量庞大，为提高数据检索效率，满足用户个性化需求，系统提供了基于 RSS 技术的信息聚合功能。各类用户可根据需要，订阅自己感兴趣的栏目，并形成自己的个性化界面。当所订阅的栏目有内容更新，用户无须手动查找，相关信息会自动推送到用户个人界面。

7.5 云资源平台功能设计

7.5.1 内容模块

内容模块根据教学及智慧校园各子系统的资源存储需求进行设计，包括动态资源和静态资源两部分。静态资源指有计划地进行设计、开发而形成的信息资源，主要是通过整合示范学校现有资源、实现资源跨校共享，并进行后续开发，向区域内各级学校提供优质、海量的公共教育教学资源及文化资源。动态资源是相对于静态资源而言的，指在教学过程中实时生成的信息资源，这类资源的过程性特征明显，包括答疑库和电子档案袋两个模块。教育资源库的主要内容模块如图 7-2 所示。

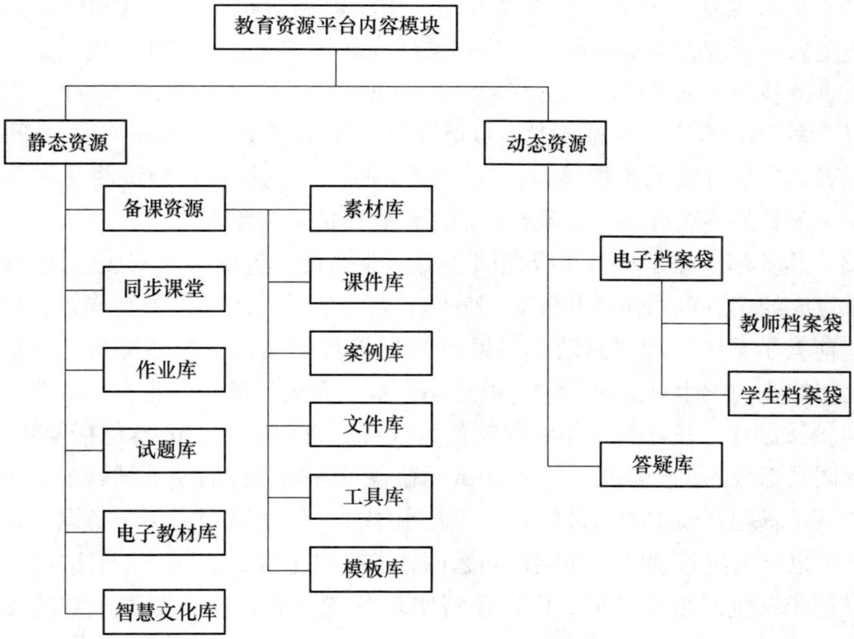

图 7-2 教育资源库的主要内容模块

（1）备课资源。备课资源库存储海量资源支持教师备课，为智能教学系统的“智能备课”及“互动课堂”系统提供资源支撑。“智能备课”系统的备课软件可直接调用备课资源库的相关资源，快速生成个性化的教案及课件。同时，平台将为老师提供个人存储空间，教师能将生成的教案及课件及时存储，供课堂教学实时调用及其他老师观摩共享，具体包括：

1）素材库：按学科知识点组织的海量备课素材，包括文本、图片、音频、动画、视频等。

2）课件库：按学科知识体系组织的教学课件，供老师备课参考，老师利用“智能备课系统”制作完成的课件也存储在此，可随时调用或共享给他人。

3）案例库：由各种媒体元素组合表现的有现实指导意义和教学意义的代表性事件或现象。如教案、典型的教学模式、教学设计等。

4）文献库：有关教育方面的政策、法规、条例和规章制度，各科课程标准、教学大纲，重大事件的记录等。

5）工具库：常用的媒体素材处理软件、课件制作工具及其他好用、易用的小工具小软件，辅助教师更为高效、灵活地完成各类教学应用。

6）模板库：提供经典课件模板、PPT 设计图库，辅助教师高效完成课件制作。

（2）同步课堂。向“互动课堂系统”提供数据接口，借助自动录播系统及相关应用软件系统，自动捕获、同步存储课堂教学实况数据，同时提供重点及拓展知识讲解视频、参考资料，为移动学习提供资源支撑，全面支持学生课后的自主学习。系统还将对学生的自主学习情况进行记录（如学习的内容、时间等），形成报表，并通过相关数据接口，向“家校通”系统推送，最终将相关学习信息转发至家长的移动终端，让家长全面了解孩子的学习状况。

（3）作业库。按学科、年级存储各类作业题目，包括必须完成的课堂作业、可选择完成的拓展巩固作业和针对部分学有余力的学生的强化提高作业。作业库向“智能教学系统”和“移动学习系统”提供数据接口，老师可自主添加、发布、批阅作业，学生可通过移动学习终端查看、完成、提交作业。

（4）试题库。按学科、年级存储各类试卷、典型试题。试卷包括同步测试、单元测试和综合测试。其中，综合测试涵盖各级各类学校的期末试题、各级升学考试的历年真题及模拟题。教师用户可自主添加、调用试题，用于备课和课堂测试，学生也可通过移动学习终端访问题库，进行自主测试。同时，借助“智慧校园”其他子系统的相关应用软件，还将实现智能组卷、在线测试、系统阅卷等功能。

（5）电子教材库。电子教材是为适应教育信息化进程，对传统纸质教材进行数字化和多媒体化，形成适宜在个人电脑、电子书包、智能手机、PDA 等终端设备进行阅读和学习的数字化教材。电子教材库按照年级、学科存储各类电子教材，老师可以利用电子教材进行高效备课、授课。学生可通过电子书包阅读电子教材，跟随老师授课进度进行课堂学习，或借助于其他终端设备开展课后自主学习，并可轻松记录电子笔记。

(6) 智慧校园文化。向智慧校园文化系统提供数据接口，为智慧校园文化系统提供数据存储及资源支撑。其中汇聚了大量名师的讲座视频、教育博客、微博，众多优秀学生的经验介绍、创意活动展示及校园文化的数字化展播等。

(7) 答疑库。答疑库向智能教学系统的辅导答疑模块提供数据接口。存储学生通过辅导答疑系统所提出的各类问题以及老师、学生对相关问题的解答。问题和答案均可按照关键字进行检索，同类问题达到一定的提问数量将自动进入“常见问题（FAQ）”。

(8) 电子档案袋。教师档案袋收集包括教师的工作计划、专业发展规划、教学反思、业绩成果等信息，辅助教师进行专业成长和个人业绩管理。学生档案袋全面收集学生的考勤信息、作业信息、考试信息，以及学生的学习计划、学习总结、课外作品、获奖与荣誉等学习过程信息，辅助进行学生学习的过程性评价，促使学生形成自主学习能力和自我评价能力。

7.5.2 功能设计

7.5.2.1 媒体素材库

(1) 资源分类。以学科、年级为主要分类依据，形成多级目录与树形结构，资源粒度细化到知识点。

分类可根据实际需求定义各级属性，一级分类为学科，二级为年级。那么在课的下级分类，分类管理用户可根据需求添加对应的知识点层。

分类维护管理包括：

1）添加同级分类；

2）新增下级目录；

3）修改、删除分类；

4）管理员维护整个资源分类的目录、结构和节点。

(2) 资源上传。管理员用户或教师用户将本地资源上传分享。支持多种文件格式，能跟踪资源上传进度，支持异步上传；在上传过程中，上传者需输入资源属性等必填信息，包括资源名称；通过分类选择器快速定位资源所属的教育分类；确定资源用途和资源介绍、关键字等属性。

(3) 管理资源。后台统一管理所有上传的资源；根据资源属性信息快速定位到资源并进行管理操作；通过列表展示资源的主要信息。管理资源包括：

1）管理员可根据实际审核需求，控制是否开启审核机制；

2）从资源分类、关键字等信息快速查找定位到资源；

3）批量管理功能，提高审核效率；

4）列表展示资源的主要信息，方便审核查看。

(4) 收藏资源。平台用户查看资源的过程中可选择收藏资源，以备以后学习工作中使用。

(5) 资源检索查找。资源检索查找功能实现快速、精准定位，使用户能最快地找到自己需要的资源，排除非相关资源的影响，并且具备资源汇聚功能。

根据资源上传属性定义，资源检索应从资源上传时所有定义的属性，多维度地提供检索可选项。查找项包括资源目录分类、资源用途、资源格式、资源名称和关键字文本：

1) 通过目录分类，快速精确定位到科目、课程章节等教学粒度；

2) 多种资源用途：备课资源、试题库、智慧文化和课件等；

3) 多种媒体格式筛选：图片、PPT 文档、视频和动画 Flash 等；

4) 支持关键字的模糊查找；

5) 资源检索结果，列表汇聚符合查找条件的所有资源，显示资源关键信息。

(6) 资源预览。系统提供用户下载资源前的预览；用户搜索到资源后可进入查看资源的详细内容；针对不同媒体格式的资源文件，系统自动提供不同的预览模式，包括图片类、文档类、动画库类和视频类。

通过资源、预览功能，用户无须先下载再查看资源，直接在线查看，确定是否符合教学需求再进行下载。资源预览功能提供用户直接在线播放视频或演示动画、PPT，无须重复下载；直接通过网络实现教学过程中对教学资源的直接调用。

7.5.2.2 在线习题

(1) 习题库维护。普通习题组成因素为题型、题干和答案，资源平台习题库在此基础上增加了分类、知识点内容、习题难易度和答题解析。提高查找习题和出题的效率，更好地帮助学生答题复习。

习题库维护功能包括：

1) 添加习题，管理员和教师用户在线直接添加习题内容，丰富习题库资源；

2) 修改习题，管理员可对所有习题进行修改；教师用户对自己上传的习题进行修改；

3) 删除习题。

(2) 习题检索。习题检索查找功能实现快速、精准定位习题。

根据添加习题的属性定义，习题检索应从习题上传时所有定义的属性，多维度地提供检索可选项。查找项包括，目录分类、难度、类型和知识点内容：

1) 通过目录分类，快速精确定位到科目、课程章节等教学粒度；

2) 习题难度：容易、一般、比较难和很难；

3) 习题题型：判断题、单选题、多选题、填空题和问答题；

4) 支持习题相关知识点内容的模糊查找；

5) 习题检索结果列表汇聚符合查找条件的所有习题，显示习题关键信息。

（3）智能组卷。教师用户可在线从习题库中检索习题，组合作业或试卷。组合过程高效、方便和快速。教师只需筛选习题，加入出题箱，输入必要信息，编排习题顺序即可快速布置作业或发布考试：

1）临时出题箱：教师通过习题检索，查看习题详细内容，确定加入出题内容；整个操作过程应有连贯性，提高出题效率。

2）教师查找完习题，统一在出题箱中进行布置操作；出题箱列出教师检索加入的所有习题的详细信息，包括题型、题干和答案等；教师可去除习题或对习题进行重新排序；教师可修改习题分数，系统自动算得总分。

（4）在线测试。教师用户出题，组卷或作业，发放至学生；学生用户在线作答并提交；教师用户对提交的试卷或作业在线批阅，给出成绩以及结果分析；学生亦可在线查看作答以及教师批阅的结果，查看每道习题答案、得分和作答提示。具体内容包括：

1）测试过程中，作业或试卷在每个步骤有对应的状态，测试平台根据状态自动将作业或试卷流转到教师或学生。

2）学生应完成所有习题方可提交作答。

3）学生提交作答之后即可查看习题答案和答题解析。

4）教师批阅过程，客观题部分系统自动算分，主观题部分由教师根据答题提示录入相应分数。

5）教师批改完成后，学生可查看总分和教师批改意见。

7.5.2.3 辅导答疑

学生用户在线选择任课教师，输入问题，提交至辅导答疑系统。教师用户于辅导答疑模块查看未答疑的学生提问并予以辅导解疑。具体包括：

1）学生可选择本人所学课程的任课教师进行提问。

2）教师可删除不适当的提问内容。

3）教师解答过程的操作要简便快速，不应有过多的刷新等待时间。

4）辅导答疑分未解答和已解答，便于教师和学生分别查看。

7.5.2.4 综合评价

（1）学生分析。针对学生在线考试和电子作业的作答情况进行客观评价统计分析；评价的粒度为练习题，从习题的多个维度出发，包括课程、习题难度、习题类型以及学生作答习题的得分情况，进行分析。具体包括：

1）单一维度查询分析。比如查看语文近期作业习题总体情况，答题结果对、错的题目比例，答错的题目主要学习的范围、知识点；直接查看题目答题解析。

2）综合维度查询分析。比如查看语文课程回答结果比较差的习题部分，系统给出符合条件的所有习题的详细情况。

（2）教师分析。教师用户针对每次作业或考试，分析学生的作答情况，粒度细化至每一道习题。具体包括：

1）查看每道题所有学生的作答情况。

2）查看每道题得分情况统计分析，各得分层学生的比例情况。

7.5.3　技术路线

资源平台使用 Java 语言开发，基于 Spring MVC 和 Hibernate 的技术框架，结合三层架构，最终发布为 B/S 网络结构模式的在线应用平台。

7.5.3.1　架构与模式

（1）B/S 结构。B/S 结构（Browser/Server，浏览器/服务器模式）是 Web 兴起后的一种网络结构模式，Web 浏览器是客户端最主要的应用软件。这种模式统一了客户端，将系统功能实现的核心部分集中到服务器上，简化了系统的开发、维护和使用。

B/S 最大的优点就是可以在任何地方进行操作而不用安装任何专门的软件，只要有一台能上网的电脑就能使用，客户端零维护。系统的扩展非常容易。

B/S 结构的使用越来越多，特别是由需求推动了 AJAX 技术的发展，其程序能在客户端电脑上进行部分处理，从而大大地减轻了服务器的负担；并增加了交互性，能进行局部实时刷新。

（2）三层架构。通常意义上的三层架构就是将整个业务应用划分为表现层（UI）、业务逻辑层（BLL）、数据访问层（DAL）。区分层次的目的即为了“高内聚，低耦合”的思想。资源平台服务架构如图 7-3 所示。

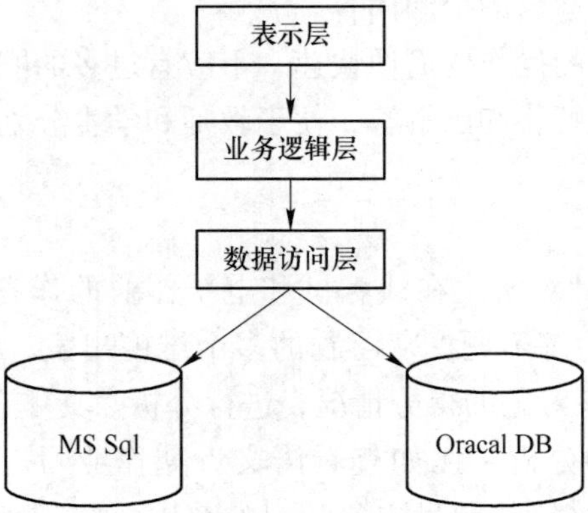

图 7-3　资源平台服务架构

具体如下：

1）数据访问层：主要是对原始数据（数据库或者文本文件等存放数据的形式）的操作层，而不是指原始数据，也就是说，是对数据的操作，而不是数据库，具体为业务逻辑层或表示层提供数据服务。

2）业务逻辑层：主要是针对具体问题的操作，也可以理解成对数据层的操作，对数据业务逻辑处理，如果说数据层是积木，那逻辑层就是对这些积木的搭建。

3）表现层：主要表示 Web 方式，表现成 Spring MVC 的 View 层，如果逻辑层相当强大和完善，无论表现层如何定义和更改，逻辑层都能完善地提供服务。

7.5.3.2 技术框架

A Spring MVC 框架

Spring 框架提供了构建 Web 应用程序的全功能 MVC 模块（图 7-4）。

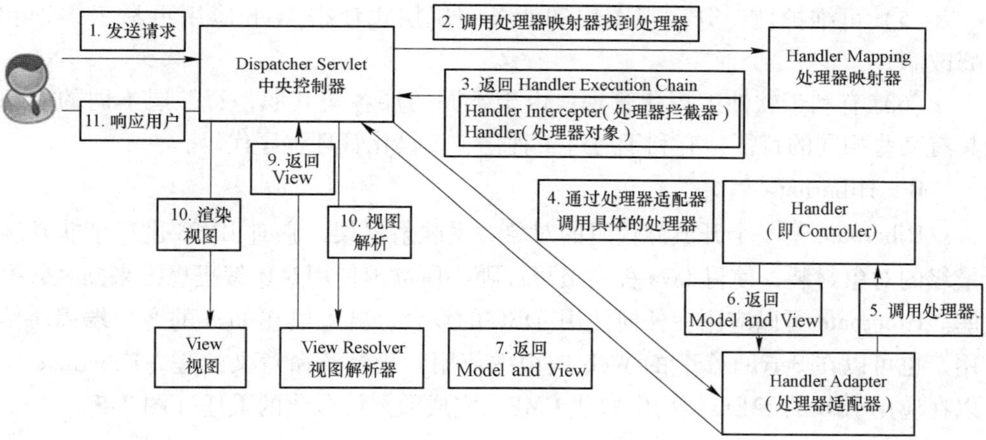

图 7-4 Spring MVC 框架图

使用 Spring 可插入的 MVC 架构，可以选择是使用内置的 Spring Web 框架还是 Struts 这样的 Web 框架。

通过策略接口，Spring 框架是高度可配置的，而且包含多种视图技术，例如 JavaServer Pages（JSP）技术、Velocity、Tiles、iText 和 POI。

Spring MVC 分离了控制器、模型对象、分派器以及处理程序对象的角色，这种分离让它们更容易进行定制。

MVC 还具有众多优势：

（1）低耦合性：视图层和业务层分离，这样就允许更改视图层代码而不用重新编译模型和控制器代码。同样，一个应用的业务流程或者业务规则的改变只需要改动 MVC 的模型层即可。因为模型与控制器和视图相分离，所以很容易改变应用程序的数据层和业务规则。

(2) 高重用性和可适用性：MVC 模式允许用户使用各种不同样式的视图来访问同一个服务器端的代码。它包括任何 Web（HTTP）浏览器或者无线浏览器（WAP）。比如，用户可以通过电脑也可通过手机来订购某样产品，虽然订购的方式不一样，但处理订购产品的方式是一样的。由于模型返回的数据没有进行格式化，所以同样的构件能被不同的界面使用。例如，很多数据可能用 HTML 来表示，但是也有可能用 WAP 来表示，而这些表示所需要的命令是改变视图层的实现方式，而控制层和模型层无须做任何改变。

(3) 较低的生命周期成本：MVC 使降低开发和维护用户接口的技术含量成为可能。

(4) 快速的部署：使用 MVC 模式使开发时间得到相当大的缩减，它使程序员（Java 开发人员）集中精力于业务逻辑，界面程序员（HTML 和 JSP 开发人员）集中精力于表现形式上。

(5) 可维护性：分离视图层和业务逻辑层也使得 Web 应用更易于维护和修改。

(6) 有利于软件工程化管理：由于不同的层各司其职，每一层不同的应用具有某些相同的特征，有利于通过工程化、工具化管理程序代码。

B Hibernate 框架

Hibernate 是一个开放源代码的对象关系映射框架，它对 JDBC 进行了非常轻量级的对象封装，使得 Java 程序员可以随心所欲地使用对象编程思维来操纵数据库。Hibernate 可以应用在任何使用 jDBC 的场合，既可以在 Java 的客户端程序使用，也可以在 Servlet/JSP 的 Web 应用中使用，最具革命意义的是，Hibernate 可以在应用 EJB 的 J2EE 架构中取代 CMP，完成数据持久化的重任（图 7-5）。

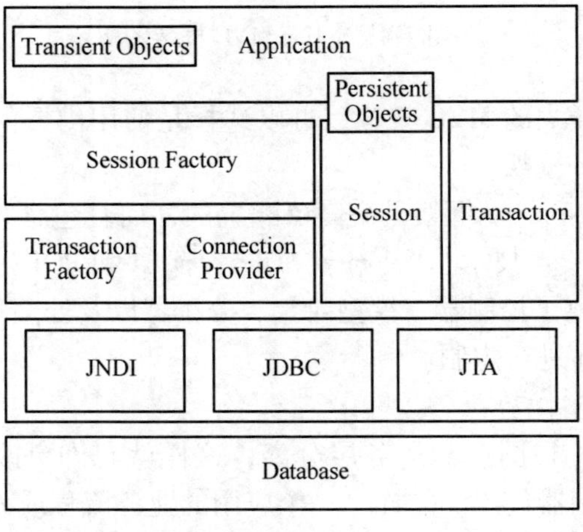

图 7-5 Hibernate 框架

Hibernate 性能调优的主要考虑点包括如下方面：

（1）数据库设计：

1）降低关联的复杂性；

2）尽量不使用联合主键；

3）ID 的生成机制，不同的数据库所提供的机制并不完全一样；

4）适当的冗余数据，不过分追求高范式。

（2）HQL 优化：

缓存：

1）数据库级缓存；

2）Session 缓存；

3）应用缓存；

4）分布式缓存。

延迟加载：

1）实体延迟加载：通过使用动态代理实现；

2）集合延迟加载：通过实现自有的 SET/LIST，Hibernate 提供了这方面的支持；

3）属性延迟加载。

8 智慧校园智能管理系统

8.1 智慧校园智能管理系统概述

数字校园管理系统和物联网等新一代技术相结合，能够创建架构科学合理、低耗高效运转的学校智能化管理与决策支持系统，实现对学校的人、财、物、活动和业务流程进行识别、跟踪、判断、处理、评价与提示功能，推动管理系统的智能化发展。

智慧校园智能管理系统是在“数字校园”管理系统基础上结合物联网等新一代信息技术发展而来的。按照百度百科，数字化校园是利用计算机技术、网络技术、通信技术以及科学规范的管理对校园内的教学、科研、管理和生活服务有关的所有信息资源进行整合、集成和全面的数字化，以构成统一的用户管理、统一的资源管理和统一的权限控制；通过组织和业务流程再造，推动学校进行制度创新、管理创新，最终实现教育信息化、决策科学化和管理规范化。

数字校园历史可追溯到20世纪，国外数字化校园建设起源于1990年美国克莱蒙特大学教授凯尼斯·格林（Kenneth Green）发起并主持的一项名为“信息化校园计划”（The Campus Computing Project）的大型科研项目。1998年美国最先提出“数字地球”概念，引出“数字城市”“数字校园”等各种概念。我国高校数字校园的建设大多从20世纪90年代开始，21世纪以来面向中小学的数字校园建设得到快速发展并日趋完善。

近年来，新一代信息技术的兴起，推动了数字校园向智慧校园的发展。物联网技术是新一代信息技术的核心之一，其概念由国际电信联盟ITU于2005年正式提出，被称为继计算机、互联网之后，世界信息产业的第三次浪潮。所谓物联网，是指物品通过各种信息传感设备，如射频识别RFID、红外感应器、全球定位系统、激光扫描器等装置，与互联网连接而形成的一个巨大网络。物联网把新一代IT技术充分运用在各行各业之中，具体地说，就是把感应器嵌入和装备到各种物体中，然后将物联网与现有的互联网整合起来，实现人类社会与物理系统的整合。同时，基于强大的应用软件系统，能够对整合网络内的人员、机器、设备和基础设施实施实时的管理和控制。在此基础上，人类可以以更加精细和动态的方式管理生产和生活，达到“智慧”状态。我国物联网产业的发展还比较落后。但2009年8月温家宝总理考察无锡并提出“感知中国”后，政府和社会对传感网的重视达到了前所未有的程度。2010年3月，温总理又把传感网提升到物联网高度，写入政府工作报告，提出加快物联网研发应用。物联网用途广泛，遍及智能交通、环境保护、政府工作、公共安全、平安家居、智能消防、工业监测、环境监测、水系监测、食品溯源等多个领域。在国内，物联网在安防、物流领域使用较为成熟，但在教育领域鲜有应用。随着校园安全问题的日益突出，以物联网关键技术之一，RFID 技术为基础的校园门禁系统近年来得到了一定应用，但鲜见直接服务于教育教学的系统的成功应用。

物联网是由多项信息技术融合而成的新型技术体系。物联网的应用涉及多个技术领域。其关键技术包括传感器技术、识别技术、嵌入式系统技术、网络通信技术等。“智慧校园”架设了智能化的教育教学环境，提供了全新的教学与管理手段。智能管理系统基于传感网技术实现对校园中的人、设备、活动进行动态信息采集与分析，并整合学校教学管理、办公管理、财务管理、设备管理、活动管理、信息管理、门禁管理、人事管理等多种管理业务，实现信息的自动获取、定向汇聚、智能分析、信息发布、统计查询和辅助决策，最终实现学校管理的一体化、流程化、简约化和智能化。

智慧校园智能管理系统的核心问题在于如何集成现有校园系统，实现单点登录和统一身份认证，实现校园管理的流程化，将校园物联感知融入校园管理，并解决智能管理系统所产生的大数据的存储和处理问题，实现智能的教学评价分析和决策管理。

8.2 云数据智能管理系统相关技术分析

8.2.1 SOA 架构

SOA 即面向服务架构的缩写。IBM 定义：SOA 是一个组件模型，它将应用程序的不同功能单元（称为服务）通过其间定义良好的接口和契约联系起来。接口是采用中立的方式进行定义的，它应该独立于实现服务的硬件平台、操作系统和编程语言。这使得构建在各种各样的系统中的服务可以以一种统一和通用的方式进行交互。可以说，SOA 是一种在计算环境中设计、开发、部署和管理离散逻辑单元（服务）的模型。

8.2.1.1 SOA 概念

SOA 的关键是“服务”的概念，SOA 的几个关键特性：一种粗粒度、松耦合服务架构，服务之间通过简单、精确定义接口进行通讯，不涉及底层编程接口和通讯模型。

SOA 并不是新生事物。大型 IT 组织成功构建和部署 SOA 应用已有多年的历史，这要比现有的 XML 和 Web 服务长很多。IBM CICS 和 BEA TUXEDO 就是过去被用于构建 SOA 应用的两种技术范例。它不是一种现成的技术，而是一种架构和组织基础结构及业务功能的方法。SOA 要求开发人员将应用设计为服务的集合。

SOA 要求开发人员跳出应用本身进行思考，考虑现有服务的重用，或思索他们的服务如何能够被其他项目重用。“单独的”“独立的”“封装完善的”服务所具有的一个关键的好处是，可以采用多种不同方法将它们组合成较大型的服务。以此来实现重用。

但是，SOA 并不仅仅是一种开发方法，它还其有管理上的优点。例如，现在管理员可直接管理开发人员所构建的相同服务，这远胜于以往管理单个应用的方式。通过分析服务间的交互，SOA 可以帮助企业了解何时以及为什么业务逻辑被切实执行了，这使管理员或分析师能够有针对性地优化业务流程。

8.2.1.2　SOA 构件规则

SOA 的目标是松散耦合系统与业务敏捷性。任何系统的实现都希望各模块之间是松耦合的，松散耦合保证系统之间互操作的健壮性，业务敏捷性保证采用 SOA 的企业与组织快速应对业务需求的快速变更，以适应单位的各种业务的快速发展。成功的实施 SOA 需要遵循三个基本的原则：

（1）业务驱动服务，服务驱动技术。从本质上说，在抽象层次上，服务位于业务和技术中间。面向服务的架构设计师一方面必须理解在业务需求和可以提供的服务之间的动态关系，另一方面，同样要理解服务与提供这些服务的底层技术之间的关系。

（2）业务敏捷性是基本的业务需求。SOA 考虑的是下一个抽象层次：提供响应变化需求的能力是新的“元需求”，而不是处理一些业务上的固定不变的需求。从硬件系统而上的整个架构都必须满足业务敏捷的需求，因为在 SOA 中任何的瓶颈都会影响到整个 IT 环境的灵活性。

（3）成功的 SOA 总处于变迁中。SOA 工作的场景是一个不断变化的场景，因此采用了 SOA 就意味着要不断地变化来适应新的业务需求。

8.2.1.3　SOA 的体系结构

面向服务体系架构（SOA）由三个角色组成，它们分别是服务提供者、服务消费者、服务注册中心，各种角色分别完成不同的职责：

（1）服务提供者。负责使用 WSDL 来描述和定义那些可以通过编程来访问的应用程序的功能，在服务注册中心中发布这些服务的信息，使其可以被其他应用访问、接收及处理 Web 服务请求者的调用。

（2）服务消费者。在服务注册中心查找自己需要的服务，找到之后下载定义服务的 WSDL 文档，并且根据服务定义来绑定和调用服务提供者提供的 Web

服务。

(3) 服务注册中心。负责宣传服务提供者发布的 Web 服务和允许服务消费者查询所需要的服务，它扮演服务提供者和服务消费者之间媒介的角色，当服务消费者在注册中心找到所需要的服务之后，接下来的交互工作只需要在服务提供者和服务消费者之间进行，注册中心将退出 Web 服务的访问和调用的工作流程。在有些情况下，服务请求者也可能是服务提供者，所以面向服务体系结构中的每个实体都扮演着服务提供者、服务消费者和注册中心三种角色中的某一种（或多种）。

8.2.1.4 面向服务体系结构中的功能操作

(1) 发布（Publish）。为了使服务可访问，需要发布服务描述以使服务使用者可以发现它。

(2) 发现（Find）。服务请求者定位服务，方法是查询服务注册中心来找到满足其标准的服务。

(3) 绑定（Bind）和调用（Invoke）。在检索到服务描述之后，服务使用者继续根据服务描述中的信息来调用服务。

8.2.1.5 SOA 的协作

这些协作由 SOA 中的三个角色互相操作完成。其中，服务消费者执行动态服务定位，它向服务注册中心发起查询，查找服务，如果服务存在，注册中心就向服务消费者提供接口契约和服务的端点地址（Web 服务使用 WSDL 描述），服务消费者得到契约和地址后发起对服务提供者的绑定和调用，由服务注册中心、服务消费者与服务提供者三种角色组成。服务提供者发布自己的服务，并且对使用自身服务的请求进行响应。服务注册中心接受服务提供者注册它所发布的服务，并对已经注册的服务进行分类，同时为服务消费者提供对服务描述信息的咨询。服务消费者利用服务注册中心查找所需的服务，然后动态绑定到相关服务，并调用该服务。

SOA 体系结构中的组件必须具有上述一种或多种角色。在这些角色之间使用了发布，查找和绑定三种操作。发布使服务提供者可以向服务注册中心注册自己的功能及访问接口，查找使服务消费者可以通过服务注册中心查找特定种类的服务，绑定使服务消费者能够真正使用服务提供者。

8.2.2 Web Services 技术

SOA 使用称为服务的功能单元构建系统，这些服务是基于重用的。通过运用这些服务之间定义良好的接口和契约联系来支持业务流程，使服务（业务）的编排和组合增加了灵活性和集成性。SOA 的关键是使用标准接口和定义，用松耦合连接，从而掩盖了 IT 环境底层的技术复杂性和繁琐性。

8.2.2.1 Web Services 概念

Web Services 就是在 Web 上提供的软件服务，该软件通常是在 Web 服务器上运行的包含业务逻辑的组件，可以通过 Internet 以编程的方式使用此业务，而且使用 Web Services 就像调用应用程序中的一个函数一样非常方便和容易。这样，就可以把不同 Web 站点上的 Web Services 组装在一起，形成新的、更强大、功能更加丰富的应用程序。

Web Services 允许在不同平台上、用不同语言编写的各种程序使用标准的 Web 协议相互通信，这些协议包括 HTTP 协议（超文本传输协议）、SOAP 协议（简单对象访问协议）、XML（可扩展标记语言）、WSDL（服务描述语言）、DISCO 协议（服务发现）和 UDDI（通用描述、发现和集成）。

应用—服务以及服务—服务之间的访问都是以 XMI 及 SOAP 为基础的。通过 XML 这种结构化的语义标记语言，各个应用与服务之间的数据交换变得透明和可理解，通过 SOAP（简单对象访问协议），各个应用与服务之间的整合变得更加自动化和无障碍。事实上，XML 和 SOAP 的传输都是基于 HTTP 协议进行的。这样，分布式应用的各个结点就只需打开 80 端口（HTTP 协议运行于 80 号端口）即可，使得分布式应用的数据交换能够很容易地通过防火墙，不受干扰。

8.2.2.2 Web Services 的组成

基本 Web 服务规范包括以下内容：

(1) SOAP。简单对象访问协议（Simple Object Access Protocol，SOAP）是基于 XML 的消息协议，它能使分布式环境下的程序相互交换事先定义好的结构化信息。SOAP 是服务使用者和服务提供者共同遵守的消息格式，由于它是基于 XML 技术，所以 SOAP 是独立于编程语言和操作平台的消息协议，能使在异构环境下的应用程序相互通讯和操作。SOAP 协议为使用 XML 在松散分布的环境中对等地交换结构化和类型化信息提供了一个简单的机制。SOAP 本身并不定义任何应用语义，如编程模型或特定语义实现，它只是定义一种简单的机制，通过一个模块化的包装模型对模块中特定格式编码的数据重编码机制来表示应用语义。SOAP 协议主要由 SOAP 信封、编码规则、远程过程调用协定三部分组成。信封定义了整体 SOAP 消息的表示框架，可用于表示消息中的内容是什么，谁发送的，谁应当接受并处理它，以及这些处理操作是否必需。SOAP 编码规则定义了数据的编码机制，通过它来定义应用程序中需要使用的数据类型，并可用来交换这些数据类型所生成的实例。远程过程调用协定则定义了一个用于表示远程调用和响应的约定。

（2）WSDL。Web 服务描述语言（Web Services Description Language，WSDL）是基于 XML 格式的网络服务描述语言，它将 Web 服务中的服务描述成一组服务访问点，客户端可以通过使用服务访问点来访问这些网络服务。WSDL 将操作和消息以一种抽象的方式进行描述，然后将具体的网络协议和消息格式绑定来定义一个服务访问点。相关的服务实现者将与这个抽象的服务访问点联系起来。WSDL 用于描述 Web service 及其函数、参数和返回值。因为是基于 XML 的，所以 WSDL 既是机器可阅读的，又是人可阅读的，这将是一个很大的好处。一些最新的开发工具既能根据你的 Web service 生成 WSDL 文档，又能导入 WSDL 文档，生成调用相应 Web service 的代码。目前常用的 WSDL 规范是 W3C 在 2001 年 3 月发布的 WSDL 1.1 版本，WSDL 2.0 也已经在 2006 年 3 月发布。

（3）UDDI。统一描述、发现和集成协议（Universal Description，Discovery and Integration，UDDI）是由结构化信息标准促进组织制定的一套关于 Web 服务注册、发布、查询、发现和访问服务接口时要用到技术的标准规范。UDDI 基于 HTTP，XML，XML Schema 和 SOAP 等开放的工业标准，为公开发布的服务和只在公司内部使用的服务提供了一个基于 Web 服务的软件基础架构。UDDI 注册中心是对所有提供公共 UDDI 注册服务站点的统称，在逻辑上它是一个统一体，但在物理上则以分布式系统结构实现，不同的站点之间采用对等的网络结构实现，因此访问其中任意一个站点就等同于访问 UDDI 注册中心。一般情况下，访问 UDDI 入口站点所获得的结果是整个 UDDI 注册中心所覆盖区域的信息，信息查询无需身份认证，但在 UDDI 入口站点上进行信息发布，则必须通过这个站点使用用户名进行权限的认证。

（4）BPEL。业务过程执行语言（Business Process Execution Language，BPEL）是专门为整合 Web 服务而制定的一项规范标准。它是一种使用 XML 编写的编程语言，用于自动化业务流程，也曾经被称作 WSBPEL 和 BPEL4WS。广泛使用于 Web 服务相关的项目开发中，优点为具有可移植性和有效保护了投资。

BPEL 是一门用于自动化业务流程的形式规约语言。用 XML 文档写入 BPEL 中的流程能在 Web 服务之间以标准化的交互方式得到精心组织。这些流程能够在任何一个符合 BPEL 规范的平台或产品上执行。所以，通过允许顾客们在各种各样的创作工具和执行平台之间移动这些流程，BPEL 使得他们保护了他们在流程自动化上的投资。尽管以前想使业务流程定义标准化，但 BPEL 已经引起了史无前例的兴趣，而且它最早在软件供应商中获得大量认可。

BPEL 定义的业务流程决定了合成的 Web 服务之间的逻辑依赖性，即流程定义了 Web 服务之间的调用顺序（控制流）和传送的数据（数据流）。BPEL 能清楚说明服务之间交换消息的协作行为，而又不涉及服务内部的实现细节，这样就不暴露出企业在内部业务中所做的决策和对数据的管理。另外在更改服务的具体实现时，也不会影响到定义业务的工作流程。

8.3　系统功能设计

8.3.1　当前校园管理系统的功能需求

各个学校的机构设置、日常教学管理的方法和特点都不可能完全相同。这样对于智慧校园智能管理系统的要求也会不同。本书涉及的管理内容并不一定能适用所有的高校。但在很多的方面又有通用性，如教学计划、成绩管理、课表管理等。

智慧校园智能管理系统是一个复杂的系统工程，通过对学校的日常工作的调研可以看到各部门工作联系紧密，相互依存，因此系统包含数据量大而且相互关联。对于这样一个复杂的管理系统，数据模式的优劣会直接影响该系统的效率，因此科学地进行数据建模，可以大大降低数据的冗余度，有效地防止插入异常和删除异常等现象，从而提高系统的性能。使之真正成为一个面向学校教务管理人员、教师和学生，为其提供服务的智慧校园智能管理系统。总而言之，智慧校园智能管理系统的建成，将在学校的日常管理工作中起着举足轻重的作用。

8.3.1.1　建立学校信息化门户

学校的信息化门户将成为智慧校园里最为重要的部分，它是一个活跃的动态门户系统，基于广大师生日常的工作耕耘，随着建设者的教学活动展开，它每天实时改变，它鼓励学生以兴趣为导向自我构建知识体系，它为进入资源共享的和谐社会做出积极贡献。

智慧校园通过互联网展示学校的教学资源，包括专业资源、教师资源、课程资源，向社会公众展示学校的教学成果、精品课程、教学理念、教学特色；学校通过教学门户向各级用户展开教学调查活动，教学门户还为校友，同专业的同学提供了沟通论坛的机会。信息化门户有利于形成学校教学工作的标志性建筑，成为学校影响力建设的核心传播平台。

统一的信息化门户是用户登录智慧校园的接口，也是宣传学校的重要窗口。系统主要介绍学校的教育、教学特色等，通过建设这个对外宣传窗口网站，可以帮助学校更好地推广和宣传自己的教学特色与校园文化，达到良好的社会影响，以及帮助学校教学信息的公开化。它实现了系统各管理模块的无缝信息连接、信息交换和信息共享，为使用者提供统一的应用平台。

统一的信息化门户能够将分散、异构的应用和信息资源进行聚合，通过统一的访问入口，实现各种应用系统的无缝接入和集成，提供一个支持信息访问、传递以及协作的集成化环境，实现个性化业务应用的高效开发、集成、部署与管理。它位于各类应用之上，是智慧校园的窗口，以浏览器的方式向用户展现智慧校园的应用信息，能有效地整合各类应用之间的缝隙，并根据每个用户的特点、喜好和角色的不同，为特定用户提供量身定做的访问关键业务信息的安全通道和个性化应用界面，使师生可以浏览到相互关联的数据，进行相关的事务处理。

8.3.1.2 整合全校数据信息，建立学校数据库

整合学校数据信息，做好统一规划和分步实施，建立标准、唯一、真实、实时动态的数据库。使全校型的数据能够服务各类应用系统，在全校范围内避免信息孤岛和重复建设。

做好整体信息数据平台与其他应用系统的整合和数据对接工作，使全校型的数据能够往来于各个业务子系统，实现数据共享和实时交换。学校数据库架构如图 8-1 所示。

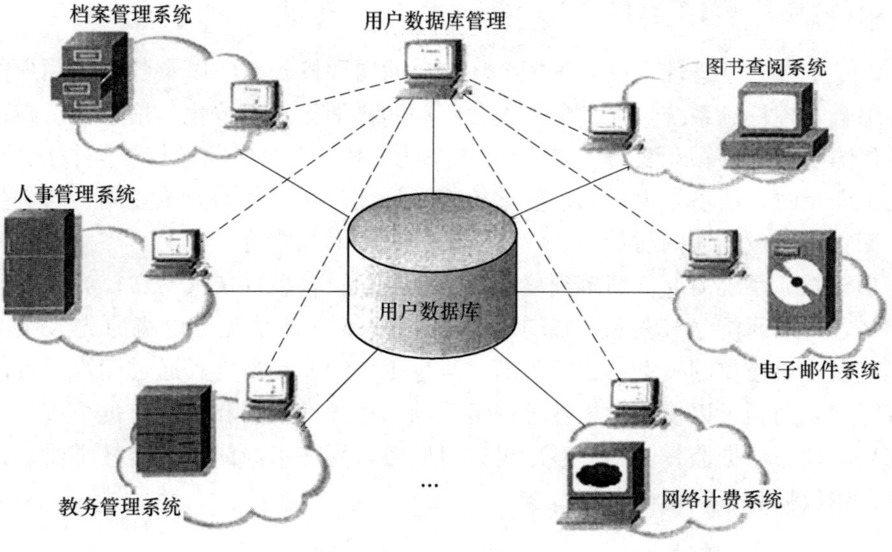

图 8-1 学校数据库架构

8.3.1.3 统一注册和统一身份认证

随着学校 IT 应用的迅速发展，各种业务系统和用户数量在不断增加，网络规模也逐日扩大，访问控制和信息安全问题愈见突出，原有分散的“独立认证、独立授权、独立账号管理”的模式已经不能满足学校目前及未来发展的要求；因此，构建一个完整统一、高效稳定、安全可靠的集中用户统一身份认证管理系统已经成为智慧校园建设的重要目标。

无论是在校师生、社会学生还是社会观摩者，都可以进入校园教学门户网，通过校园教学门户网，了解学校的教学动态、参加学校公开的学术论坛、初步了解学校的精品课程和网络课程、了解学校的网络学生招生情况、了解学校专业设置和教学方向、了解学校的课程资料情况。

在充分了解学校的教学动态和课程状况后，社会学生和社会观摩者，可以通过注册成为网络学生或观摩者，从而能够通过网络选择需要学习的课程，进入网络教学平台成为正式的网络学生，得到学校教务统一管理的在校师生，可以在校园信息化门户完成统一的身份认证，然后根据自己的学习需要进入不同的系统，完成从选课、学习到查询自己学习档案的全部功能。不再需要像过去那样，不同的系统必须进行多次身份认证和登录，方便了在校师生的使用。而且利用校园教学门户网，在校师生也能够及时地了解自己所授所学课程以外的教学状况，有利于师生相互观摩学习，选择自己有兴趣的课程，提高教学质量。

8.3.1.4　建立实时有效的管理系统

涉及学校日常管理、教务管理各环节、面向学校各部门以及各层次用户的多模块综合管理信息系统。促进学校教务管理的科学化、规范化、信息化、减员增效、保障学分制的顺利实行，提升学校管理效率。全面展示学校各类权威信息，数据全面及时，信息渠道畅通。使学校与管理部门间、与用人企业间、与学生及学生家长间形成畅通的纽带。

学校教务系统需要从简单到复杂，从点到面，将教育技术与学校教学管理模式相结合，以匹配学校的实际需求与应用。日常管理系统可以将原先大量的手工、重复、机械类的劳动，化繁为简，减少工作难度和强度。通过网络手段改善原有管理死角，可以使得学校管理规范透明、过程性数据和资料有据可查。形成学校教学动态数据监督监测体系，可以对照教学评估指标体系开展教学质量评估评价，用数据和事实说话。

8.3.1.5　建立充分共享的资源体系

学校可以按照自己的意愿，运用系统提供的简单易用的工具建设属于自己的网络教学资源平台和具体的资源内容。可以设定统一的、高标准的建设要求，设定必建栏目，在满足统一标准的同时也可以由教师自行设定选建栏目，满足教师的个性化建设要求。自行设定知识及资源的最小组成单位，资源可以按照专业、课程、学科、知识点、章节、学时、类别等单位进行划分，按照一定的教学逻辑结构编排资源框架和分类，上传各类教学资源，如教学录像、教案、习题考题、参考资料等。

对于资源统一规划、统一整理、统一存放，避免资源的流失，也避免信息孤岛和重复建设，形成具有学校特色并且唯一的教学资源中心。可以按照学校意愿开放学校资源的使用对象、使用时间和使用权限。同时也可以按照教师意愿开放教师资源的使用对象、使用时间和使用权限。既保护学校和教师的知识产权，又使教学资源合理的开放和共享，且资源建设支持多人共建和共享，可以实现一次建设反复使用。

8.3.1.6 建立学生自主学习环境

学生是教学的主体。智慧校园要为学生提供可以实现自主学习的环境。课堂教学是教学的精华，教师面授过程是最贵的教学资源。传统的课堂教学是在教室内完成的，由于空间的限制，优秀教师的课堂授课只能被少数学生分享。智慧校园需要将优秀的课堂教学内容，实时地在网络上直播或录播，让更大范围的学生可以分享到优秀教师课堂教学的精彩。

新的教学模式，不仅强调突出课堂教学，还强调以学生为主体的自主学习。智慧校园帮助建设针对学生的自主学习环境，在智慧校园上，学生能够找到与课程相关的教学资源，与教师进行课程互动，完成预习、答疑、作业、自测甚至是考试环节。不管是在教室、宿舍、学校的任何角落，只要连通智慧校园，学生就可以加入到自主学习中。

智慧校园要考虑学生是教学中的主体之一，智慧校园要更好地为教学服务，需要学生更热情的参与。在智慧校园中，学生不仅是参与者，还应该有属于自己的个性化学习空间，在学生的网络空间里，学生可以完成学习的全过程，还可以创建管理自己的资源库、撰写自己的学习博客、参与课程和班级论坛以及其他个性化活动，智慧校园帮助学生实现多姿多彩的学习生活。

8.3.1.7 实现教学一体化

智慧校园的教学建设内容首要是实现教学一体化应用。这主要表现在针对教师的日常教学工作、教学过程中的辅助教学工作，以及与学生的教学互动，还体现在围绕教学工作进行的课程建设学科建设等环节。智慧校园重点发挥教师在教学中的主导地位，保障教师在教学全过程中，都能享受高效的信息化服务。同时，将教师的教学内容、教学活动，包括课堂录像记录下来，汇聚成教学资源，帮助教师更好的组织课堂教学，进行课程建设，提高教学质量，从而提高人才培养的质量。

智慧校园必须能帮助教师创建个性化的课程网站。通过课程网站建设，教师将教学设计、教学资源建设、教学运行、教学管理有效的整合。教师在网站上提供课程相关的教学资源，通过网站与学生做教学沟通，答疑辅导，布置课前课后的作业，在智慧校园的帮助下批改作业，组织网络考试，建设课程题库、课程资源库。无论在哪间教室，教师都可通过网络，登录自己的课程网站，为现场课堂教学提供教学资源和教案。个性化的课程网站，不仅成为师生教学过程的辅助平台，也将成为教师申报教学成果和各级精品课程的必由之路。

8.3.2 管理系统的功能设计

智慧校园智能管理系统涵盖了教务工作中的各个功能，从招生、学籍、排课、考试、成绩、教材、毕业等诸多方面形成一体化管理模式，全面支持网络办公模式，大大减少教务管理的手工劳动。系统高效的事务处理机制和信息管理模式，为学校的教务工作提供了直观的评价数据，为提高教务工作效率和推进高校教学改革提供了重要的参考依据，是教务工作的得力助手。

根据8.3.1节的分析结果，对智慧校园智能管理系统的核心功能和流程都有了详细的了解，本节就将结合这些具体技术的应用，详细地阐述系统的总体设计、各主要功能的实现方法，分析系统通过和两种方式访问服务进行其他系统功能的集成。

8.3.2.1 学校智慧校园智能管理系统的总体设计

系统的总体设计从两方面进行介绍，包括系统总体架构和系统网络拓扑图两部分。

A 系统整体技术架构

采用现阶段成熟的基于MVC的Struts架构。WEB SERVER接受客户的访问/交易请求，并建立起安全通道之后，根据不同的业务请求，由专门的Action Servlet进行处理，该Servlet会根据不同的请求对数据库进行访问，并调用交易组件处理相应EJB或Java Bean对数据库进行访问，并调用交易组件处理相应的业务方面的交易流程，最后根据配置文件定义的结果显示页面，将系统处理结果传输到用户端，从而实现了对用户业务请求的处理。交易业务逻辑利用EJB或Java Bean进行封装，保证了逻辑的完整性和一致性。

表现层把结果以页面的方式呈现给用户，在本层中采用Servlet及JSP技术进行实现。同时为更方便界面的修改，我们采用了模板技术，模板是一些嵌有标识符的html页面，由Servlet及JSP进行解析。这样以后页面的修改只需懂即可，无须修改Servlet及JSP程序。

在系统实现上，采用目前国际流行的面向对象技术、MVC的设计模式和纯技术，将整个系统从逻辑上分为展现层平台、中间应用服务平台和业务系统平台等几大部分，以提高整体网站系统的可扩展性、灵活性、易维护性。

B 基础平台

系统提供了适应构件化开发方式的、覆盖了应用开发、运行、管理各个环节的功能和通用服务。它使上层应用开发时可以关注于自身的特定业务逻辑，不需要过多考虑事务、缓存、参数、数据访问、业务流程、业务规则、界面设计等方面的问题，也提供了对模型驱动的开发（MDA）和构件化开发方法（CBSE）的支持。它还提供了多种监控和管理功能，提高系统运行维护的效率。

平台主要包括应用开发环境、应用运行支撑环境、应用监管环境、各类数字校园领域构件，提供了对应用系统整个生命周期的全面支持，并且可以积累领域构件资产，充分复用来降低成本和提高系统的代码质量。

C 应用运行支撑平台

应用运行支撑环境建立在应用服务器之上，提供了对各类业务构件的运行支持，必须作为最终应用软件的一部分。

为了满足应用软件的稳定、高性能、可维护、可扩展的要求，应用运行支撑环境本身也需要满足上述特性。从软件架构上来看，应用运行支撑环境的设计需要保持架构的简单性，提供给开发人员的接口要尽量简单。应用运行支撑环境需要采用微内核的架构，所有业务构件和通用构件均是可插拔的方式，通过微内核进行管理。

D 应用系统平台

应用系统包括信息发布、综合新闻、事务管理三个部分：对外门户是以上两部分系统的上层，是一个提供个性化和适应性接口的应用系统，用户通过这个接口能够找到相关的人、应用程序和内容。用户根据自己的角色能够查看到相应的资源，并且透过门户可以访问到多种异构数据源，包括关系数据库、各应用系统。

8.3.2.2 统一门户体系的设计

在管理信息系统中，我们将身份认证管理、授权管理、应用管理、代码管理、模板管理、日志管理等基础管理模块与业务基础平台功能相结合，实现对各业务系统的统一管理和服务。

A 身份认证管理

用户身份认证的作用是防止非法用户使用网络资源，是应用安全设计的关键和基础，它包括两类情况：一是系统管理员身份认证，即各种服务器、网络设备的管理员身份认证；二是操作用户身份认证，即信息系统应用者的身份认证。

对于系统管理员的身份认证，由于技术结合的关系，很难附加其他身份认证技术到系统主机上，因此需要通过电子门禁、机房管理制度、口令保管制度、权限管理制度等的综合管理来实现。

对于应用用户身份认证，根据学校计算机信息系统本身的安全要求，主要在系统门户上提供统一的身份认证，并实现对各子系统的单点登录。结合当前认证过程中所能使用的认证信息的类别，应用用户身份认证支持用户名、数字证书等身份信息认证技术，支持多种登录方式，即支持简单的账号口令方式，也支持认证方式，提供由口令登录向登录转换，还可以进行扩展以支持域用户身份认证方式。

另一方面，对于认证失败必须进行处理，设置不成功门限值，当不成功鉴别尝试次数达到此门限值时，系统拒绝该用户的访问，同时记录在志中，通过应用审计系统进行报警。

B　用户管理

用户管理可以提供统一的方式来定义学校计算机信息系统中的人员信息和人员关系、人员与组织关系。通过人员，组织管理的实现，为各种业务系统提供统一的视图和服务，方便业务系统中人员之间业务流转的定义和控制。

用户管理对各业务子系统中的用户进行集中管理，用户信息的基本要素全面详尽，能够满足各种业务系统的需要，同时支持等多种认证方式。用户管理可方便灵活地定义人员之间的各种关系，如领导关系、工作代理关系等。各业务系统的功能不尽相同，但业务系统的用户信息必定是需要保持一致的，这样才能提供给用户一个访问业务系统的统一入口，降低各个业务系统的开发成本，同时也避免了用户信息分散所带来的维护上的问题。

C　身份权限管理

授权管理主要为应用系统提供访问控制功能，是应用安全建设的一个重要组成部分，目标是向用户和应用系统提供与应用相关的授权服务管理，提供用户身份到应用授权的映射功能，提供与实际应用处理模式相应的、与具体应用系统开发和管理无关的授权和访问控制机制，简化具体应用系统的开发与维护。

授权管理以资源管理为核心，将对资源的访问控制权统一交由授权管理模块进行管理，即由资源的所有者来进行访问控制。网络业务系统运行过程中，在完成用户身份认证的基础上，根据授权管理基础模块制订的访问授权规则确定此用户所能访问的资源。

同身份认证管理相比，两者的区别主要在于：身份认证管理证明用户是谁，而授权管理证明这个用户有什么权限，能干什么，而且授权管理基础模块需要身份认证管理模块为其提供身份认证服务。

具体实现方式：在授权管理（用户和角色关联）和资源管理（角色和资源关联）基础上，提供严格、统一的授权服务。其中，授权管理负责管理系统应用用户和角色之间的关系，资源管理负责管理角色和资源访问之间的关系，两者结合作用对用户访问应用系统资源进行可靠的控制。

D　授权管理

应用系统资源的安全需要一个可靠健壮的权限管理系统来限制每个连接用户

对资源的访问和操作，使之被控制在系统授予的范围之内，因此授权管理在整个应用安全中起着非常重要的作用。

用户在访问应用系统时出示的属性证书，可将用户和角色相互关联，通过管理用户所有的属性证书的方法来进行角色的管理。

授权管理与属性证书的结合使得用户增加、用户角色验证、用户角色修改和用户注销可通过对属性证书的颁发和撤销来进行。

E　资源与应用管理

授权管理是用来管理用户和角色之间的关系，而资源管理是用来管理角色和资源之间的关系。两者的结合就能确定用户对应用系统资源的访问权限。资源管理可以通过创建和维护资源访问控制列表来实现。

应用管理提供对各种应用系统的统一的注册管理、配置功能。通过应用管理可以将各种分散的应用集中到一起，以一种集中统一的方式进行管理，同时可灵活的定义、维护应用系统的配置信息，有利于业务系统统一集成的实现。

8.3.2.3　系统功能服务化设计

A　系统业务流程服务封装

使用面向服务方法设计软件的过程中，一个最紧迫的任务就是如何将实际业务流程用服务的观点进行描述，并将这些业务操作在面向服务的软件解决方案中进行实现。在8.3.1节，我们分析了教务管理业务需求。教务支持系统管理功能经过流程分析和模块封装后，可以转变为由一个或多个业务模块来实现。而根据面向服务的设计思路，系统业务流程被封装成独立的服务，用户界面子系统通过服务调用来实现系统的功能。因此，对于系统功能的具体实现转变为对服务的调用和组合。系统模块服务封装的原则是：尽量使一项服务能够涵盖一个具体的业务流程，而组成流程的业务模块在不同服务中最好只出现一次。

根据这一设计思路，我们可以将系统功能封装为以下几个基础服务：

（1）公共查询服务。公共查询服务主要整合系统中各个业务流程及功能实现中都需要用到的公共查询模块。

（2）基本信息管理服务。学生信息管理服务主要包括三个模块的功能，分别为学生基本信息管理模块、班级信息管理模块和辅导员管理模块。学生基本信息模块完成对学生学籍信息及其他相关信息的管理。班级信息管理模块完成对班级信息的增删改操作以及各类查询。由于辅导员信息与班级信息紧密相关，因此将辅导员管理模块一并封装到该服务内。

（3）教学计划管理服务。教学计划管理服务主要由四个模块组成，分别是课程管理模块、教学计划管理模块、课程替代设置模块和班级计划定义模块。课程管理模块主要实现对于课程总表的增删改查操作。班级计划定义模块主要实现对于班级毕业学分，必修课程以及计划类型的设定。将这两个模块封装在一个服务中，是因为班级教学计划的设定需要相应的班级计划信息以及课程信息作为支撑，通过三个模块的具体功能实现方法，可以独立完成对于班级教学计划的设定。

(4) 排调课管理服务。排调课管理服务主要负责根据教学计划的设定信息对下学期的课程进行排课操作，对本学期的课程进行调课操作。排调课业务流程是教务支持系统中一项重要的业务流程，对该业务流程按照业务流程模块化分析和设计后，可以细分为课程排课模块、课程分课设置模块、排课修改模块、课程查询模块，分别实现对课程排调课数据的管理功能。

(5) 选课报考管理服务。选课报考管理服务主要负责实现学生选课报考流程中的各种操作，选课报考流程也是整个教务支持系统中的重要业务流程，其牵涉到的数据信息也最多。该服务主要由可选跟读课程设定模块、可选报考课程设定模块、课程学分费计算模块、课程报考费计算模块、学生代办费计算模块、选课费用计算模块以及学生注册情况查询模块组成。通过这些模块的功能组合和执行，实现学生选课报考的流程。

(6) 财务结算服务。财务结算服务主要对学生学习过程中所产生的费用进行管理。该服务包含学分费管理模块、住宿费管理模块以及代办费管理模块。而针对实际业务中出现的费用抵扣的情况，抵扣费管理模块也在该服务中进行实现。

(7) 教材管理服务。顾名思义，教材管理服务提供了与教材的征订、分发以及库存核对等的功能，因此，教材管理服务中封装了教材管理模块、教材征订管理模块、班级书籍管理模块、学生领书管理模块、库存管理模块。实现对教材管理流程中的各项操作。

(8) 毕业审核管理服务。毕业审核管理服务提供了与学生毕业相关条件审核的服务。主要包括学生毕业审核模块、学生毕业论文资格审核模块、必修课程审核模块以及已修课程学分计算模块。

(9) 用户管理服务。用户管理服务为整个系统平台提供了统一的用户认证模块以及用户管理模块。用户认证模块主要实现系统页面访问的用户认证功能，而用户管理模块则对系统用户的基本信息、登录信息以及角色信息进行管理。

综上所述，系统基本服务涵盖了系统实现所需的大部分业务流程。而针对流程的服务封装设计方法使服务的定义与实际业务流程相匹配，因此能够更加适应实际业务流程的变化。在对教务支持系统业务模块进行服务封装的过程中，有一些业务模块可以完全封装到一个服务中，也有一些业务模块被细分为两个或多个子模块封装到不同的服务中去。流程服务化的过程强调为实现服务的自包含而对模块功能进行切分或重用。

B 系统基础服务组合及调用设计

在系统的实现中，有些功能直接调用基础服务就能实现，有些功能往往还要在基础服务的基础上进行服务组合后才能将执行结果通过用户界面子系统展现给用户。根据8.3.1节对于系统基础服务的设计，面向服务的系统功能实现方式大致可以归为四种，分别是：

（1）多页面中相同系统功能调用同一个服务进行实现，该服务接口粗粒度地实现业务功能。

（2）单页面中的某项业务功能调用服务来实现，但是该服务中包含多个业务模块，通过这些业务模块的组合调用实现服务功能，最终实现页面中所描述的业务功能。

（3）业务功能需要实现页面与服务的组合调用进行实现。这是说该业务功能不是单纯的只在用户界面子系统中进行或只在服务子系统中完成，而是两者的有机结合。

（4）业务功能需要组合多个服务中的功能进行实现。这是说业务功能的实现需要从基础服务中调用服务功能，并将这些基础服务执行的结果进行组合才能实现。

根据以上分析，按照面向服务设计原则，我们将需要与用户交互的模块尽量在用户界面子系统中实现，而与具体业务流程相关的模块尽量以WCF服务的方式进行调用和封装。这样有利于实现系统业务模块统一管理以及用户界面与业务逻辑的松耦合。

9 智慧校园数字化实验系统

9.1 智慧校园数字化实验系统概述

增强教学的探究性是国际科学教育改革的潮流，也一直是我国新课程改革所强调的重点。在我国物理、化学、生物等理科新课程标准中均强调要开展自主学习和探究式学习等多种学习方式，培养学生的科学素养。美国在 1978 年就已尝试将传感器技术应用于中学教学。近年来，随着传感技术的成熟及新课程改革对探究式学习的强烈需求，数字化实验开始得到初步应用。

实验实践活动是学习和科学研究的重要途径，有利于创新能力和创造意识的培养，因此，实验室的建设成为衡量学校实力水平的重要标准之一。

实验室的建设主要经历了以下发展阶段：

（1）单机模式。在单机模式实验室环境下，实验实践活动主要是在约定的时间和地点，通过固定的物理实验室设备去进行实验实践活动。

在该模式下，实验室的设备配置有限，用户只能在特定的时间约束下来完成实验任务，在这种情况下，往往会出现时间不够用、实验实践活动进行不充分，不能达到实验实践目标。同时，由于不同时间段参与实验实践活动的学生不同，往往实验过程中的结果不能保存，下次实验时只能重复进行。总之，单机模式实验环境不能有效地完成实验实践活动，设备利用率低，存在着严重的设备重置和重复劳动，无法实现提高实验者创新能力和创新意识的培养。

（2）网络化实验室。在网络化实验室环境下，利用网络技术，整合分散的实验室设备，构建智能化的实验室管理系统，使实验室变得更加灵活和多功能化。

在该模式下，大量的实验设备比较分散，对实验室管理人员的日常管理和维护产生了一定的压力。同时，对实验室的网络也产生了更高的要求，要求时刻保障网络的稳定可靠。从某种程度上来讲，网络化的实验室所提供的实践活动比较丰富、功能相对更加完善，但是仍然存在着资源利用率低、不够开放、不能实现学科之间实验内容的交互等问题。

（3）发展趋势——云。随着云计算技术的发展和传统数字实验平台的升级，实验平台必然走向和云计算的融合。云计算将大量分散的计算、存储、网络资源集中起来形成集群，虚拟化成资源池，按需动态地为用户提供所需的资源，具有资源节约、服务能力强、资源动态化和使用动态化等方面的优势。

数字实验平台存在规范化、资源节约、高服务能力、开放性等需求，在这样的背景下，本章将对规范化的 DEP2C（Digital Experimental Platform Based on Cloud Computing）做初期的探索与尝试。

目前，全球大约60多个国家开始采用数字实验平台，其中亚洲有日本、韩国、中国、新加坡等国家，国内只有北京、上海、天津、广州、深圳、浙江、成都等经济发达地区开展了这方面研究，但主要限于数字实验平台与单一学科整合的研究。数字实验平台仍存在着下列问题：

（1）信息封闭、不开放。主要表现在两个方面：资源不开放，无法实现实验资源的动态升级和扩容，实验设备更新比较麻烦；用户不开放，用户在实验资源的使用过程中时间和地点受限，而且仅限于学校的教师和学生，对其他研究人员不提供共享性资源服务。

（2）学科之间不能交互。实验平台仅为单学科所服务，不能实现各个学科间实验室资源的共享，造成某方面实验资源的不足或实验资源的重置和浪费。

（3）资源利用率低。大部分实验资源仅仅承载单方面的实验任务，闲置时间较多，服务器资源具有强大的功能却利用率极低。

随着信息技术的发展，数字实验平台在建设过程中逐渐呈现下列发展趋势：

（1）瘦客户端。实验室新购置的客户端设备大多以瘦客户机为主，配置比较灵活，节省大量的实验室空间，客户机承载的实验环境相对比较简单。

（2）服务器。实验室新购置的服务器设备大多以刀片式服务器为主，功能强大，资源集成度较高，同时，实验室原有的设备如机架式服务器以及IP存储和FC存储等设备大多都处于闲置状态或者仅承载少量应用，资源利用率低下。

（3）实验中心分散。学校中网络中心和信息中心、图书馆信息中心以及各个学院分别建设实验中心，相对分散，均存在资源利用率低、设备重置等现象。随着云计算技术的发展和云计算相关应用的成熟，这些分散的实验中心必将走向资源的融合与共享。

鉴于当前数字实验平台的存在问题和发展趋势，营造一个开放性的数字实验平台，实现不同学科间实验内容的交互、实验资源的充分利用以及资源利用率的提高，是势在必行的。

为了提高现有数字实验平台资源利用率和服务能力，以云计算技术为支撑，将实验“云”化，建设DEP2C，以云的模式向广大用户提供所需实验资源服务，这是一种应用模式的创新，打破原有数字实验平台的束缚，以更开放的模式促进实验平台的规范化发展。

DEP2C致力于数字化实验平台的开放性建设，以满足资源和用户的开放性需求，实现学科内以及学科间的交互、资源的节约与利用率的提高为目标。这对数字实验平台的发展来说是具有开拓性意义的。

云计算技术的发展，为开放性数字实验平台提供了有力的技术支撑，然而，如何有效地利用云计算技术，建设一个具有交互能力、资源利用率高、规范化的DEP2C仍然是一项艰巨的任务，有待进行长期的研究和探索。

9.2　云计算实验平台相关技术分析

DEP2C的关键技术研究通过云的模式实现DEP2C仍有许多相关技术需要解决，对数字实验平台来说，用户所提交的实验任务请求多种多样、时间不一，实验室的设备资源也是存在巨大的差异，如何对这些资源进行规范化的管理，实现资源的共享和开放性的需求是技术问题的关键。下面对DEP2C的资源调度进行深入的研究。

9.2.1　云计算实现机制

要实现DEP2C，则需要深入了解云计算平台的实现机制，下面以云计算的IaaS为例，说明云计算的实现机制。图9-1为云计算IaaS层的实现机制。

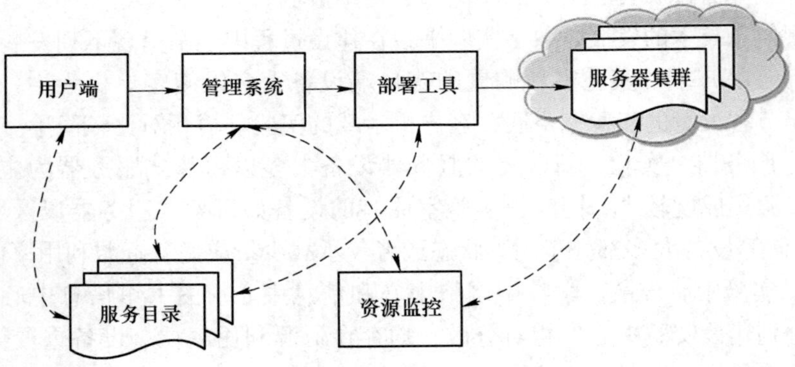

图9-1　云计算IaaS层的实现机制

（1）用户端。用于实现用户请求服务的交互。用户可以通过浏览器进行注册、登录、请求服务、配置和管理。

（2）服务目录。装载用户请求的服务、权限、配置以及管理等信息。用户可以随时对自己的服务进行重新定制或更新。

（3）管理系统和部署工具。实现用户和资源的管理，对用户进行授权、认证等操作，对计算资源和服务进行分配和调度。接收到用户的请求后，管理系统会根据请求任务内容，智能地调度资源、部署应用，实现资源的动态部署、配置以及回收。

（4）监控。实现云平台资源的使用情况监控。通过节点同步、负载均衡、资源监控等技术确保资源和用户请求任务间的快速响应。

（5）服务器集群。由大量的服务器虚拟化组成，通过管理系统进行统一的管理，负责对大量的云计算应用提供满足服务需求的资源。

用户可在用户端通过服务目录选择对应的服务，发送请求后由管理系统调度服务器集群中的资源，并通过部署工具部署应用来响应用户服务。

9.2.2 云计算应用中的任务分割和资源调度

9.2.2.1 云计算应用中的任务分割

在云计算环境下，任务具有数量大、比较分散、需求不一等特点，针对大规模的计算任务一般通过分割策略，以并行的模式执行，以达到高的执行速率。

不同的应用类型有不同的任务分割策略。在云渲染应用中，渲染任务的分割以帧为单位，根据图片的信息量，分割成若干个能够并行实现的原子任务，由集群中各个节点同时渲染，从而达到快速渲染、缩短动画片和电影的制作过程及提高制作效果的目的。在 Google 的 Map Reduce 编程模型机制下，将用户输入的数据分割为若干个小的数据片段，然后与 Map 任务相对应，通过中间文件和 Reduce 过程实现海量数据的并行处理。

鉴于不同的应用背景下，任务的功能和属性有很大的差异，因此，云计算环境下的任务分割方法需要和实际的应用任务相结合。

9.2.2.2 云计算应用中的资源调度

在不同应用背景下，不同的 IT 厂商和科研机构提出不同的云计算资源调度策略，下面以 IBM 的监控代理调度机制和 Google 的 Map Reduce 编程模型的调度机制描述云计算中的资源调度模型。

A 监控代理调度机制

IBM 采用专用的资源监控代理和作业调度器来实现云计算中资源的管理与调度，其资源分配与任务调度由 IBM Tivoli Provisioning Manager、Tivoli Monitoring 以及一些虚拟化组件共同组成。Web sphere Application Server 负责检测可用资源、资源调度、供应及预订；资源供应后，根据操作系统和平台用 Xen 管理程序创建虚拟机；Tivoli Monitoring Server 监控 Tivoli Provisioning Manager 所提供服务器的运行状况（如 CPU、内存以及磁盘）。

该方式为云计算通用的管理模式，以虚拟化技术为支撑，简化了作业调度过程，将云计算的技术核心转移到资源的虚拟化技术上。

B Map Reduce 编程模型调度机制

Map Reduce 是一种海量数据成的并行计算模式，是云计算的编程模型和任务调度模型。Map Reduce 把对数据集的大规模操作，分发给一个主节点管理下的各分界点共同完成，通过这种方式实现任务的可靠执行与容错机制，在每个时间周期，主节点都会对分节点的工作状态进行标记，一旦分节点的状态标记为死亡状态，则这个节点的所有任务都将分配给其他分节点重新执行。图 9-2 为 Map Reduce 调度模型。

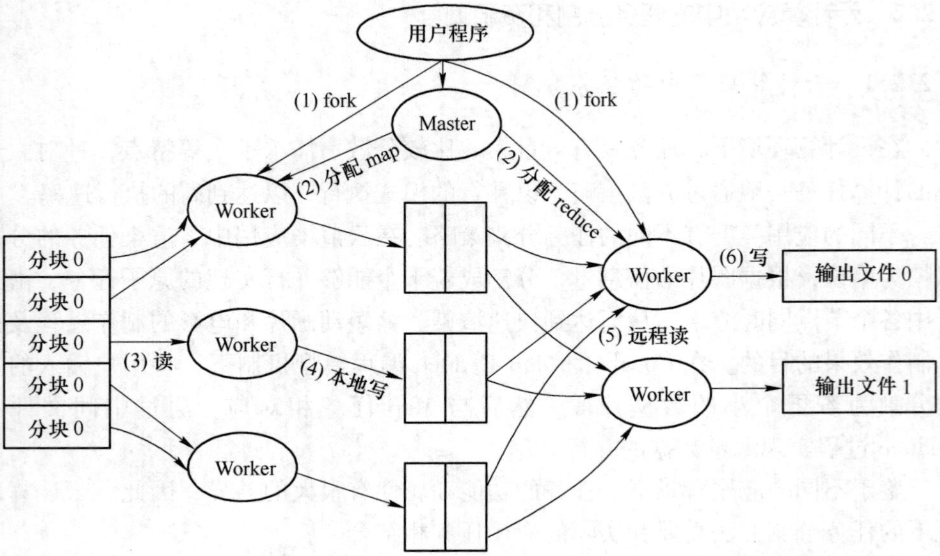

图 9-2　Map Reduce 编程模型的调度机制

Map Reduce 在程序的执行过程中有输入文件、Map、写入中间文件、Reduce 以及文件输出五个阶段。中间文件和 Reduce 过程相结合大大地减少数据在传输过程中的网络带宽需求，同时数据分割开来以并行的模式执行，从某种程度来说，Map Reduce 模型提高了程序的执行效率。

目前，不同的云计算厂商采用不同的资源调度模式，仍没有形成统一的标准和规范；云计算资源调度的相关研究不多，仍是国内外商业和科研机构研究的关键问题。不同的云平台，支撑不同的应用，资源调度策略也不同。因此，如何驾驭云计算，在数字实验平台的开放性需求下，如何实现资源的有效调度具有重要的研究意义。

9.2.3　典型的云计算平台——VMware

虚拟化是云计算关键技术，是云计算平台的支撑技术，当前比较成熟的虚拟化技术供应商主要有：VMware、Citrix 和 Microsoft 等。

在虚拟化技术方面，VMware 相对比较成熟，具有广泛的应用支持和操作系统支持。因此，DEP2C 选择 VMware 的云计算技术来实现原型系统。下面对 VMware 的虚拟化技术和云计算架构进行详细的研究。

9.2.3.1 VMware 虚拟化技术

VMware 云计算平台主要依托虚拟化技术。通过虚拟化，我们可以实现物理主机划分，形成多个独立的虚拟机，以实现资源按需分配；也可以实现物理主机的聚合，形成庞大的虚拟资源整体，满足大型应用的需求；同时，可以实现应用与物理资源的隔离，有利于物理资源的复用、管理复杂度的降低、资源的共享以及设备利用率的提高。借助于虚拟化，有利于实现云计算平台的资源统一管理，使平台部署变得更加灵活、方便，同时，应用与平台无关，可靠性更好，有利于负载均衡的实现和资源节约。VMware 的虚拟化技术是以资源共享为目标，屏蔽物理资源间的异构性，将服务器、存储、网络整合为统一的资源池，以更灵活的方式为用户提供所需的物理资源。VMware 的虚拟化架构如图 9-3 所示。

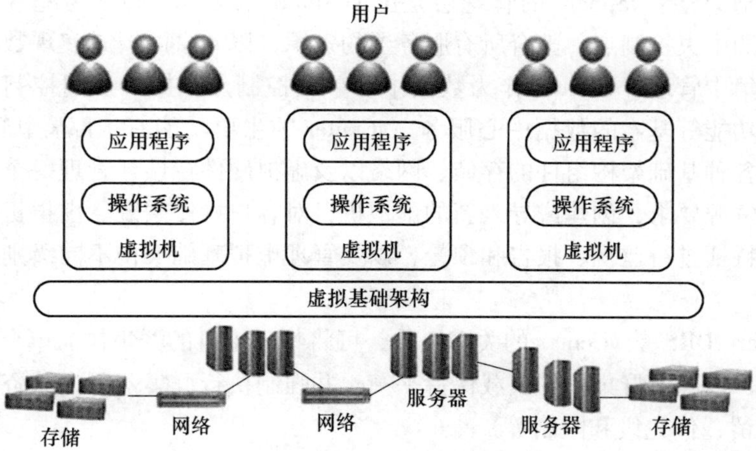

图 9-3 VMware 虚拟化架构

9.2.3.2 VMware 云计算架构

VMware 认为，云计算是一种能够降低 IT 基础架构复杂性的新方法，它将按需提供自助管理虚拟基础架构汇集成的高效池，以服务的形式提供计算。

下面以 VMware 的 vSphere 为例说明 VMware 的云计算平台架构。VMware 的 vSphere 虚拟化整个 IT 基础架构（包括服务器、存储器和网络等），聚合所有资源，提供统一资源管理平台 vCenter，由虚拟化层、管理层和接口层组成，如图 9-4 所示。

（1）虚拟化层：vSphere 的虚拟化层包括基础架构和应用程序服务两部分。基础架构服务为计算、存储和网络等可以虚拟化的基础设施资源，基础架构服务包括计算服务、存储服务以及网络服务；应用程序服务指用于保障上层应用可用性、安全性以及可扩展性的相关服务。

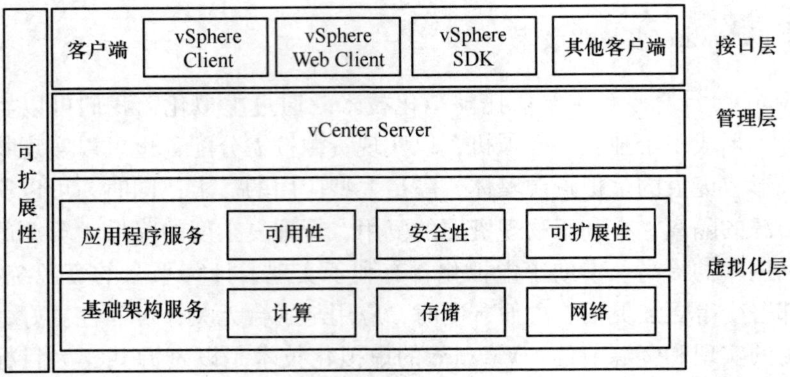

图 9-4　VMware 的云计算架构

(2) 管理层：vSphere 的管理层是由 vCenter 实现。vCenter 为配置和管理虚拟化资源的中央控制点，整合所有服务器的资源，以共享的模式实现数据中心所有组件的集中管理。vCenter 作为数据中心单一控制点，提供访问控制、性能监控和配置功能等基本的数据中心服务。vCenter 的主要功能有：部署新的 ESX 主机，配置各种基础架构组件的存储、网络以及虚拟硬件特性，管理每个主机的存储要求和资源要求，创建或导入新的虚拟机，对客户操作系统、虚拟机和底层主机的性能特征进行监视、报告和预警，以及管理虚拟基础架构不同级别的权限和角色等。

VMware DRS 是 vCenter 的关键组件，可将物理主机的群集作为单个计算资源进行管理，以确保群集中的负载保持平衡，并强制执行群集范围内的资源分配策略（如预留、优先级和限制等）。

(3) 接口层：用户可以通过 GUI 客户端（如 vSphere Client 或 vSphere Web Client）访问 VMware vSphere 数据中心。此外，用户可以通过使用命令行界面和 SDK 进行自动管理的客户机访问数据中心。

9.2.3.3　服务器虚拟化

ESX Server DEP2C 的原型系统在实现过程中采用了 VMware 的服务器虚拟化 ESX Server。下面对 ESX Server 进行展开说明。

IT 环境提供基于虚拟化的分布式服务的基础，可以将数据中心的服务器虚拟化，将数据中心转换为云计算基础架构，以满足 IT 组织利用内部和外部资源、低成本地提供云服务的能力。ESX Server 将一个物理服务器划分为多个安全、可移植的虚拟机，这些虚拟机在同一物理服务器上运行；每个虚拟机都呈现为一个完整的系统（具有处理器、内存、网络、存储器和 BIOS），因此 Windows、Linux、Solaris 和 Net Ware 操作系统和软件应用程序都可以在虚拟机中运行。

VMware ESX 主要功能体现在以下三个方面：

（1）基础架构服务。即虚拟化管理器（VMM）功能。通过在物理机之上的虚拟层可以抽象处理器、内存和 I/O 等资源来运行多个虚拟机。虚拟机能支持高达 8 个 vCPU 和 256 GB 内存；还支持热添加功能，可以热添加虚拟 CPU、内存和网络设备。

（2）增强型的基础架构服务。除基础架构服务外，还提供了能增强网络和存储 I/O 性能的 VMDirect Path、能减少存储空间使用的 VSorage Thin Provisioning 和 Linked Clone 等增强的功能。

（3）应用程序服务。提供 vCenterAgent，用于向 vCenter 上传本机的管理和性能信息，根据 vCenter 的指示协助 vMotion。

9.2.4 存储虚拟化——OSN

DEP2C 的原型系统由 OSN（核心数据的存储虚拟化管理软件）来实现存储设备的虚拟化。Osn Web Manager 基于 Web 技术，以 SVE 和 SAN 两个引擎为核心，采用多层架构的方式实现。管理员可以通过网络对异地存储资源进行集中、统一的管理。图 9-5 为存储虚拟化部署图。

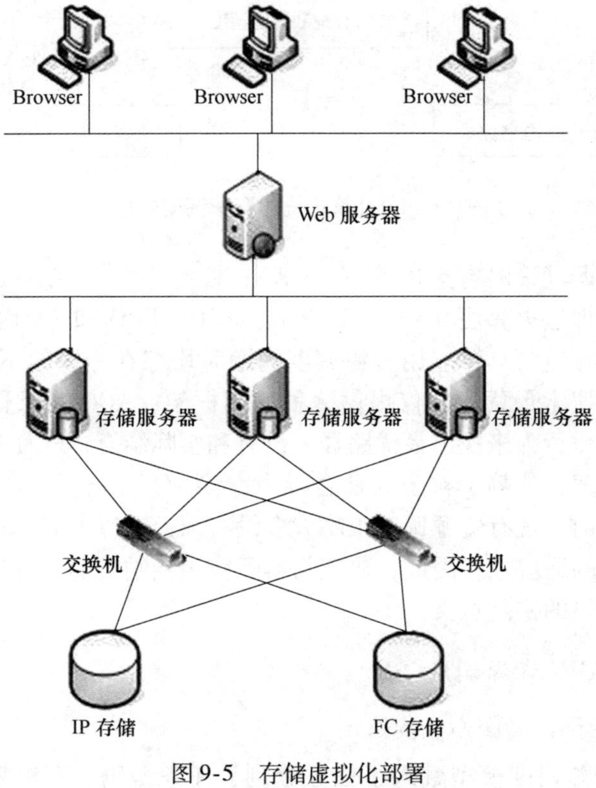

图 9-5 存储虚拟化部署

在存储管理客户端无需部署，管理员通过浏览器就可以对存储资源进行管理与监控。Web Service 是服务的提供者，主要负责存储系统的业务逻辑处理，Osn Solution Manager 是桌面应用程序和低层实现的集合，与 Web Service 共享低层实现；IP 存储和 FC 存储指原本分散的异构存储资源的集合。

9.2.5 云计算环境下资源调度的研究

不同的实验任务在不同的时间段对资源需求量不同，如何利用有效的资源，高效的做更多的事情是资源调度所需要解决的问题。

9.2.5.1 云计算环境下传统资源调度

在云计算环境下，传统的资源调度模型是指根据一定的资源使用策略将云计算任务分配给不同的资源，完成资源在资源使用者之间的调度过程，图 9-6 为传统资源调度模型。

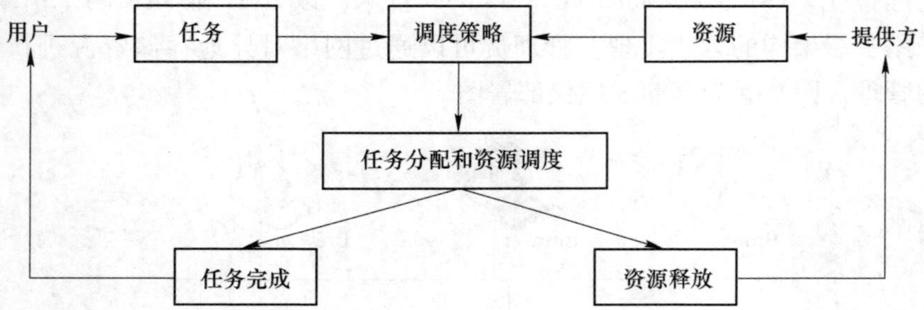

图 9-6 云计算传统的资源调度模型

现有的资源调度策略有遗传算法（GA）、蚁群算法（ACO）、粒子群优化算法（PCO）和模拟退火算法（SA）等。GA、ACO、PCO 和 SA 均来源自然现象，都是启发式的，在应对具体应用资源调度问题时均存在一定的不足：GA 通过模拟自然进化过程搜索最优解，仅提供一种通用框架；ACO 通过信息素的正反馈机制和集体自催化行为来找出最优路径，没有和实际结合；PCO 从随机解出发通过迭代寻找最优解，依赖于粒子的社会行为；SA 源自冶金领域，受温度和材料等因素影响。目前，现有资源调度策略大多没有和云计算的具体应用相结合，缺乏特定应用环境的适应性，因此，研究与实际应用相结合的云计算环境下的资源调度策略具有重要的实际意义。

9.2.5.2 DEP2C 的资源调度

图 9-7 为 DEP2C 的资源调度模型。

DEP2C 的资源调度模型融入了任务分割、任务编码、资源划分、资源编码

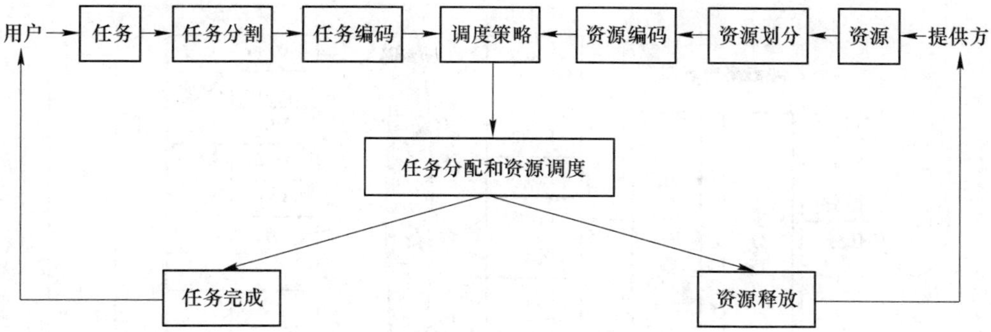

图 9-7　DEP2C 资源调度模型

四个模块，通过任务分割和任务编码形成具有一定优先级的 M 个任务的队列，通过资源划分和资源编码形成具有一定功能等级的 N 个资源的队列。DEP2C 资源调度的最终目标是将 M 个任务合理分配到 N 个资源，而任务分割、优先级编码和资源划分、功能等级编码的目标是实现任务和资源的高效匹配，达到优化平均资源利用率的目的。

9.2.5.3　DEP2C 资源调度设计

1. 资源调度的目标。DEP2C 资源调度目标是实现资源在不同的时间段都可以被多个不同的实验任务所使用，以提高资源的利用率、降低运行成本。

2. 资源分类。物理资源和虚拟资源及其承载（CPU、内存、存储、应用程序(软件和数据库))。

3. 资源调度模型。DEP2C 资源调度策略是将任务和资源按照一定的策略进行处理优化，然后通过资源管理器的匹配映射来实现任务的调度和资源的分配。图 9-8 为 DEP2C 资源调度的具体模型。

具体过程描述如下：

（1）任务管理器接收用户所提交的实验任务，并对该任务进行分析；

（2）根据任务分割策略对实验任务进行任务分割；

（3）根据优先级设定策略对分割后的任务进行编码，然后插入任务池，形成有序的任务队列；

（4）根据资源调度策略对任务队列进行资源需求匹配，启用满足需求的资源节点；

（5）任务执行完成。

用户在进行科研、学习实践活动时，需要占用一定量的计算资源、存储资源、应用程序资源。要实现不同学科之间的交叉融合，首先需求对资源进行规范化的整合，按照不同的功能进行等级划分，进行统一的调度和管理；同时，要满

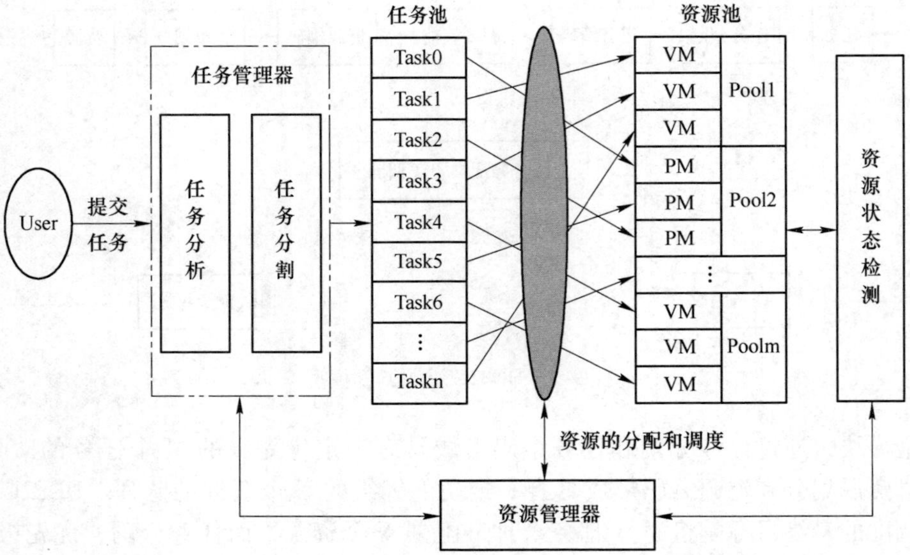

图 9-8　DEP2C 资源调度具体模型

足不同的用户对特定实验资源的需求，要求资源能够快速分配，高效地完成用户提交的任务。云计算环境下，需要对实验任务进行分割，以提高任务的执行速度和资源利用率；负载均衡也是开放性数字实验平台的关键，合理的资源调度策略有利于实现资源的动态均衡，通过均衡不同实现任务访问的时间也能够从很大程度上解决平台的负载问题。所以，对 DEP2C 来说，对任务进行分割、资源进行划分和合理的资源调度策略是非常重要的。

总之，实现 DEP2C 的关键是有效利用有限的物理资源和虚拟资源实现开放性的大量用户的实验实践活动的资源需求。因此，下面将从任务分割、资源划分、资源调度三个方面重点展开来研究开放性数字实验平台的实现过程。

9.2.6　任务分割

9.2.6.1　任务定义

A　任务定义

任务为用户在特定时间段内所要完成的一系列实验的集合。

B　任务的特点

任务具有以下特点：

（1）在特定时间段有效；

（2）有一系列实验组成，每个实验对资源的需求不同；

(3) 任务可以划分为不可分割的原子任务；

(4) 分割后的各个任务之间在执行时间上存在并行或顺序关系。

按照任务执行的特点，可以将任务之间的依赖关系分为：并行执行任务和顺序执行任务。

C 任务的生命周期

在任务的执行过程中对任务进行生命周期化的管理。每一个实验任务会有6种不同的生命周期状态，各个状态间的转换过程如图9-9所示。

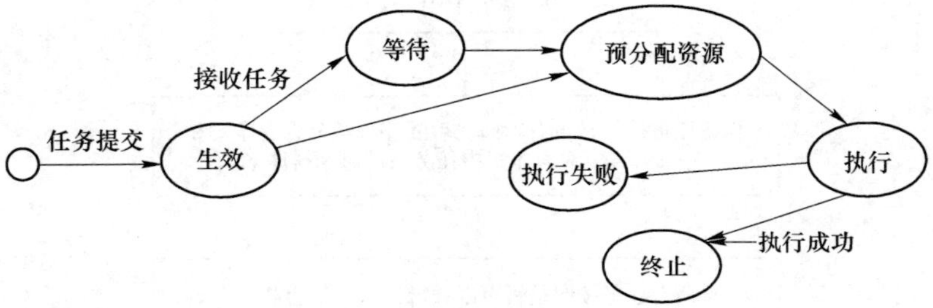

图9-9 任务的生命周期

(1) 当用户提交任务后，该任务进入生效状态；

(2) 对生效状态的任务，如果存在满足需求的资源，任务管理器接收任务，任务进入预分配资源状态，反之，该任务进入等待状态；

(3) 任务生效后进入等待状态，等待资源分配；

(4) 资源管理器对于处于等待队列中的任务进行资源预分配；

(5) 当任务执行的时间到之后，该任务进入执行状态；

(6) 如果任务执行成功，任务进入终止状态，反之，任务进入执行失败状态。

对于原子任务来说，不包含任务执行失败状态，当任务执行失败则该任务重新进入提交状态，等待或者被预分配资源。

9.2.6.2 任务分割

根据不同实验任务功能特点、执行特点、执行时间段以及所需求的资源数进行任务的分割，将其分割成一系列原子任务，具体分割过程如下：

(1) 对于一个实验任务来说，分割方法如下，首先，按照实验任务的功能需要实现的不同功能将实验任务分割为多个子任务，并结合子任务在执行过程中执行顺序是否可以调整分为有序任务集和无序任务集，其中，无序任务集存放着若干任务可以调整的子任务，有序任务集存放着若干个按照时间执行的先后顺序进行排列的子任务，两者同属于该实验任务的任务集；接着，按照任务执行的特点，对于同一类功能任务中能够并行执行的实验任务继续进行分割，将其分割为多个可以并行执行的原子任务，以并行任务集的形式存在实验任务队列中。

（2）将所有的实验任务按照用户提交的先后顺序进行（1）的分割过程。图9-10为任务分割的流程图。

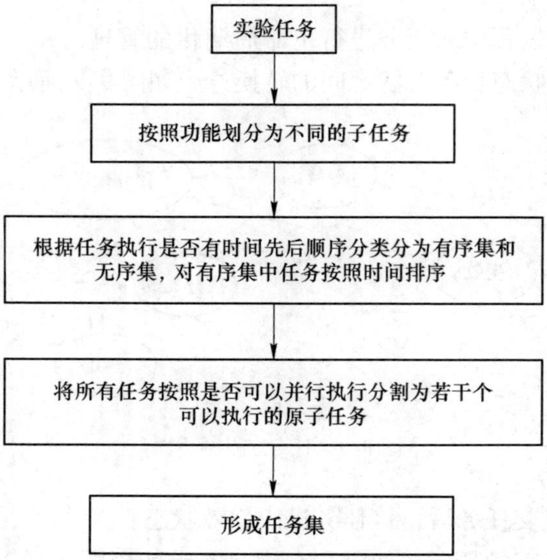

图9-10　任务分割流程图

在任务分割过程中，遵循下面规则：

（1）对于大量的分割后的原子实验任务来说，在同一时刻，资源需求不同的任务也是并行存在的。

（2）在整个分割过程中要保证所有原子任务中最大的资源需求的最大配置小于或等于所有资源池中资源节点的最大的资源配置。

（3）在实验任务最小化分割过程中要略小于或相当于当前资源池中最小的资源节点拥有配置，否则会造成大量资源的浪费和不必要的资源迁移。

9.2.7　资源划分

9.2.7.1　资源定义

A　资源的定义

对DEP2C来说，资源主要分为两部分：物理资源和虚拟资源。虚拟资源为物理服务器、存储等经过虚拟化，形成资源池，建立满足不同应用需求的虚拟机来满足用户实验的实际需求，虚拟机的属性特点为CPU、内存、存储容量、应用程序等；物理资源为物理主机，承载对应的实验运行环境，属性内容包括CPU、内存、存储容量、应用程序等。将物理主机或者虚拟机均视为一个资源的节点。

B 资源的特点

资源具有以下特点:

(1) 将物理资源和虚拟资源分别作为一个大的资源池，物理资源池和虚拟资源池，可以划分为若干个满足不同实验功能需求的功能资源池;

(2) 功能资源池由一组虚拟机或者物理主机组成，资源池内的物理主机或虚拟机具有相当的功能;

(3) 不同资源池的容量不同，虚拟机或主机的配置也不一定相同;

(4) 每个虚拟机或者物理主机拥有 CPU、内存、存储容量、应用程序等资源;

(5) 特定资源池内的虚拟机或物理主机的 CPU、内存、存储容量可以实现动态的负载均衡。

C 资源的生命周期

在资源使用的过程中对每个资源节点进行生命周期化的管理。每一个节点资源均有 6 种不同的生命周期状态，各个状态间的转换过程如图 9-11 所示。

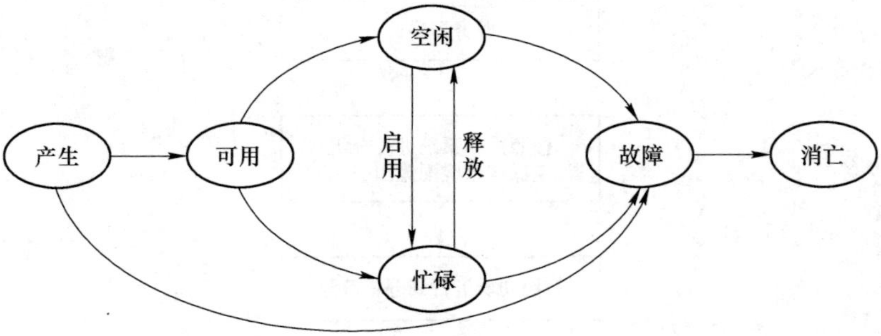

图 9-11 资源节点的生命周期

(1) 在配置资源池中资源节点的过程中，该资源节点进入产生状态;

(2) 当资源节点配置完成后，该资源节点进入可用状态;

(3) 处于可用状态的资源节点，当资源管理器为其分配相应的执行任务后，该资源节点进入忙碌状态，反之，该资源节点处于空闲状态;

(4) 处于忙碌和空闲状态的资源节点状态可以相互转化，当处于空闲状态的资源节点被启用时该资源节点转化为忙碌状态，当处于忙碌状态的资源节点被释放时该资源节点转化为空闲状态;

(5) 处于产生、空闲、忙碌的资源节点出现问题后进入故障状态，对外不能提供资源服务，处于故障状态下的资源节点在修复后可以还原为可用状态，如若不能修复则删除资源池中的该资源节点，并将其移至消亡状态。

9.2.7.2　资源划分

根据实验任务对资源的需求和实验任务的分割模式，以及资源集群所拥有的资源总数、资源池以及资源节点在划分过程所需要额外的资源开销，将资源集群划分为若干功能资源池，每个功能资源池包含若干虚拟机或物理主机资源，具体划分过程如下：

（1）根据不同的操作系统将虚拟资源池或物理资源池分为两组，并设定操作系统配置决定因子 OSQ，对于第 i 个资源池来说，其中 $i \leq OSQ$，该资源池内所有资源节点配置的操作系统均为 Windows；其中 $i > OSQ$，该资源池内所有资源节点的操作系统均为 Linux。

（2）按照资源所能完成的任务将资源集群划分为若干功能资源池，每一个资源节点能够完成实验任务中某一类功能。

（3）将能够并行执行实验任务的资源节点形成特定功能资源池。

（4）按照资源池的规模和资源节点配置需求将功能资源池划分为子资源池。图 9-12 为资源划分的流程图。

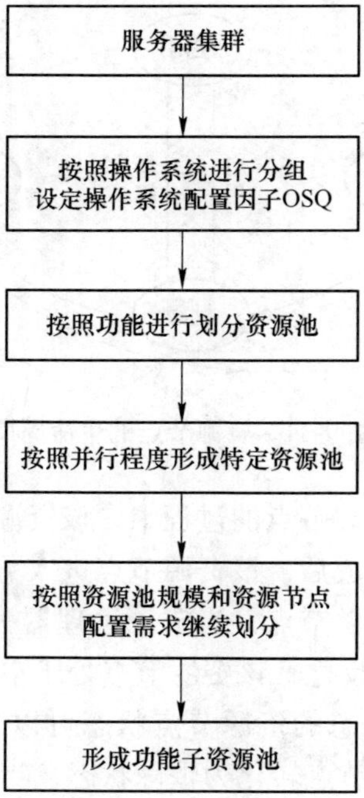

图 9-12　资源划分的流程图

在资源划分的过程中，遵循下面规则：

（1）资源池中的资源节点配置至少能够承担一种任务；

(2) 能够并行执行实验任务的资源池拥有较高的功能等级，并行程度越高，功能等级就越高；

(3) 同一个资源池内资源节点的处理器的个数相同；

(4) 资源节点的配置中 CPU、内存、存储及其应用程序的个数配置成同比增长关系，CPU 配置份额越大对应内存、存储的配置也越大、对应承载应用程序的个数也越多；

(5) 资源池中的所有资源节点之间能够实现动态的负载功能，当某资源节点资源不足时，将其他资源节点所有拥有资源中预留的份额均衡至该资源节点中。

9.3 DEP2C 功能设计

云计算为开放性数字实验平台提供了有力的支撑，然而，如何有效地利用云计算技术，建设一个高交互能力、高资源利用率、规范化的数字实验平台仍是研究的核心。

目前，数字实验平台存在资源不开放、学科间不交互、资源利用率低等问题，建设一个开放性数字实验平台具有重要的实际意义。随着技术的发展和教学实践活动改革的需要，现阶段数字实验平台建设呈现了下列发展新需求：

(1) 开放性需求。用户对实验平台提出了开放性的需求，希望能够随时随地访问实验资源完成学习或科研活动，同时，实验室设备的管理者也提出了开放性的需求，实验室的管理人员希望实验室设备能够实现动态的升级和扩容。

(2) 交互性需求。在实验实践活动中，用户对于学科内的实验之间和不同学科的实验之间都提出了不同程度的交互性需求。

(3) 按需分配需求。由于不同的用户在不同的时间段需要不同的实验室资源，若能够对实验室的资源进行按需分配，则能从很大程度上减少实验室设备资源的重置，大大提高资源的利用率。

鉴于当前数字实验平台的新需求，利用云计算技术，营造一个开放性的数字实验平台，实现不同学科实验间交互，提高实验平台资源利用率，具有重要的实际意义。

9.3.1 DEP2C 设计目标和特点

9.3.1.1 DEP2C 设计目标

DEP2C 是指利用云计算技术，聚合大量的实验资源，形成实验资源池，将实验任务云化，以云的模式按需向用户提供实验资源服务。DEP2C 将用户提交需要的实验内容作为一个实验任务，以一定的优先级形成任务池，进行统一的任务分配；将实验资源形成一个大的资源池，根据功能划分为若干功能资源池，进行统一的调度。数字实验平台是开放的，实验资源可以根据实验室设备配置动态的扩容，学科内系列实验可以交互呈现，不同学科间的实验也可以实现交互，具有友好的开放性，以资源共享的方式实现资源利用率的有效提高。

9.3.1.2 DEP2C 的特点

DEP2C 向用户提供一种按需服务的新型实验环境模式，以更好的支持现有的实验教学研究、科学实验研究以及满足社会性需求的实验研究等。

DEP2C 具有以下特点：

（1）开放性。对用户来说是开放的，DEP2C 是一个开放性的数字实验平台，面向所有用户开放，用户可以从任何地点、任何时间接入网络访问 DEP2C；对实验设备资源来说是开放的，对所有接入平台的设备进行统一的管理，可以灵活根据设备的性能和用户的需求弹性地提供实验服务，可以根据应用的需求，动态的扩展接入 DEP2C 的资源。

（2）资源池。所有的实验资源聚集在一起形成一个庞大的资源池，以共享的模式向用户提供服务，用户只需要提交自己的实验任务，管理平台便可以提供相应的实验资源，用户无需关心自己所需实验设备所在的物理位置。

（3）按需分配。数字实验平台以云的模式按需为用户提供实验资源服务，随时启用、随地享用，按照用户需求动态的申请。

（4）共享性。对所有的用户来说，实验资源是共享的，数字实验平台可以根据用户的权限和所处的优先级分配与需求相匹配的物理资源；并且根据不同资源在不同时间段有不同的访问需求，以分时的模式向外提供服务，共享资源的同时大大提高了资源的利用率。

9.3.2 DEP2C 体系架构

DEP2C 采用三层架构，由资源层、平台层和应用服务层组成，其架构模型如图 9-13 所示，该架构下，以平台层为核心，实现资源和用户的衔接，最终以服务的模式向用户呈现。

图 9-14 为 DEP2C 的具体抽象模型图。下面对 DEP2C 的三层架构进行展开说明：

（1）资源层。资源层的功能主要是聚合大量资源形成资源池，为应用服务层提供资源支撑。资源层主要由各种各样的物理实验设备组成，形成一个庞大的资源池，并可以根据实际应用需求进行扩展。

资源池涉及了计算资源、存储资源、一般服务器、专用服务器、集群资源等方面的内容。在这里将所有可用的实验设备资源集合形成的资源池根据管理模式

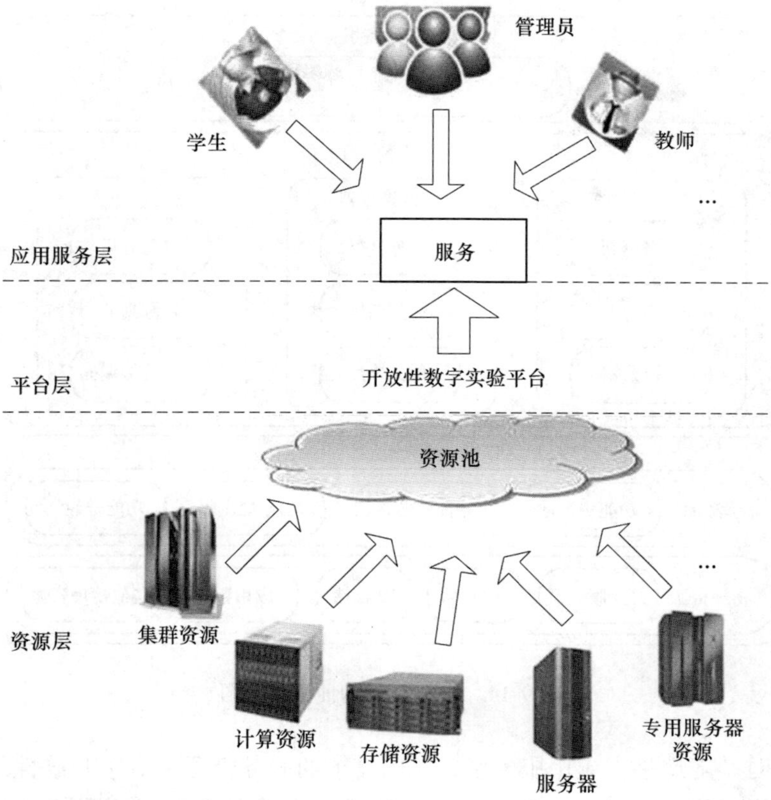

图 9-13 DEP2C 架构图

划分为虚拟资源和物理资源。其中虚拟资源是指利用虚拟化技术将原有的资源进行虚拟化，进行统一的管理和分配；物理资源则是作为一个单独的物理节点通过网络接入平台层，进行统一的管理和分配来为应用服务层的用户提供所需的服务。

（2）平台层。平台层的主要功能是实现任务的分配和资源的调度。平台层主要由任务管理器、资源管理器和资源调度器组成，为整个系统模型的核心，向下连接资源层，动态的聚合所有的实验资源，向上灵活地为用户提供可靠的应用服务。其中，任务管理器负责任务的分析、分割及任务执行的总时间估计，包括任务分析、任务分割、优先级编码三个模块。资源管理器负责资源的分析、划分及资源的运行状态监控，包括资源分析、资源划分、功能等级编码三个模块。资源管理器根据资源调度策略负责任务队列所需资源的分配和调度，包括任务分配、资源调度、任务执行三个模块。

（3）应用服务层。应用服务层的主要功能是为用户提供接口，使其能够通过网络便捷的访问实验资源。用户可以通过应用服务层所提供的服务的接口，通

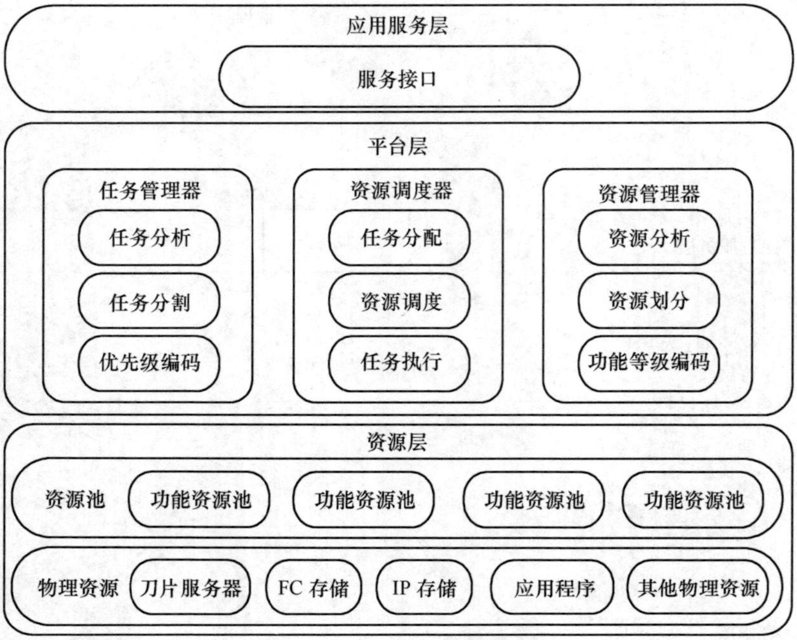

图 9-14　DEP2C 架构抽象模型图

过网络随时、随地接入应用服务层，访问需求的服务资源。对于开放性的数字实验平台来说，用户包括了学生、教师、管理员以及具有访问权限的社会研究人员等。

9.3.3　DEP2C 功能划分

在 DEP2C 三层架构模式下，对 DEP2C 进行了详细的设计。DEP2C 详细结构如图 9-15 所示。引入任务分割、资源划分策略以及资源调度策略来实现实验资源的规范化统一管理调度，同时，引入任务池和资源池的概念，将任务和资源分别聚合在一起，以资源池的模型来执行任务或提供资源，对用户来说，不需要了解享用资源所处的位置，对资源来说，不需要知道所完成任务的对应具体用户，只需要执行任务池的一个个任务，直到所有的任务执行完成。

DEP2C 主要有三个关键部分：任务管理器、资源管理器和资源调度器，三者协同起来实现实验平台的运行管理。具体说明如下：

任务管理器主要负责用户提交的实验任务的处理，具有任务分析、任务分割、优先级编码三个部分。任务管理器接收到用户的请求后，首先对任务进行分析，按照任务执行的时间需求和用户的优先级插入原有的任务队列，然后按照任务的功能特点和执行特点对任务进行分割，得到一个个原子实验任务，最后将原

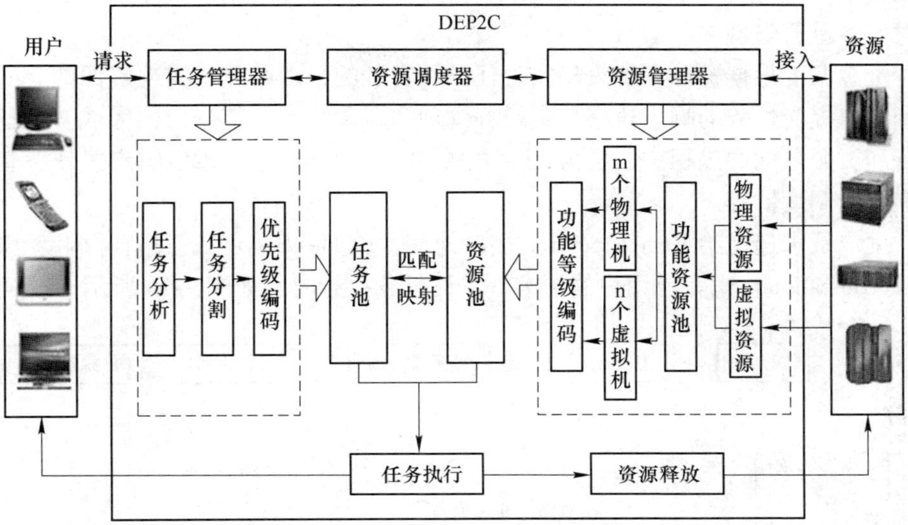

图 9-15 DEP2C 详细结构图

子任务进行编码，最终形成由一系列用户所提高的任务组成的任务池。

资源管理器主要负责实验设备资源的接入管理，并向用户提供资源服务，具有资源分析、资源划分、功能等级编码三个部分。资源管理器将接入的物理设备分为两类：物理资源和虚拟资源。当接入物理设备时，首先根据该资源是否虚拟化进行分组，然后按照功能属性组成不同能够执行不同任务的功能资源池，每个功能资源池由若干个功能相近的物理资源节点或者若干个功能相近的虚拟机资源节点组成，最后对这些资源节点进行功能等级编码，形成能够满足用户需求的资源池。

资源调度器主要负责任务池中任务的分配和资源池中资源的调度，实现任务和资源的最佳匹配映射。同时，资源调度器具有任务检测功能和资源检测功能，对任务的执行和资源调用进行全生命周期的管理。当任务执行完成时，反馈信息给用户，同时释放该任务所分配的资源。

对用户来说，可以通过各种各样的客户端接入开放性的资源管理平台，可以是个人电脑、智能手机、PDA 等终端设备，只要拥有一定的权限，就可以访问实验资源，完成相应的科研实验活动。

对资源来说，可以是具有专有性能的计算设备，也可以是服务集群，也可以是高性能的服务器，通过直接接入或者虚拟化后统一配置成若干个虚拟机来执行用户所提交的任务，同时，当系统升级或实验室设备更新时，可以根据需求作为新的资源节点接入管理平台。

对管理员来说，DEP2C 对任务和资源进行统一的组织管理，以实现平台的资源共享。管理员可以管理所有接入平台的用户，并设定用户权限，设定调度策略对资源进行管理。

资源调度根据资源调度策略实现任务和资源的合理匹配，实现资源的有效利用和用户提交任务的响应速率，由任务管理和资源管理两部分协同完成。在任务执行和资源分配的过程中，资源调度相关的交互模块有 DEP2C 门户、任务管理器、资源调度器等。

用户请求递交给 ReguestService 接口处理，ReguestService 通过资源调度（ResourceAllocation）来完成用户的请求。具体任务执行时序如图 9-16 所示。

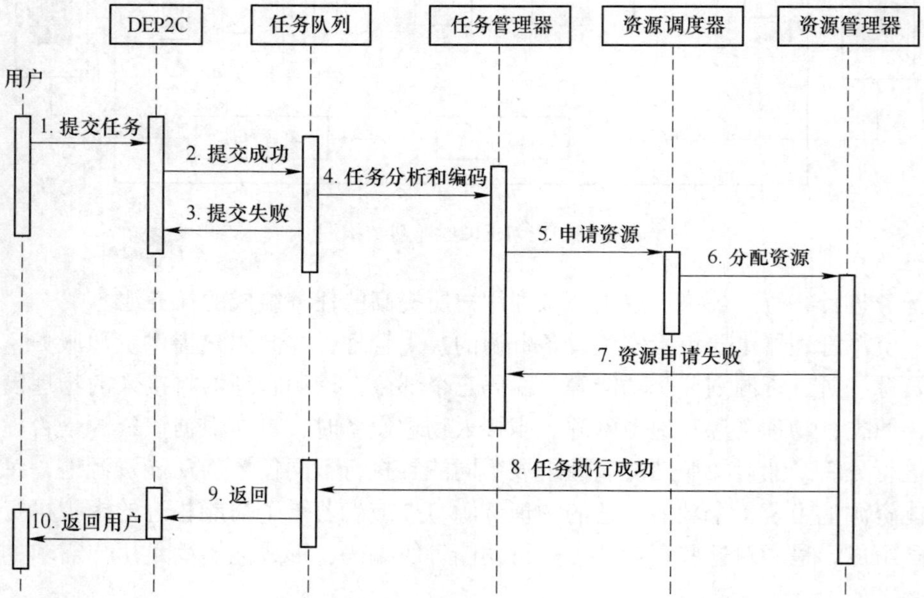

图 9-16　任务执行时序图

9.3.4　DEP2C 的流程

在 DEP2C 中，用户从提交任务到任务执行结束的实现流程如图 9-17 所示。具体流程说明如下：

（1）用户通过网络提交实验任务请求；

（2）任务管理器接收任务，对实验任务进行功能分析；

（3）将实验任务插入任务池中的任务队列中；

（4）根据任务的功能特点，根据任务分割策略完成实验任务的分割；

（5）对分割后的任务进行优先级编码，形成原子任务序列；

（6）资源调度器选择合适的资源池和执行任务的物理机或虚拟机，进行资

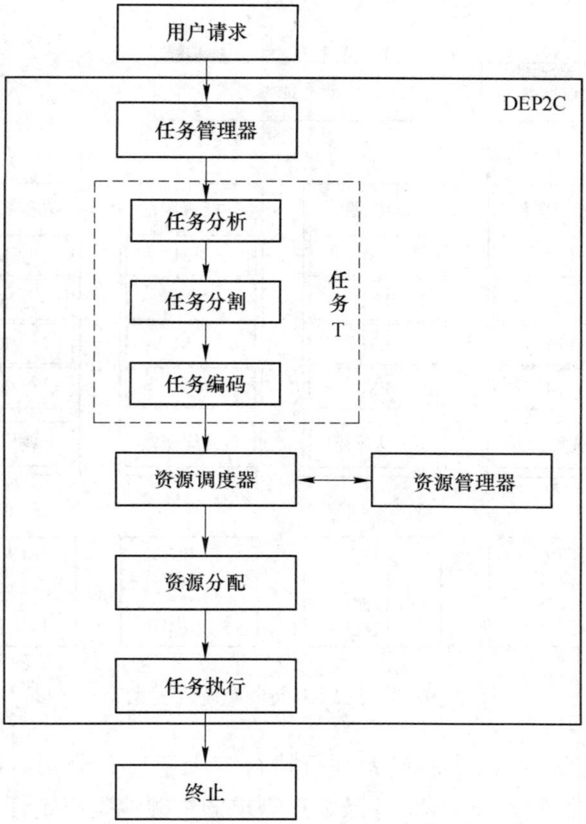

图 9-17 DEP2C 的数据流程图

源分配；

(7) 执行原子任务序列中的任务；

(8) 任务完成，整个用户所提交的实验任务结束。

9.3.5 DEP2C 资源调度

资源调度为 DEP2C 的核心。构建开放性的数字实验平台的关键在于如何调度平台的物理资源和虚拟资源，为科研、学习等实验实践活动提供高效、灵活、开放化的资源需求支撑。为了解决开放性数字实验平台的资源调度问题，设计了 DEP2C 三层协同资源调度模型，如图 9-18 所示。

DEP2C 三层协同资源调度主要由资源池调度器、负载均衡器、综合调度器来实现，具体说明如下：

(1) 资源池调度器。主要功能是分配任务完成所需要资源所在的功能资源池。功能资源池是具有特定功能资源的集合，该集合内的物理机或者虚拟机具有

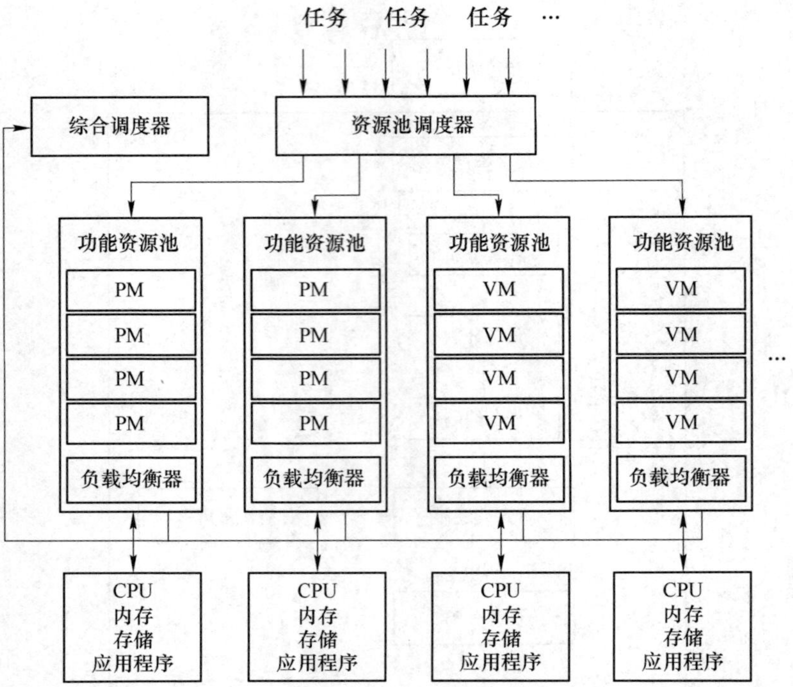

图 9-18　三层协同资源调度模型

相同或相近的功能，可以依次或者并行执行若干个任务分割后的原子任务，因此，在资源分配的过程，选择任务最邻近需求的资源池是决定任务能否在最少花费的基础上最快执行的关键。

（2）负载均衡器。主要功能是实现功能资源池的负载均衡。对于纯粹由虚拟机组成的资源池来说，可以通过配置虚拟机预留资源，通过 vCenter 的 DRS 组件实现虚拟机资源的动态负载均衡；对于由物理机组成的资源池来说，通过直接的资源分配策略来实现负载均衡，保证资源池内的所有设备以均衡的模式向外提供资源服务。

（3）综合调度器。主要功能是对所有的资源运行状态进行监控，当某物理机或者是虚拟机出现故障时，通过调度，选择合适的迁移主机，实现资源的动态迁移，从而保障资源节点的可靠性运行。

9.3.6　DEP2C 原型系统的设计

DEP2C 原型系统是数字实验平台和云计算结合的应用实现，采用 VMware 的云计算技术，通过服务资源虚拟化，形成资源池，进行统一的管理，划分成能完成不同实验任务的若干虚拟机，为用户提供实验环境服务。

DEP2C 原型系统架构于 VMware 的服务器虚拟化软件 ESX4.1 的基础上，同时采用 OSN Manager 将 FC 和 IP 存储资源的虚拟化，由 vCenter 统一管理，构建虚拟的数据中心，并分割为若干功能资源池，建立不同配置需求的虚拟机资源，为用户提供各种各样的实验应用环境。图 9-19 为 DEP2C 原型系统的抽象模型。

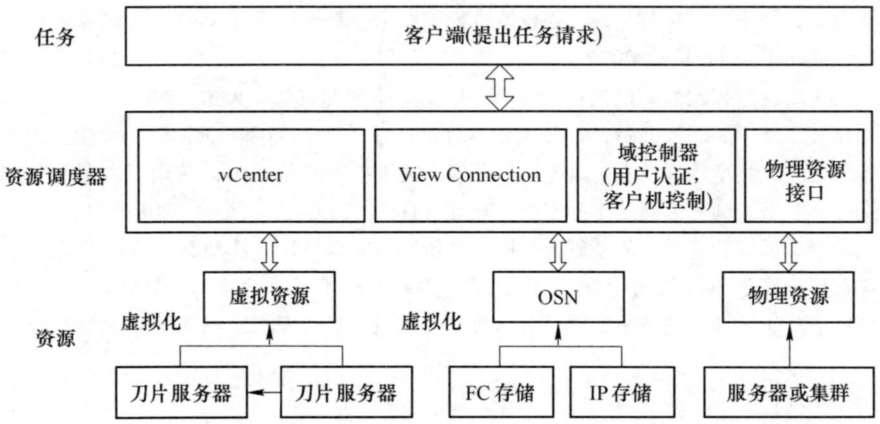

图 9-19 DEP2C 原型系统的抽象模型

具体说明如下：

（1）域控制器：为用户提供统一的账户和登录验证。

（2）刀片服务器：经 VMware 的 ESX4.1 虚拟化后提供平台所需要的计算资源。

（3）OSN：将 FC 存储和 IP 存储虚拟化整合，实现存储资源的统一管理。

（4）vCenter：用于配置、部署和管理分布式的虚拟环境，以及资源的运行状态监控。

（5）View Connection：用户所需要的实验环境配置、部署以及统一管理。

（6）物理资源：实验室资源的其他服务器和集群资源，通过网络接入，提供服务接口。

（7）客户端：用户可以通过各种各样的客户端（智能手机、个人电脑、PDA 等）接入网络，访问所需要的实验环境资源。

DEP2C 原型系统主要通过资源管理器实现用户和资源的管理，首先，所有物理资源和虚拟资源均受控于同一个与控制器，其中所有虚拟资源由 vCenter 进行统一管理，其他所有物理资源提供访问接口，由资源管理器进行统一的管理，同时，域控制器提供统一的用户账号和密码，限定用户不同的权限；当用户在访问需求的资源时，提交申请后由任务管理器管理进行分析后的实验环境需求任务提交至资源管理器，资源管理器分配当前空闲的物理或虚拟资源节点，当用户实验任务执行完后资源被释放。

参考文献

[1] 黄美仪，王玉龙，蒋家傅，等．基于教育云的智慧校园系统构建［M］．北京：北京邮电大学出版社，2016.

[2] 蒋东兴，付小龙，袁芳，等．高校智慧校园技术参考模型设计中国电化教育［J］．China Educational Technology，2016（9）．

[3] 石飞飞．智慧校园数据挖掘及其应用［D］．北京：北京邮电大学，2014.

[4] 司雅楠．基于 MapReduce 的高校大数据分析挖掘［D］．新乡：河南师范大学，2016.

[5] 辛颖．基于共享数据中心的高校信息化建设关键技术研究［D］．济南：山东大学，2013.

[6] 杨佳．智慧校园一卡通技术和安全性设计［D］．长春：吉林大学，2015.

[7] 董奇峰．面向智慧校园的基础通知服务的研究与实践［D］．秦皇岛：燕山大学，2016.

[8] 陈燕群．基于 SOA 架构的数字化校园管理系统的构建［D］．上海：复旦大学，2012.

[9] 张欣．基于云计算的数字实验平台的研究与实现［D］．镇江：江苏科技大学，2012.